Der universale Strafanspruch des nationalen Staates

Frankfurter kriminalwissenschaftliche Studien

Bd./Vol. 90

PETER LANG
Frankfurt am Main · Berlin · Bern · Bruxelles · New York · Oxford · Wien

Hsiao-Wen Wang

Der universale Strafanspruch des nationalen Staates

Eine Untersuchung über das Weltrechtsprinzip im Internationalen Strafrecht

PETER LANG
Europäischer Verlag der Wissenschaften

Bibliografische Information Der Deutschen Bibliothek
Die Deutsche Bibliothek verzeichnet diese Publikation in der Deutschen Nationalbibliografie; detaillierte bibliografische Daten sind im Internet über <http://dnb.ddb.de> abrufbar.

Zugl.: Frankfurt (Main), Univ., Diss., 2004

Gedruckt mit Unterstützung der
Friedrich-Ebert-Stiftung.

D 30
ISSN 0170-6918
ISBN 3-631-53216-4

www.peterlang.de

Vorwort

Die vorliegende Arbeit hat im Sommersemester 2004 dem Fachbereich Rechtswissenschaft der Johann Wolfgang Goethe-Universität Frankfurt am Main als Dissertation vorgelegen.

Nach dem siebenjährigen Aufenthalt in Deutschland habe ich mich bei vielen zu bedanken. Zuerst bin ich meinem verehrten Lehrer Herrn Prof. Dr. Ulfrid Neumann zu Dank verpflichtet. Er hat mir einerseits bei Auswahl des Themas und Verfassen meiner Arbeit große Wissenschaftsfreiheit gewährt, andererseits von Anfang an wertvolle Ratschläge und Ermutigung gegeben. Darüber hinaus hat er mir bei der Lösung alltäglicher Probleme, die von mir als Ausländer schwer zu bewältigen waren, auch immer zur Seite gestanden. Mein herzlicher Dank gilt auch Herrn Prof. Dr. Klaus Günther als dem zweiten Gutachter meiner Arbeit. Nicht nur mit der schnellen Erstellung des Gutachtens, sondern auch mit vielen Anregungen in zahlreichen Vorlesungen und Seminaren sowie mit der tatkräftigen Unterstützung in vieler Hinsicht hat er mir seit langen Jahren sehr geholfen. Meinem verehrten Lehrer Prof. Dr. Chueh-An Yen möchte ich aufrichtig danken. Ohne seine Ermutigung und Unterstützung hätte ich mich nicht für eine akademische Laufbahn entschieden.

Onkel Reiner und Tante Celia Stadahl gebührt auch mein herzlicher Dank. Sie haben mir während meines Aufenthalts in Deutschland immer Beistand geleistet. Bruder Hsiao-Peng Yueh möchte ich hier auch danken. Durch seine Seelsorge ist eine schwierige Phase meines Lebens überstanden worden. Meine Promotion in Deutschland wurde durch ein vierjähriges Stipendium des Bildungsministeriums von Taiwan unterstützt. Die Friedrich-Ebert-Stiftung hat mir ein anderthalbjähriges Stipendium und die Druckkosten für diese Arbeit gewährt. Ihnen spreche ich hier auch meinen aufrichtigen Dank aus. Herrn Sascha Ziemann danke ich für das Korrekturlesen meiner Arbeit.

An dieser Stelle möchte ich auch meiner Mutter dafür danken, dass sie mich aufgezogen und mein Studium unterstützt hat. Meine Frau Tzu-Kuang Chen hat mich lange Jahre begleitet und sich immer um mich gekümmert. Dafür danke ich ihr herzlich.

Tainan, Taiwan, im Februar 2005 Hsiao-Wen Wang

Inhaltsübersicht

Inhaltsverzeichnis

1. Einleitung

1.1. Problemstellung

Im 20. Jahrhundert haben wir eine ungewöhnliche Epoche der Menschheitsgeschichte erlebt. Durch technische Entwicklung, Massenmedien, weltweiten Transport und Verkehr sowie globalen Kapitalfluss sind verschiedene Regionen der Welt eng miteinander vernetzt. Das Modell des selbständigen, für alle im Staatsgebiet befindlichen Angelegenheiten zuständigen Nationalstaates ist zwar nicht durch eine Weltrepublik ohne Nationalstaaten ersetzt worden, die Realität zeigt uns jedoch ein anderes Bild der Koexistenz von Staaten, Nationen und Kulturen. Heutzutage werden nicht nur die Wirtschaft, sondern auch Politik, Recht, Kultur, mithin die gesamte Gesellschaft mit diesem Phänomen der Globalisierung konfrontiert.[1]

Das moderne westliche Rechtssystem ist auf die Entstehung des Nationalstaates zurückzuführen. Das Recht gilt in der Regel lediglich innerhalb des räumlichen Gebietes, wo die Staatsgewalt beansprucht werden kann. Rechtsnormen sind nämlich der normative Maßstab in erster Linie für das Staatsvolk innerhalb des Staatsgebietes. Jeder Nationalstaat kann sein Recht so gestalten, dass es der eigenen Kultur, der eigenen Gesellschaft und der Rechtsvorstellung des Volkes entspricht. Die Vorrangstellung des Nationalstaates bei der Normsetzung ist zwar weitestgehend beibehalten, es sind jedoch etliche Bereiche entstanden, für deren Regulierung der Nationalstaat nicht mehr allein zuständig ist.[2] Mit der Entwicklung des Völkerrechts und der Menschenrechte werden dem Nationalstaat immer mehr Einschränkungen für die Gestaltung der innerstaatlichen Rechtsordnung auferlegt. Deshalb muss sich die nationale Rechtsordnung den elementaren Normen der Staatengemeinschaft anpassen. Dementsprechend wird behauptet, dass es universal gültige Rechtsnormen gibt, die unabhängig von einzelnen Rechtsordnungen einen universalen Geltungsanspruch erheben. „Es gibt also Rechtsgrundsätze, die stärker sind als jede rechtliche Satzung, so dass ein Gesetz, das ihnen widerspricht, der Geltung bar ist."[3] Die Geltung der Menschenrechte zum Beispiel, die eine universale Verbindlichkeit geltend machen, kann nicht durch abweichende Rechtsnormen eines Nationalstaates aufgehoben werden. Im Gegenteil, die Verletzung von Menschenrechten durch

---

1 Zur Problematik des Globalisierungsprozesses siehe nur Beck, Was ist Globalisierung?, Frankfurt a. M. 1997.

2 Da auf die inländische Rechtsordnung und Staatsgewalt unterschiedliche Kräfte von innen und außen einwirken, wird aus einem empirischen rechtspluralistischen Standpunkt aus behauptet, dass eine einheitliche Rechtsordnung weder in einem Nationalstaat noch in der globalen Staatengemeinschaft bestehe. Die inländische Rechtsordnung sei von solchen Faktoren beeinflusst und könne sie allein nicht regulieren. Vgl. Günther/Randeria, Recht, Kultur und Gesellschaft im Prozeß der Globalisierung, S. 84ff.

3 Radbruch, Fünf Minuten Rechtsphilosophie (1945), in: Rechtsphilosophie (Studienausgabe), hg. v. Dreier/Paulson, Heidelberg 1999, S. 210.

einen Einzelstaat soll als Verstoß gegen die universalen Normen sanktioniert werden.

Neben den Menschenrechten, die als *subjektive Rechte* unabhängig von nationalen Rechtsordnungen allen Menschen als solchen zukommen sollten, gibt es in nationalen Rechtsordnungen auch etliche *Sanktionsnormen*, die ungeachtet anderer Rechtsordnungen eine universale Geltung beanspruchen. Die nationalstaatlichen Straftatbestände unter Berufung auf das „Weltrechtsprinzip“ sind ein Beispiel dafür. Das Weltrechtsprinzip ist eines der Prinzipien des sog. „Internationalen Strafrechts“, das den räumlich-sachlichen Geltungsbereich nationaler Strafgesetze bestimmt. Nach dem Weltrechtsprinzip finden bestimmte nationale Straftatbestände Anwendung auf bestimmte Sachverhalte, und zwar unabhängig von Tatort, Tatortrecht und Staatsangehörigkeit von Täter und Opfer. Das heißt, die nationalen Strafrechtsnormen dürfen unter Berufung auf das Weltrechtsprinzip ungeachtet ihrer etwaigen Differenz zu anderen Rechtsordnungen die Geltung gegenüber allen Menschen in der Welt beanspruchen.

Da das Strafrecht die wichtigsten Rechtsgüter in einer Gesellschaft schützt, kann es als der markanteste Ausdruck fundamentaler Wert- und Rechtsvorstellung einer Nation, eines Staates und einer Kultur angesehen werden. Wenn es Konflikte zwischen Strafrechtsordnungen gibt, liegen diesen meist Gegensätze zwischen verschiedenen Wert- und Rechtsvorstellungen zugrunde.[4] So könnte ein Verhalten in einem Land aufgrund dessen bestimmter Rechtsvorstellung als eine strafbare Tat eingestuft werden, während seine Straffreiheit in einem anderen Land als natürlich empfunden würde. Selbst wenn in den beiden Ländern ein Straftatbestand mit gleichem Wortlaut existiert, kann er jedoch unterschiedlich ausgelegt werden. Daraufhin könnte die Beurteilung ein- und derselben Tat aufgrund des gleichen Tatbestands in verschiedenen Ländern zu verschiedenen Ergebnissen kommen.[5] Dieses Problem der Normenkonflikte und -widersprüche kommt besonders zum Ausdruck, wenn verschiedene Staaten gleichzeitig beanspruchen, mit ihren eignen Maßstäben denselben Sachverhalt beurteilen zu dürfen.

Solche internationalen, ja sogar interkulturellen Normenkonflikte werden nach dem Weltrechtsprinzip zugunsten der eignen Strafrechtsordnung behandelt. Das heißt, selbst wenn dieselbe Tat im Ausland eine andere strafrechtliche Bewertung hat, wird sie trotz aller Proteste nach dem inländischen Strafrecht beurteilt. Angesichts dieses konfliktträchtigen Charakters des Weltrechtsprinzips ist es interessant, nach seinem Anwendungsbereich und seiner Rechtfertigung zu fragen. Es gilt zu fragen, wie weit der Anwendungsbereich des Weltrechtsprinzips reichen kann. Und was rechtfertigt die Anwendung nationaler Strafrechtsnormen auf Auslandstaten von Ausländern aufgrund des Weltrechtsprinzips? Warum also hat der Staat eine Strafkompetenz über solche Auslandstaten, ohne in irgend einem konkreten Zusammenhang mit diesen Taten zu stehen? Diese

---

4 Herdegen, ZaöRV 47 (1987), S. 222.

5 Germann, SchwZSt 69 (1954), S. 243f.

Frage spitzt sich weiter zu, wenn die betroffenen fremden Staaten in der Strafbarkeitsfrage über die Taten mit dem Aburteilstaat nicht übereinstimmen.

Auf die oben genannten Fragen zu antworten, nämlich ob und wie universal gültige Rechtsnormen zu begründen sind, und aus welchen Gründen der Staat eine Strafkompetenz über bestimmte Taten besitzt, und zwar ohne einen Bezug zu ihnen aufzuweisen, sowie unabhängig von ihrer strafrechtlichen Beurteilung im Ausland, soll das Anliegen der vorliegenden Untersuchung sein.

1.2. Gang der Darstellung

Im folgenden wird im Kapitel 2 zuerst der Begriff „Internationales Strafrecht“ zur Diskussion gestellt, wobei seine normtheoretische Bedeutung (2.1.) und vielfältige Prinzipien (2.2.), die hauptsächlich in §§ 3-7, 9 StGB verankert sind, behandelt werden. Anschließend wird auf das Weltrechtsprinzip (2.3.) analytisch eingegangen werden. Dabei wird auch die Bedeutung der beiden wesentlichen Elemente des Weltrechtsprinzips, nämlich die universale Anerkennung von Interessen und Rechtsnormen (2.3.1.) und die nationalstaatliche Strafkompetenz über Weltrechtsverbrechen (2.3.2.) kurz erläutert. Dementsprechend wird in den folgenden Kapiteln auf die philosophische Begründung universal gültiger Rechtsnormen und die juristische Bedeutung für den universalen Geltungsanspruch solcher Rechtsnormen sowie den Anspruch auf die Strafkompetenz über eine Auslandstat eines Ausländers, selbst wenn der Aburteilstaat mit der Tat in keiner Beziehung steht, eingegangen.

Im Kapitel 3 werden wir hauptsächlich die Fragen zu beantworten versuchen, inwieweit universal gültige moralische wie rechtliche Normen möglich sind, und ggf. wie solche Normen begründet werden können. Um auf die erste Frage zu antworten, ist zuerst auf die Debatte zwischen dem Relativismus und dem Universalismus insbesondere in normativen Bereichen einzugehen (3.1.). Anschließend wird die Frage der Kontextgebundenheit von Normen anhand des liberalistischen, kommunitaristischen und diskurstheoretischen Theorieansatzes behandelt (3.2.). Es gilt nämlich danach zu fragen, ob es eine von partikularen Wertgemeinschaften unabhängige Moral als Urteilskriterium für normative Fragen gibt. Oder gibt es vielmehr nur zahlreiche partikulare Ethiken, die voneinander unabhängig und einander nicht überlegen sind? Im Anschluss daran wird das Verhältnis zwischen Recht und Gesellschaft besprochen, um die Fragen zu beantworten, ob es von der Wertgemeinschaft unabhängige und universal gültige Rechtsnormen gibt, und ggf. wie solche Rechtsnormen zu begründen sind (3.3.). Aufgrund des Untersuchungsergebnisses im Kapitel 3.3. wird dann die Problematik der Existenz der von allen Staaten, Nationen und Kulturen unabhängigen Rechtsnormen auf der internationalen Ebene, also eines Weltrechts behandelt (3.4.).

Im Schrifttum werden zur Rechtfertigung des Weltrechtsprinzips vornehmlich Argumente aus dem Völkerrecht herangezogen. Und es ist allgemein anerkannt, dass das Völkerrecht als Garantie des Weltfriedens inländisches Recht einschränken darf. Daher werden im Kapitel 4 völkerrechtliche Begründung und Einschränkung des Weltrechtsprinzips behandelt. Namentlich werden die Argumente des „gemeinsamen Schutzes international anerkannter Rechtsgüter" (4.1.) und der „internationalen Solidarität" (4.2.) sowie verschiedene Formen der völkerrechtlichen Berechtigung zur Anwendung des Weltrechtsprinzips und ihre Begründungen überprüft (4.3.). Zum Schluss werden wir durch einen Exkurs (4.4.) die Völkerstraftaten, deren Strafbarkeit durch das Völkerstrafrecht, also völkerrechtliche Normen geregelt ist, mit den Delikten, die aufgrund des Weltrechtsprinzips dem Anwendungsbereich des inländischen Strafrechts unterliegen, vergleichen. Dabei werden insbesondere das Anwendungsrecht und die Gerichtsbarkeit des Völkerstrafrechts behandelt, damit das Problem der völkerrechtlichen Legitimität des Weltrechtsprinzips im Rahmen dieses Vergleichs klargestellt werden kann.

Im Kapitel 5 werden die verfassungsrechtlichen und straftheoretischen Überlegungen in bezug auf das Weltrechtsprinzip angestellt. Dabei werden die verfassungsrechtlichen Bedenken gegen das Weltrechtsprinzip aufgrund des Demokratieprinzips, des Gesetzlichkeitsprinzips und des Schuldprinzips angeführt (5.1.). Danach werden wir anhand verschiedener Straftheorien, namentlich Vergeltungstheorie, spezialpräventiver Theorie und generalpräventiver Theorie nach dem Sinn und Zweck der Bestrafung eines Ausländers wegen einer Auslandstat durch einen Staat fragen, der außer der Intention zur Ausübung der Weltrechtspflege keinen Bezug zu der Tat und dem Täter aufweist (5.2.). Damit wird versucht zu klären, ob die Anwendung des Weltrechtsprinzips den verfassungsrechtlichen Anforderungen und dem Sinn der Strafe gerecht werden kann.

Kapitel 6 handelt von der Darstellung der Straftatbestände, die gemäß § 6 StGB und § 1 Völkerstrafgesetzbuch (VStGB) dem Weltrechtsprinzip unterliegen, und von der Rechtfertigung, weshalb solche sog. Weltrechtsverbrechen von einem beliebigen Staat bestraft werden dürfen und sollen. Dabei werden die Tatbestände in § 6 StGB (6.1.) und Völkerstrafgesetzbuch (6.2.) vor allem hinsichtlich der zu schützenden Rechtsgüter und ihrer völkerrechtlichen Legitimationsgrundlagen dargestellt. Nach einer Gesamtbewertung dieser Tatbestände (6.3.) werden die strafprozessualen Regelungen bezüglich des Weltrechtsprinzips besprochen (6.4.).

Zum Schluss werden im Kapitel 7 die Ergebnisse der vorigen Kapitel zusammengefasst und hinsichtlich der geltenden Regelung des Weltrechtsprinzips ein gesetzgeberischer Vorschlag gemacht.

2. Das Weltrechtsprinzip im Internationalen Strafrecht

2.1. Die normtheoretische Bedeutung des Internationalen Strafrechts

Der Begriff „Internationales Strafrecht" (international criminal law, droit international pénal) wird mehrdeutig verwendet. Er beinhaltet einerseits diejenigen völkerrechtlichen Normen, die als materielle Straftatbestände bestimmte völkerrechtliche Straftaten umschreiben. In diesem Sinne werden solche völkerrechtlichen Strafrechtsnormen auch „materielles internationales Strafrecht"[6], „internationales materielles Strafrecht"[7], „völkerrechtliches materielles Strafrecht"[8], „völkerrechtliches Strafrecht"[9] oder „Völkerstrafrecht"[10] genannt. Andererseits kann „Internationales Strafrecht" diejenigen nationalstaatlichen Normen umfassen, welche die staatliche Strafgewalt (ius puniendi) und den Anwendungsbereich nationaler Strafrechtsnormen festlegen.[11] Darüber hinaus meint „Internationales Strafrecht" im weiteren Sinne noch das supranationale Strafrecht, das durch überstaatliche Institutionen gesetzt worden ist, und das Recht der internationalen Zusammenarbeit in Strafsachen.[12] Demzufolge unterscheiden sich die Normen des Internationalen Strafrechts im Sinne des Strafanwendungsrechts, welche die Strafgewalt des Nationalstaates und die Anwendung des staatlichen Strafrechts festlegen, von denen des materiellen völkerrechtlichen Strafrechts. Um den Begriff des „Internationalen Strafrechts" klarzustellen, wird im folgenden der Begriff „Völkerstrafrecht" für die völkerrechtlichen materiellen Strafrechtsnormen verwendet; die nationalen Strafrechtsnormen zur Festlegung der staatlichen Strafgewalt und des Anwendungsbereichs nationalen Strafrechts, die den Hauptgegenstand der vorliegenden Untersuchung bilden, werden dagegen - entsprechend dem üblichen Gebrauch im deutschen Schrifttum - als „Internationales Strafrecht" bezeichnet.

Die Vorschriften des Internationalen Strafrechts, die hauptsächlich in §§ 3-7, 9 StGB verankert sind,[13] werden deshalb als Internationales Strafrecht bezeich-

---

6 Oehler, Internationales Strafrecht, Rn. 2f., der materielles internationales Strafrecht auch Völkerstrafrecht nennt.

7 Dahm/Delbrück/*Wolfrum*, Völkerrecht, Bd. I/3, S. 1023ff.

8 Hoffmann, Strafrechtliche Verantwortung im Völkerrecht, S. 19f.

9 Kimminich/Hobe, Einführung in das Völkerrecht, S. 240f.

10 Schröder, in: Graf Vitzthum (Hg.), Völkerrecht, S. 565f.; Ambos, Der Allgemeine Teil des Völkerstrafrechts, S. 40.

11 Oehler, Internationales Strafrecht, Rn. 1; LK-StGB/*Gribbohm*, Rn. 1 vor § 3; Schönke/Schröder/*Eser*, Rn. 1 vor § 3; NK-StGB/*Lemke*, Rn. 1 vor § 3; MünchKommStGB/*Ambos*, Rn. 1 vor § 3; Tröndle/Fischer, Rn. 1 vor § 3.

12 Jescheck, in FS Maurach, 1972, S. 579; Werle, Völkerstrafrecht, Rn. 106ff. Zum Begriff des „Internationalen Strafrechts" im ganzen vgl. Gardocki, ZStW 98 (1986), S. 703ff.; Werle/Jeßberger, JuS 2001, S. 36.

13 §§ 3-7, 9 StGB sind die grundlegenden Regelungen des Internationalen Strafrechts im deutschen Strafrecht. Darüber hinaus gibt es in nebenstrafrechtlichen Gesetzen auch etli-

net, weil sie Sachverhalte mit internationalen Bezügen zum Gegenstand haben und mithin den räumlichen Umfang staatlicher Strafgewalt festlegen. Der Begriff des „Internationalen Strafrechts“ hat nämlich nichts mit der Rechtsquelle, sondern mit dem Regelungsbereich der Normen zu tun.[14] Staatliche Strafgewalt in diesem Sinne bedeutet die Strafbefugnis, gegenüber dem Täter wie gegenüber anderen Staaten eine bestimmte Tat strafrechtlich zu ahnden. Nach der Bejahung dieser *Vorfrage*, dass ein Sachverhalt der eigenen Strafgewalt unterliegt, muss dann entschieden werden, ob eigene oder fremde Strafrechtsnormen auf ihn anzuwenden sind. Dass nationale Gerichte nur eigene staatliche Strafgesetze anwenden, ist nicht selbstverständlich. Die Anwendung fremder Strafrechtsnormen lässt sich nämlich nicht logisch ausschließen und ist in der Rechtsgeschichte auch zu finden.[15] Nach dieser *Zweistufentheorie*[16] muss erst nach der Beantwortung der Frage, ob ein Sachverhalt der Strafgewalt eigenen Staates unterliegt, die Frage beantwortet werden, welche Strafgesetze auf ihn anzuwenden sind.

Da nach dem deutschen Internationalen Strafrecht die Anwendung ausländischer Strafgesetze ausgeschlossen ist, bedeutet die Zuständigkeit der deutschen Strafgewalt gleichzeitig die Anwendbarkeit der deutschen Strafgesetze für den betreffenden Sachverhalt. Mit der Bejahung der Anwendbarkeit der deutschen Strafgesetze für einen bestimmten Sachverhalt nach dem deutschen Internationalen Strafrecht wird also zugleich der Umfang deutscher Strafgewalt bestimmt. Die Frage der Anwendung eigenen Strafrechts und des Umfangs der Strafgewalt können im deutschen Strafrecht daher nicht klar getrennt werden. Das heißt, Internationales Strafrecht bestimmt nicht nur den *Umfang innerstaat-*

---

che Regelungen des Internationalen Strafrechts wie z. B. § 1, 1a Wehrstrafgesetz. Vgl. LK-StGB/*Gribbohm*, Rn. 428ff. vor § 3; MünchKommStGB/*Ambos*, Rn. 145ff. vor § 3. Da es sich in der vorliegenden Untersuchung um die Grundzüge des Internationalen Strafrechts, vor allem um das Weltrechtsprinzip handelt, werden lediglich §§ 3-7, 9 StGB und das Völkerstrafgesetzbuch, dessen § 1 das Weltrechtsprinzip vorsieht, zur Diskussion gestellt.

14 Jescheck, „Strafrecht, Internationales“, in: WVR, Bd. 3, S. 396; Neumann, FS Müller-Dietz, 2001, S. 594f.

15 Vgl. Art. 6 I 2 Schweiz. StGB und die bis 1940 geltende Neubürgerregelung des § 4 II Nr. 3 StGB i. d. F. von 1934. Zur Anwendung fremder Strafrechtsnormen siehe Cornils, Die Fremdrechtsanwendung im Strafrecht, Berlin/New York 1978.

16 Schultz, GA 1966, S. 194; Schultz, FS von Weber, 1963, S. 308ff.; Vogler, Geburtstagsgabe Grützner, 1970, S. 149; Eser, FS Jescheck, 1985, S. 1357ff.; Jescheck, FS Maurach, 1972, S. 579f.; Jescheck/Weigend, Lehrbuch des Strafrechts AT, S. 163f.; LK-StGB/*Gribbohm*, Rn. 3 vor § 6. Nach Neumann, FS Müller-Dietz, 2001, S. 599f. ist die Feststellung staatlicher Strafgewalt nicht unbedingt der Anwendung des Strafrechts eines Staates vorgelagert. Es ist durchaus vorstellbar, dass durch die Anordnung eines nationalen Strafgesetzes die Verletzung fremden Strafrechts, also die Anwendung der Strafrechtsnormen eines anderen Staates zur Ausübung eigener Strafgewalt vorausgesetzt wird. Dabei besteht kein Stufenverhältnis zwischen den beiden Fragen.

licher Strafgewalt. Als *Strafanwendungsrecht*[17] verschafft es dem deutschen Strafrecht erst Geltung und Anwendung. Da erst aufgrund des Internationalen Strafrechts materielle Strafrechtsnormen Anwendung auf konkrete Taten und konkrete Täter in *räumlicher*, *sachlicher* und *persönlicher* Hinsicht[18] finden können, sind die Regelungen des Internationalen Strafrechts nicht bloß sekundäre Normen, sondern *konstitutiver Teil der primären Strafrechtsnormen.*[19] Insofern ist Internationales Strafrecht sowohl Geltungsvoraussetzung als auch Bestandteil des nationalen materiellen Strafrechts.

Obwohl in den meisten Straftatbeständen keine speziellen Merkmale in bezug auf Tatortstaat, Nationalität von Täter und Opfer umschrieben sind, bedeutet dies nicht, dass Strafgesetze eine umfängliche Weltgeltung beanspruchen würden.[20] Jeder einzelne Straftatbestand muss mit den Regelungen des Internationalen Strafrechts zusammen betrachtet werden, damit der Geltungsumfang der Strafgesetze bestimmt werden kann. Demzufolge ist die Geltung staatlicher Strafgesetze nur dann zu beanspruchen, wenn Sachverhalte dem durch Internationales Strafrecht umgrenzten Anwendungsbereich des Strafrechts

---

17 Neben der Bezeichnung „Strafanwendungsrecht" wird Internationales Strafrecht auch „Geltungsbereichsrecht" oder „Strafrechtsanwendungsrecht" genannt. Siehe Oehler, Internationales Strafrecht, Rn. 1; MünchKommStGB/*Ambos*, Rn. 2 vor § 3; Li, Die Prinzipien des internationalen Strafrechts, S. 25f., 64f.; Werle/Jeßberger, JuS 2001, S. 36.

18 Für manche ist die Geltung der Strafgesetze nicht auf das Territorium beschränkt, vielmehr könne ihr lediglich sachliche oder persönliche Begrenzung auferlegt werden. Deshalb verzichten sie auf den Ausdruck des „räumlichen Geltungsbereichs". Siehe Binding, Handbuch des Strafrechts, Bd. I, S. 371; v. Rohland, Das internationale Strafrecht, S. 3; Hegler, Prinzipien des internationalen Strafrechts, S. 3ff.

19 Jescheck, IRuD 1956, S. 76; Schönke/Schröder/*Eser*, Rn. 1f. vor § 3; NK-StGB/*Lemke*, Rn. 1 vor § 3; MünchKommStGB/*Ambos*, Rn. 1 vor § 3. Dagegen behauptet SK-StGB/*Hoyer*, Rn. 4 vor § 3, dass Normen des Internationalen Strafrechts kein Teil des materiellen Strafrechts, sondern Meta-Normen seien. Entgegen Hoyer behauptet Neumann, FS Müller-Dietz, 2001, S. 598f., dass sich Internationales Strafrecht nicht auf die Geltung, sondern auf den Regelungsbereich der Straftatbestände beziehe. Demnach sei es nicht die Geltungsvoraussetzung des materiellen Strafrechts im Sinne der Meta-Normen, sondern eine Ergänzung der Straftatbestände und der Zurechnungsregeln des Strafgesetzbuchs. Nach Jakobs, Strafrecht AT, 5/11f. sei die normlogische Bedeutung des Internationalen Strafrechts verschieden zu interpretieren. Dabei komme es darauf an, ob das angewendete Prinzip des Internationalen Strafrechts die Ordnung des strafenden Staates oder eine fremde Ordnung schützt. Je nachdem gehörten die internationalstrafrechtlichen Prinzipien entweder selbst zu Tatbestandsmerkmalen eines nationalen Strafrechts, oder sie gehörten zu einer allgemein gleichen Unrechtsdefinition (Weltrechtsprinzip) oder zur Transformationsregel für die identische Norm eines fremden Staates (Stellvertretungsprinzip).

20 Bruns, ZaöRV 1 (1929), S. 54f. Zu der Auffassung, dass nationale Strafgesetze als Bewertungsnormen für menschliche Verhalten zwar die Weltgeltung, wegen der Selbstbeschränkung durch internationales Strafrecht jedoch keine universelle Strafkompetenz beanspruchen, siehe Schröder, ZStW 61 (1942), S. 94ff.; Schroeder, GA 1968, S. 353ff.

unterliegen.[21] Das heißt, der nationale Strafgesetzgeber erhebt keine universale Geltung für seine Strafgesetze, vielmehr wird von vornherein für jeden Straftatbestand lediglich ein beschränkter Geltungsumfang festgelegt, der durch internationalstrafrechtliche Regelungen bestimmt ist.

Die in deutscher Sprache parallel zum „Internationalen Privatrecht" verwendete Bezeichnung „Internationales Strafrecht" könnte eine missverständliche Assoziation hervorrufen. In der Tat geht es beim deutschen Internationalen Strafrecht nicht um das Verhältnis des deutschen Strafrechts zu anderen Strafrechtsordnungen. Im Vergleich zum Internationalen Privatrecht, das den Inbegriff der Rechtsnormen darstellt, die entscheiden, welches nationale Privatrecht anzuwenden ist,[22] entscheidet Internationales Strafrecht nicht darüber, ob und ggf. welche fremden Strafgesetze anzuwenden sind, sondern umschreibt lediglich die Bedingungen, unter denen ein Sachverhalt dem Geltungsbereich des deutschen Strafrechts unterliegt. Das heißt, während sich die in Art. 3ff. EGBGB verankerten Kollisionsnormen des deutschen Internationalen Privatrechts damit befassen, welche nationalen Privatrechtsordnungen deutsche Gerichte anzuwenden haben, können deutsche Strafgerichte nach dem deutschen Internationalen Strafrecht im Rahmen ihrer Strafgewalt nur deutsches Strafrecht anwenden. Demzufolge ist der Kollisionsgedanke im deutschen Internationalen Strafrecht nicht leitend. Nach der h. M. wird das deutsche Internationale Strafrecht anders als das deutsche Internationale Privatrecht nicht als Inbegriff von *Kollisionsnormen*, sondern als *Strafanwendungsrecht* verstanden.[23] Trotz des geltenden deutschen Internationalen Strafrechts wird im Schrifttum dennoch teilweise behauptet: angesichts der theoretischen Möglichkeit der Anwendung fremder Strafgesetze beinhalte Internationales Strafrecht „einseitige Kollisionsnormen"[24].

---

21 Schönke/Schröder/*Eser*, Rn. 1 vor § 3; NK-StGB/*Lemke*, Rn. 1 vor § 3; Jakobs, Strafrecht AT, 5/11f.; Oehler, Internationales Strafrecht, Rn. 114; Henrich, Das passive Personalitätsprinzip im deutschen Strafrecht, S. 9f.; Vogler, Geburtstagsgabe Grützner, 1970, S. 149ff.; Neumann, FS Müller-Dietz, 2001, S. 600ff.

22 Kegel/Schurig, Internationales Privatrecht, S. 4.

23 Jescheck, „Strafrecht, Internationales", in: WVR, Bd. 3, S. 396; Schönke/Schröder/*Eser*, Rn. 1 vor § 3; Jescheck/Weigend, Lehrbuch des Strafrechts AT, S. 164; Maurach/Zipf, Strafrecht AT 1, § 11, Rn. 2. Der Ausschluss der Anwendung ausländischer Strafgesetze bedeutet allerdings nicht, dass ausländische außerstrafrechtliche Normen von der inländischen Strafjustiz nicht angewendet werden dürften. Zu dieser Problematik siehe Nowakowski, JZ 1971, S. 633ff.; Liebelt, Zum deutschen Internationalen Strafrecht und seiner Bedeutung für den Einfluss ausserstrafrechtlicher Rechtssätze des Auslands auf die Anwendung inländischen Strafrechts, S. 195ff.

24 *Lackner*/Kühl, Rn. 1 vor § 3; Köhler, Strafrecht AT, S. 102; Kindhäuser, Strafrecht AT, S. 51; Cornils, Die Fremdrechtsanwendung im Strafrecht, S. 76f.; Makarov, FS Kern, 1968, S. 257f.; Bleckmann, Völkerrecht, Rn. 510. Zurückhaltend spricht Schönke/ Schröder/*Eser*, Rn. 1 vor § 3 vom „allenfalls" einseitigen Kollisionsrecht; ebenso MünchKommStGB/*Ambos*, Rn. 1 vor § 3. Schmitz, Das aktive Personalitätsprinzip im Internationalen Strafrecht, S. 75ff. spricht von kombinierten Sachrechtanwendungsnor-

Da die Funktion des Kollisionsrechts eigentlich darin besteht, die eventuelle Kollision mit fremdem Recht zu beheben, funktioniert das deutsche Internationale Strafrecht hinsichtlich der einseitigen Feststellung des Anwendungsbereichs eigener Strafrechtsnormen nicht kollisions*lösend*, sondern eher kollisions*begründend*.[25] Hingegen wird im Schrifttum geltend gemacht, dass in diesem Fall keine echte Normenkollision existiert. Da die Strafbarkeit einer Tat nach dem Strafrecht eines Staates keinen logischen Zusammenhang mit der Nicht-Strafbarkeit nach dem Strafrecht eines anderen Staates aufweist, stellen die Strafbarkeit und Nicht-Strafbarkeit nach den Normen verschiedener Rechtsordnungen keine Normenkollision im Sinne der Normtheorie dar. Die Normen zweier Rechtsordnungen kollidieren „nicht in der Normenwelt, sondern lediglich in der sozialen Wirklichkeit".[26] Nach dem Gesagten ist beim deutschen Internationalen Strafrecht zwar nicht der kollisionsbegründende Charakter, jedoch immerhin die konfliktträchtige Natur zu verzeichnen.

Die Bezeichnung „Internationales Strafrecht" bedeutet nicht, dass es zum Völkerrecht gehören würde. Der Geltungsanspruch des Internationalen Strafrechts speist sich nicht aus internationalen Abmachungen, sondern beruft sich auf die *Souveränität* des nationalen Strafgesetzgebers. Es geht beim Internationalen Strafrecht folglich nicht um Völkerrecht, sondern um *innerstaatliches Recht*.[27] Entgegen dieser herrschenden Meinung wurde in der Vergangenheit teilweise behauptet, dass Internationales Strafrecht eine völkerrechtliche Disziplin darstelle.[28] Es wurde nämlich davon ausgegangen, dass die Aufgabe des Internationalen Strafrechts darin bestehe, den Umfang der Strafgewalt einzelner Staaten und die Abgrenzung zur Strafgewalt anderer Staaten zu bestimmen. Da die Festlegung des Umfangs staatlicher Strafgewalt nicht allein vom Staatswillen abhängen dürfe, sondern Sache der Völkergemeinschaft sei, könne Internationales Strafrecht nicht zum innerstaatlichen Recht gerechnet werden. Aber angesichts der Tatsache, dass die Normen des Internationalen Strafrechts in der innerstaatlichen Rechtsordnung verankert sind, können sie keinesfalls als

---

men mit kollisionsrechtlichem Einschlag. Näheres über *einseitige* und *allseitige* Kollisionsnormen siehe Kegel/Schurig, Internationales Privatrecht, S. 254f.

25 Nuvolone, ZStW 66 (1954), S. 545f.; Schultz, FS von Weber, 1963, S. 307; Vogler, FS Maurach, 1972, S. 608; Eser, FS Jescheck, 1985, S. 1359; SK-StGB/*Hoyer*, Rn. 5 vor § 3.

26 Neumann, FS Müller-Dietz, 2001, S. 596f.

27 Jescheck, „Strafrecht, Internationales", in: WVR, Bd. 3, S. 396; Schönke/Schröder/*Eser*, Rn. 2 vor § 3; SK-StGB/*Hoyer*, Rn. 1 vor § 3; Jescheck/Weigend, Lehrbuch des Strafrechts AT, S. 164f.; Neumann, FS Müller-Dietz, 2001, S. 594.

28 Kohler, Internationales Strafrecht, S. 1f. Nach Frank, StGB, § 3 Anm. I werden zwar die Vorschriften des Internationalen Strafrechts in Gestalt des Strafanwendungsrechts als innerstaatliches Recht angesehen. Aber wenn es um die Frage der Strafgewalt gehe, also ob der Staat zur Bestrafung einer Straftat berechtigt sei, müssten sie im Rahmen des Völkerrechts behandelt werden. Mit anderen Worten, Internationales Strafrecht als Strafgewaltrecht zähle zum Völkerrecht.

völkerrechtliche Normen angesehen werden. Es kann allenfalls behauptet werden, dass sie den völkerrechtlichen Einschränkungen unterliegen sollen.[29] Nach dem Dargestellten regelt Internationales Strafrecht zwar Sachverhalte mit internationalen Bezügen, es soll jedoch zum innerstaatlichen Recht gerechnet werden. Da es sich beim Internationalen Strafrecht insbesondere um die Frage der Kompetenz zur strafrechtlichen Regelung bestimmter Sachverhalte geht, die mehrere Staaten betreffen könnten, müssen die Normen des Völkerrechts in besonderem Maß beachtet werden.

Da die Vorschriften des Internationalen Strafrechts eine transnationale Ausdehnung des nationalen strafrechtlichen Geltungsanspruchs hervorbringen können, ohne einer zwischenstaatlich-internationalen Abmachung zu bedürfen, wird in der Lehre teilweise die Ansicht vertreten, dass anstatt von *inter*nationalem besser von *trans*nationalem Strafrecht gesprochen werden sollte.[30] Aber da der Begriff des „Internationalen Strafrechts" im Vergleich zum „transnationalen Strafrecht" in Lehre und Rechtsprechung überwiegend gebraucht ist, wird dementsprechend der Begriff des „Internationalen Strafrechts" in der vorliegenden Untersuchung verwendet.

Trotz der Verwirklichung aller Merkmale eines Delikts- und Strafanwendungsrechtstatbestands könnte das deutsche Strafrecht dennoch nicht angewandt werden. Es ist vorstellbar, dass eine Tat zwar formal den gesetzlich verfassten Tatbestand verwirklicht und nach den internationalstrafrechtlichen Regelungen den deutschen Strafgesetzen unterliegt, die von demselben Tatbestand geschützten (meist inländischen) Rechtsgüter jedoch nicht beeinträchtigt hat und mithin nicht rechtswidrig ist (z. B. Meineid vor einem ausländischen Gericht; Hochverrat, Rechtsstaatsgefährdung und Landesverrat gegen einen fremden Staat usf.). Ein solcher Sachverhalt steht in keinerlei Beziehung zum Inland, sollte daher auch nicht in den Anwendungsbereich des inländischen Strafrechts fallen. Inwieweit der Rechtsgüterschutz durch das inländische Strafrecht gilt, und bis an welche Grenze dieser geht, hängt von den jeweiligen Tatbeständen und deren Auslegung ab. Die Frage nach dem *tatbestandsimmanenten* Schutzgut und dem Anwendungsbereich des betreffenden Tatbestands ist also der Frage nach dem räumlich-personalen Geltungsbereich des Strafgesetzes logisch vorgelagert.[31]

---

29 Jescheck, FS Maurach, 1972, S. 580; Merkel, Universale Jurisdiktion bei völkerrechtlichen Verbrechen, S. 244. Nach Mayer, Strafrecht AT, S. 91 regelt Internationales Strafrecht auf nationalrechtlicher Grundlage völkerrechtliche und staatsrechtliche Fragen. Schultz, GA 1966, S. 194 hat den Sinn und Zweck des Internationalen Privatrechts auf das Internationale Strafrecht übertragen, wonach „sein Sinn und sein Geist völkerrechtlich, seine greifbaren Regeln aber landesrechtlich sind".

30 Schönke/Schröder/*Eser*, Rn. 2 vor § 3; Eser, FS BGH Wissenschaft, Bd. IV, 2000, S. 3; zustimmend MünchKommStGB/*Ambos*, Rn. 1 vor § 3; Neumann, FS Müller-Dietz, 2001, S. 595.

31 Oehler, FS Grützner, 1970, S. 116; Vogler, Geburtstagsgabe Grützner, 1970, S. 149f.; Nowakowski, JZ 1971, S. 634f.; Schlüchter, FS Oehler, 1985, S. 310ff.; Schönke/Schröder/*Eser*, Rn. 13ff. vor § 3; NK-StGB/*Lemke*, Rn. 27 vor § 3; Tröndle/Fischer, Rn.

Das heißt, wenn ein Verhalten das von einem Tatbestand geschützte (meistens inländische) Rechtsgut überhaupt nicht verletzt oder gefährdet, kann es nicht zur „Tat" im Sinne der §§ 3-7, 9 StGB gerechnet werden, und dementsprechend kann die Überprüfung der räumlich-personellen Geltungsfrage des Strafrechts entfallen.

Es ist weiterhin darauf hinzuweisen, dass die Geltung einer Rechtsnorm für einen Sachverhalt lediglich bedeutet, dass er ihrem Anwendungsbereich unterliegt und ihrer Rechtsfolge unterworfen ist. Selbst wenn die Anwendung dieser Rechtsnorm auf einen im Ausland stattfindenden Sachverhalt nicht durchzusetzen und zu erzwingen ist, wird ihre Geltung nicht gemindert.[32] Der Geltungsumfang staatlichen Strafrechts hat nämlich nichts mit dessen Durchsetzungsmöglichkeit zu tun. Dementsprechend kann zwischen der materiellen Geltung und der prozessualen Voraussetzung des Strafrechts unterschieden werden. Durch Internationales Strafrecht wird die *materielle Geltung* des deutschen Strafrechts bestimmt, während die Fragen der *gerichtsverfassungsrechtlich-prozessualen Zuständigkeit* und der Ausübung der deutschen Strafrechtspflege durch Internationales Strafprozessrecht geregelt werden. Obwohl Strafgewalt und Strafgerichtsbarkeit in der Regel übereinstimmen, gibt es jedoch Ausnahmen aufgrund des Völkerrechts. Z. B. kann die staatliche Strafgerichtsbarkeit aufgrund völkerrechtlicher Verträge sogar im eigenen Staatsgebiet eingeschränkt werden. Demzufolge müssen „Strafrechtshoheit" und „Gerichtshoheit" definitorisch differenziert werden.[33] Dennoch stellt die Anwendbarkeit des deutschen Strafrechts aufgrund des Internationalen Strafrechts zusätzlich zu ihrem materiellen Charakter auch eine *Verfahrensvoraussetzung* dar. Die Rechtsfolge mangels der Anwendbarkeit des deutschen Strafrechts ist nicht Freispruch, sondern *Einstellung* des Verfahrens.[34]

Es wird in Lehre und Rechtsprechung überwiegend vertreten, dass Aburteilung oder Freispruch ausländischer Gerichte keine Wirkung des „ne bis in idem" (Art. 103 Abs. 3 GG) auf die inländische Strafverfolgung und Verurteilung

---

4 vor § 3; *Lackner*/Kühl, Rn. 9 vor § 3. Anderer Ansicht SK-StGB/*Hoyer*, Rn. 31 vor § 3; Reschke, Der Schutz ausländischer Rechtsgüter durch das deutsche Strafrecht, S. 31f.; Obermüller, Der Schutz ausländischer Rechtsgüter im deutschen Strafrecht im Rahmen des Territorialitätsprinzips, S. 139ff. MünchKommStGB/*Ambos*, Rn. 89f. vor § 3 meint, dass die beiden Fragen nach dem Schutz- und Geltungsbereich nur geringe praktische Bedeutung hätten. Es handele sich stets um *Vorfragen*.

32 Rudolf, Territoriale Grenzen der staatlichen Rechtsetzung, S. 10.

33 Jescheck, IRuD 1956, S. 76f.; Schönke/Schröder/*Eser*, Rn. 1 vor § 3; Jescheck/Weigend, Lehrbuch des Strafrechts AT, S. 165; Mendelssohn Bartholdy, Das räumliche Herrschaftsgebiet des Strafgesetzes, in: VDA, Bd. VI, S. 106ff.; Hegler, Prinzipien des internationalen Strafrechts, S. 3ff.; Zlatarič, Geburtstagsgabe Grützner, 1970, S. 164.

34 LK-StGB/*Gribbohm*, Rn. 1 vor § 3; Schönke/Schröder/*Eser*, Rn. 2 vor § 3; NK-StGB/*Lemke*, Rn. 2 vor § 3; SK-StGB/*Hoyer*, Rn. 3 vor § 3; MünchKommStGB/*Ambos*, Rn. 4 vor § 3; Tröndle/Fischer, Rn. 1 vor § 3; *Lackner*/Kühl, Rn. 10 vor § 3.

haben.[35] Der Verzicht auf den Grundsatz „ne bis in idem" auf zwischenstaatlicher Ebene hat drei Gründe: 1. Befürchtung des Souveränitätsverlustes; 2. Misstrauen in die objektive Gerechtigkeit ausländischer Urteile; 3. erhebliche praktische Schwierigkeiten, die sich bei der Anerkennung ausländischer Urteile wegen der Differenz von ausländischem und inländischem Strafrecht ergeben.[36] Obwohl der Grundsatz „ne bis in idem" innerstaatlich als ein Verfassungsgrundsatz angesehen wird, ist er als allgemeine Regel des Völkerrechts nicht anerkannt, es sei denn, er ist in einem zwischenstaatlichen Abkommen[37] vorgesehen. Demzufolge darf ein Staat trotz des Grundsatzes „ne bis in idem" eine Tat selbst bestrafen, wenn er ein konkretes Interesse an der Bestrafung hat. Nach deutschem Recht steht einer rechtskräftigen ausländischen Aburteilung desselben Sachverhalts weder die *Erledigungswirkung* zu, noch kommt ein *milderes* Tatortrecht zur Einschränkung der Inlandsstrafe in Betracht. Es ist lediglich eine zwingende Anrechnung der im Ausland verhängten und vollstreckten Sanktion auf die neue inländische Strafe gemäß § 51 Abs. 3 StGB (Anrechnungsprinzip) vorgesehen.

Dem allgemeinen Verzicht auf den Grundsatz „ne bis in idem" auf zwischenstaatlicher Ebene wird im Schrifttum teilweise vorgeworfen, „die völkerrechtlich souveränitätsorientierte Sichtweise" verdränge „die individualrechtliche eines rechtsstaatlichen Strafrechts".[38] Es liegt auf der Hand, dass die Durchführung von Parallelverfahren wegen einer Straftat in mehreren Staaten viele Nachteile nach sich ziehen kann.[39] Einerseits muss der Täter sich mehrfachen Vorladungen und Bestrafungen unterwerfen. Es könnte andererseits zur Beeinträchtigung des Ansehens der Gerichte und der Rechtssicherheit führen, wenn die Gerichte abweichende Entscheidungen fällen. Daraufhin wird in der Lehre immer gefordert, dass der Grundsatz „ne bis in idem" aus Gründen der Billigkeit und Rechtssicherheit auch zwischenstaatliche Geltung haben sollte.[40]

---

35 BVerfGE 12, 62; BVerfGE 75, 1; BGHSt 6, 176, 177; BGHSt 34, 334, 340; LK-StGB/*Gribbohm*, Rn. 156f. vor § 3; Schönke/Schröder/*Eser*, Rn. 60 vor § 3; SK-StGB/*Hoyer*, Rn. 6 vor § 3; Jescheck, „Strafrecht, Internationales", in: WVR, Bd. 3, S. 399; Jescheck/Weigend, Lehrbuch des Strafrechts AT, S. 176; Jakobs, Strafrecht AT, 5/25; Doehring, Völkerrecht, Rn. 815, 1153; Werle/Jeßberger, JuS 2001, S. 36.

36 Oehler, Internationales Strafrecht, Rn. 960.

37 Zu derartigen Abkommen siehe MünchKommStGB/*Ambos*, Rn. 75 vor § 3. Zum Grundsatz ne bis in idem auf der europäischen Ebene Lagodny, FS Trechsel, 2002, S. 253ff.; Hein, Zuständigkeitskonflikte im internationalen Strafrecht, S. 48ff.

38 MünchKommStGB/*Ambos*, Rn. 74 vor § 3.

39 Linke, Geburtstagsgabe Grützner, 1970, S. 86.

40 Schorn, JR 1964, S. 206; Vogler, FS Maurach, 1972, S. 605f., 608; Oehler, Internationales Strafrecht, Rn. 747, 799, 906, 960, 978; Lagodny, ZStW 101 (1989), S. 1003f.; Endriß/Kinzig, StV 1997, S. 665ff.; MünchKommStGB/*Ambos*, Rn. 73ff. vor § 3. NK-StGB/*Lemke*, Rn. 105 vor § 3 sieht zwar in der gegenwärtigen Rechtslage keinen Verstoß gegen den Grundsatz „ne bis in idem", befürwortet jedoch angesichts der Härte und der möglichen Unbilligkeit „ganze oder teilweise Anerkennung bzw. Anrechnung ausländischer Urteile oder sonstiger internationaler Rechtshilfe".

Obwohl in den meisten Fällen kein Problem bezüglich des Geltungsumfangs staatlicher Strafgesetze hervortritt, und deshalb oft vom „dienenden“ Charakter des Internationalen Strafrechts[41] gesprochen wird, ist Internationales Strafrecht angesichts des Umstands, dass internationale Kontakte sich immer mehr häufen und eine Tendenz der Internationalisierung der Kriminalität sich abzeichnet, ein immer wichtigeres Forschungsgebiet geworden.

2.2. Die Prinzipien des Internationalen Strafrechts

Die Anknüpfungspunkte, die Sachverhalte in Zusammenhang mit nationalstaatlicher Strafgewalt bringen und somit die Anwendung staatlichen Strafrechts begründen, werden „Prinzipien des Internationalen Strafrechts“ genannt.[42] Es wurde einst in der Lehre versucht,[43] bestimmte Anknüpfungspunkte für die Strafrechtsanwendung je nach der Eigenart einzelner Tatbestände festzulegen. Diese „Individualisierungsmethode“[44] ist wegen ihrer technischen Schwierigkeit, ja sogar Unmöglichkeit, freilich in der Gesetzgebungspraxis nicht zu verwirklichen. Daraufhin können nur bestimmte Grundsätze als allgemeine Regelungen für die Strafrechtsanwendung aufgestellt werden. Diese Grundsätze des Internationalen Strafrechts sind namentlich das Territorialitätsprinzip, das im deutschen Internationalen Strafrecht als das Leitprinzip angesehen wird, das Flaggenprinzip, Schutzprinzip, passives Personalitätsprinzip, aktives Personalitätsprinzip, Prinzip der stellvertretenden Strafrechtspflege, Weltrechtsprinzip sowie das Kompetenzverteilungsprinzip.[45] Obwohl das Territorialitätsprinzip zum Leit-

---

41 Eser, FS BGH Wissenschaft, Bd. IV, 2000, S. 4.

42 Die Anknüpfungspunkte des Internationalen Strafrechts sind von den „echten“ oder „sinnvollen“ Anknüpfungspunkten im Völkerrecht zu unterscheiden. Die ersteren beruhen lediglich auf kriminalpolitischen Überlegungen und Interessen des Nationalstaates und sind somit keine völkerrechtliche Rechtfertigung für die Erweiterung staatlicher Strafgewalt. Nur durch die letzteren kann also die Ausdehnung nationaler Strafrechtsgeltung gerechtfertigt werden. Siehe Scholten, Das Erfordernis der Tatortstrafbarkeit in § 7 StGB, S. 60ff.; Holthausen, NStZ 1992, S. 268f.; MünchKommStGB/*Ambos*, Rn. 24 vor § 3 und unten 4.3.2.2.

43 Mendelssohn Bartholdy, Das räumliche Herrschaftsgebiet des Strafgesetzes, in: VDA, Bd. VI, S. 112, 312, 315: „Jedes einzelne Strafgesetz hat seinen räumlichen Geltungsbereich, ein Strafgesetz-„Buch“ dagegen hat keinen.“ Ähnlich Nowakowski, ÖZöR 6 (1954), S. 18f.; Nowakowski, Das österreichische Strafrecht in seinen Grundzügen, S. 35.

44 So wörtlich Oehler, FS Grützner, 1970, S. 113f.

45 Siehe Oehler, Internationales Strafrecht, passim; LK-StGB/*Gribbohm*, Rn. 126ff. vor § 3; Schönke/Schröder/*Eser*, Rn. 4ff. vor § 3; NK-StGB/*Lemke*, Rn. 7ff. vor § 3; MünchKommStGB/*Ambos*, Rn. 25ff. vor § 3; Tröndle/Fischer, Rn. 3 vor § 3; *Lackner*/Kühl, Rn. 2 vor § 3; Jescheck/Weigend, Lehrbuch des Strafrechts AT, S. 167ff.; Jakobs, Strafrecht AT, 5/14ff.; Maurach/Zipf, Strafrecht AT 1, § 11, Rn. 5ff. Für SK-StGB/*Hoyer*, Rn. 9ff. vor § 3 gibt es im Internationalen Strafrecht lediglich 5 Geltungsprinzipien, nämlich Ter-

prinzip des deutschen Internationalen Strafrechts zählt, beschränkt sich der Geltungsbereich des deutschen Strafrechts angesichts der vielfältigen Prinzipien des Internationalen Strafrechts (§§ 3-7 StGB) nicht auf das Staatsgebiet.

Die Prinzipien des Internationalen Strafrechts lassen sich nach zwei Gesichtspunkten aufteilen.[46] Je nach dem Sinn und Zweck der Prinzipien des Internationalen Strafrechts steht entweder der *Selbstschutz* sowie die *Selbsterhaltung* des Staates oder die *Solidarität* der Staaten im Vordergrund. Im folgenden werden einerseits Territorialitätsprinzip, Flaggenprinzip, Schutzprinzip, passives Personalitätsprinzip, die dem Selbstschutz des Staates dienen, und andererseits aktives Personalitätsprinzip, Prinzip der stellvertretenden Strafrechtspflege, Weltrechtsprinzip sowie Kompetenzverteilungsprinzip, die auf die Solidarität der Staaten abzielen, in ihren Grundzügen vorgestellt.

Das *Territorialitätsprinzip*, auch *Gebietsgrundsatz* genannt, beruht auf der Anknüpfung der Tat an den Tatort. Demgemäß finden inländische Strafrechtsnormen Anwendung auf alle im Inland stattfindenden Sachverhalte, und zwar unabhängig von der Staatsangehörigkeit von Täter und Opfer. Der Staat ist nämlich um der Wahrung inländischer Ordnung willen befugt, sein Strafrecht auf alle Sachverhalte auf eigenem Territorium anzuwenden.[47] Das Territorialitätsprinzip ist die Basis des Internationalen Strafrechts, weil es mit der territorialen Abgrenzung dem Prinzip der Souveränität und Gleichberechtigung der Staaten am besten gerecht werden kann. Die Beschränkung der Anwendung staatlicher Strafgesetze auf das Staatsgebiet ist insbesondere sinnvoll, weil die staatliche Souveränität, durch die den Bewohnern Pflichten auferlegt werden und der Schutz der eigenen Rechtsordnung durchgesetzt werden kann, im Staatsgebiet voll beansprucht werden kann.[48] Außerdem kann die Aburteilung im Tatortstaat einerseits das Erfordernis der Gerechtigkeit im Normalfall gut erfüllen. Andererseits wird die Anforderung der Prozessökonomie durch das Territorialitätsprinzip in der Regel am besten befriedigt. Es liegt nämlich nahe,

---

ritorialitätsprinzip, aktives Personalitätsprinzip, passives Personalitätsprinzip, Prinzip der stellvertretenden Strafrechtspflege und Weltrechtsprinzip.

46 Schröder, JZ 1968, S. 241; Oehler, FS Grützner, 1970, S. 115ff.; Oehler, Internationales Strafrecht, Rn. 120ff.; Oehler, „Criminal Law, International", in: EPIL, Bd. I, S. 878; LK-StGB/*Gribbohm*, Rn. 125 vor § 3; Schönke/Schröder/*Eser*, § 3, Rn. 1. Nach MünchKommStGB/*Ambos*, Rn. 65ff. vor § 3 werden Prinzipien des Internationalen Strafrechts neben dem Gesichtspunkt der eigenen und fremden Interessen noch nach dem der originär völkerrechtlichen Interessen differenziert, wobei zum letzten Gesichtspunkt das Weltrechtsprinzip zählt.

47 LK-StGB/*Gribbohm*, Rn. 126 vor § 3; Schönke/Schröder/*Eser*, Rn. 4 vor § 3; NK-StGB/*Lemke*, Rn. 9 vor § 3; SK-StGB/*Hoyer*, Rn. 9 vor § 3; MünchKommStGB/*Ambos*, Rn. 25ff. vor § 3; Jescheck/Weigend, Lehrbuch des Strafrechts AT, S. 167f.; Maurach/Zipf, Strafrecht AT 1, § 11, Rn. 8ff.; Jakobs, Strafrecht AT, 5/7, 14f.; Oehler, Internationales Strafrecht, Rn. 125, 152ff.; Oehler, ZStW Beiheft, 1970, S. 48ff.

48 Germann, SchwZSt 69 (1954), S. 237; Gallas, ZStW 80 (1968), S. 15; NK-StGB/*Lemke*, Rn. 9 vor § 3; MünchKommStGB/*Ambos*, Rn. 25 vor § 3.

dass die Beweisnahme im Strafverfahren erschwert würde, wenn sie nicht im Tatortstaat durchgeführt wird.[49] Nach dem Gesagten ist davon auszugehen, dass das Territorialitätsprinzip als die Grundlage des Internationalen Strafrechts durchaus legitim und zweckmäßig ist.

Das Territorialitätsprinzip setzt voraus, dass die Tat im Staatsgebiet des Aburteilstaates stattfindet. Es ist im deutschen Internationalen Strafrecht vorgesehen, dass zum Tatort nicht nur der Ort der Tathandlung, sondern auch der Erfolgsort zählt. Nach diesem sog. *Ubiquitätsprinzip* in § 9 Abs. 1 StGB ist eine Tat an jedem Ort begangen, „an dem der Täter gehandelt hat oder im Falle des Unterlassens hätte handeln müssen oder an dem der zum Tatbestand gehörende Erfolg eingetreten ist oder nach der Vorstellung des Täters eintreten sollte". Im Vergleich zum rein *tatsächlichen Auswirkungsgrundsatz* (effects principle) des US-amerikanischen Rechts, der lediglich auf den Eintritt des Erfolges abstellt,[50] setzt das Ubiquitätsprinzip voraus, dass der „zum Tatbestand gehörende Erfolg" im Inland eingetreten ist oder eintreten sollte.

Obwohl das Territorialitätsprinzip als die Grundlage des deutschen Strafanwendungsrechts angesehen wird, kann sich die Leitfunktion des Territorialitätsprinzips wegen vielfältiger Ausnahmen aus anderen internationalstrafrechtlichen Regelungen nicht voll bewahren. Demnach kann von einer Selbstbeschränkung und Zurückhaltung des inländischen Strafanspruchs keine Rede sein.[51] Ungeachtet dessen wird in der Völkerrechtslehre allgemein vertreten, dass das Völkerrecht nicht gebietet, die Anwendung innerstaatlichen Strafrechts auf eigenes Territorium zu beschränken.[52] Obwohl es in den Common-Law-Ländern üblich ist, in bezug auf die Ausübung der Strafhoheit nur das Territorialitätsprinzip anzuerkennen,[53] kann nicht daraus gefolgert werden, dass das Territorialitätsprinzip ein völkerrechtliches absolutes Gebot wäre. Dementsprechend ist das Territorialitätsprinzip zwar der international anerkannte fundamentale Grundsatz des Internationalen Strafrechts, die anderen von ihm abweichenden Prinzipien büßn jedoch dadurch nicht ihre Legitimität ein.

Nach dem *Flaggenprinzip* sind Strafrechtsnormen eines Staates dann auf eine Tat anzuwenden, wenn sie am Bord eines Schiffes oder Luftfahrzeugs seiner Staatsangehörigkeit begangen wurde. Dabei haben sowohl der Standort des Schiffes oder Luftfahrzeugs als auch die Staatsangehörigkeit von Täter und

---

49 Linke, Geburtstagsgabe Grützner, 1970, S. 88; Jescheck, „Strafrecht, Internationales", in: WVR, Bd. 3, S. 397; Jescheck/Weigend, Lehrbuch des Strafrechts AT, S. 167.

50 Zum Auswirkungsgrundsatz siehe MünchKommStGB/*Ambos*, Rn. 28ff. vor § 3.

51 Zieher, Das sog. Internationale Strafrecht nach der Reform, S. 176f.

52 Schon im Lotus-Fall siehe Entscheidungen des Ständigen Internationalen Gerichtshofs, Ausgabe in deutscher Übersetzung, Bd. 5, S. 91f. Vgl. auch Doehring, Völkerrecht, Rn. 1154; MünchKommStGB/*Ambos*, Rn. 27 vor § 3.

53 Da die angloamerikanischen Länder von einem strengen Territorialitätsprinzip mit wenigen Ausnahmen ausgehen, ist es ihnen nicht strikt verboten, eigene Staatsangehörige an einen fremden Staat auszuliefern. Siehe Oehler, Internationales Strafrecht, Rn. 163ff.

Opfer keinen Einfluss auf die Strafrechtsanwendung des Flaggenstaates.[54] Der Grundgedanke des Flaggenprinzips, die Schutz- und Ordnungsfunktion, ist dem des Territorialitätsprinzips verwandt. Demnach ist der Flaggenstaat berechtigt, seine Rechtsordnung am Bord durchzusetzen.[55] Es ist jedoch darauf hinzuweisen, dass internationale Verkehrsmittel in oder über dem fremden Territorium nicht als „territoire flottant" extraterritorial zu verstehen sind.[56] Sie haben im Vergleich zu Kriegsschiffen oder Staatsluftfahrzeugen nur eine Sonderstellung und genießen keine völkerrechtliche Immunität.

Nach dem *aktiven Personalitätsprinzip* ist jeder Inländer dem Strafrecht seines Heimatstaates unterworfen, und zwar unabhängig davon, wo er sich befindet.[57] Das aktive Personalitätsprinzip ist das älteste Leitprinzip des Internationalen Strafrechts, wonach sich der Rechtsstatus eines Menschen nach dessen Stammesangehörigkeit richtete (leges ossibus inhaerent). Dieses *absolute aktive Personalitätsprinzip* beruft sich auf eine unbegrenzte *Treuepflicht* des Staatsangehörigen gegenüber dem Recht des Heimatstaates, und kommt dem autoritären Staatsgedanken entgegen.[58] Unter Berufung auf das absolute aktive Personalitätsprinzip soll der Staatsangehörige nach dem Recht des Heimatstaates abgeurteilt werden, gleichgültig, ob der Staatsangehörige im Ausland gehandelt hat und ob das Ausland das Verhalten unter Strafe stellt.

Da das absolute aktive Personalitätsprinzip die Rechtsordnung des Auslandes nicht beachtet, kann es leicht in Widerspruch mit dem völkerrechtlichen Fremdenrecht, dem Hoheitsanspruch des Territorialstaates und der internationalen Solidarität geraten.[59] Das uneingeschränkte aktive Personalitätsprinzip ist

---

54 LK-StGB/*Gribbohm*, Rn. 127, 274ff. vor § 3; Schönke/Schröder/*Eser*, Rn. 5 vor § 3; NK-StGB/*Lemke*, Rn. 10, 24 vor § 3; MünchKommStGB/*Ambos*, Rn. 34 vor § 3; Jescheck/Weigend, Lehrbuch des Strafrechts AT, S. 168; Jakobs, Strafrecht AT, 5/7, 14; Oehler, Internationales Strafrecht, Rn. 132, 450ff., 481ff.

55 Oehler, „Criminal Law, International", in: EPIL, Bd. I, S. 879; Schönke/Schröder/*Eser*, Rn. 5 vor § 3; NK-StGB/*Lemke*, Rn. 10 vor § 3; Jescheck/Weigend, Lehrbuch des Strafrechts AT, S. 168.

56 Jescheck, „Strafrecht, Internationales", in: WVR, Bd. 3, S. 398; MünchKommStGB/*Ambos*, Rn. 34 vor § 3. Die Auffassung, dass deutsche Schiffe und Flugzeuge als „territoire flottant" anzusehen sind, vertreten u. a. Maurach/Zipf, Strafrecht AT 1, § 11, Rn. 15.

57 LK-StGB/*Gribbohm*, Rn. 131ff. vor § 3; Schönke/Schröder/*Eser*, Rn. 6 vor § 3; NK-StGB/*Lemke*, Rn. 11 vor § 3; SK-StGB/*Hoyer*, Rn. 10 vor § 3; MünchKommStGB/ *Ambos*, Rn. 35ff. vor § 3; Jescheck/Weigend, Lehrbuch des Strafrechts AT, S. 169; Maurach/Zipf, Strafrecht AT 1, § 11, Rn. 23ff.; Jakobs, Strafrecht AT, 5/6, 17; Oehler, Internationales Strafrecht, Rn. 139ff., 702ff.

58 LK-StGB/*Gribbohm*, Rn. 132 vor § 3; NK-StGB/*Lemke*, Rn. 11 vor § 3; MünchKommStGB/*Ambos*, Rn. 36f. vor § 3; Dahm/Delbrück/*Wolfrum*, Völkerrecht, Bd. I/3, S. 1004; Jescheck/Weigend, Lehrbuch des Strafrechts AT, S. 169; Oehler, Internationales Strafrecht, Rn. 665: „Überbetonung des nationalen Gedankenguts".

59 Gallas, ZStW 80 (1968), S. 13ff.; Horiuchi, KritV Sonderheft, 2000, S. 85; MünchKomm StGB/*Ambos*, Rn. 36 vor § 3.

nämlich unvereinbar mit der politischen Klugheit und der Rücksichtnahme auf fremde Rechtsordnungen.[60] Die im Ausland lebenden Staatsbürger haben in erster Linie das Recht des Aufenthaltsstaates zu beachten. Eine im Ausland begangene Tat, die dort rechtmäßig bewertet worden ist, soll nicht nach der Rückkehr des Handelnden nach dem Heimatrecht bestraft werden. Demnach wird heutzutage überwiegend davon ausgegangen, dass dem aktiven Personalitätsprinzip nicht die unbegrenzte Treuepflicht des Staatsangehörigen gegenüber dem Heimatstaat, sondern der Gedanke internationaler Solidarität zugrunde liegen soll.[61] Dieses sog. *eingeschränkte aktive Personalitätsprinzip* verlangt zwar, dass ein Täter nach Begehen einer Tat im Ausland nicht durch Zuflucht ins Heimatland unbestraft bleiben soll. Um internationale Konflikte zu vermeiden, muss die Bestrafung nach dem eingeschränkten aktiven Personalitätsprinzip aber voraussetzen, dass entweder dieselbe Tat im Tatortstaat auch strafbar ist oder dass der Tatort keiner Strafgewalt unterliegt (§ 7 Abs. 2 Nr. 1 StGB), oder dass das aktive Personalitätsprinzip mit einem weiteren anerkannten Prinzip des Internationalen Strafrechts verbunden ist.[62]

Das *Schutzprinzip* (*Realprinzip*) besagt, dass der Staat eine Auslandstat auch bestrafen darf, wenn sie inländische Rechtsgüter verletzt oder gefährdet. Dem Schutzgedanken entsprechend kann es wieder in das Staatsschutzprinzip und das passive Personalitätsprinzip (Individualschutzprinzip) aufgeteilt werden. Nach dem *Staatsschutzprinzip* ist der Staat berechtigt, seinen Strafrechtsschutz auf Rechtsgüter des eigenen Staates (z. B. Hoch- und Landesverrat, Straftaten gegen die Landesverteidigung oder die öffentliche Ordnung) zu erstrecken, wobei die Person des Täters und der Tatort keine Rolle spielen.[63] Die Legitimation des Staatsschutzprinzips liegt in der „Staatsräson".[64] Unter Berufung auf das Staatsschutzprinzip muss der Staat keine Rücksicht auf ausländische Strafrechtsordnungen nehmen, weil inländische Interessen in der Regel nicht vom Ausland beachtet werden. Insofern ist eine identische Tatortnorm nicht erforder-

---

60 Jescheck, „Strafrecht, Internationales", in: WVR, Bd. 3, S. 397.

61 LK-StGB/*Gribbohm*, Rn. 133 vor § 3; Schönke/Schröder/*Eser*, § 3, Rn. 2; NK-StGB/*Lemke*, Rn. 11 vor § 3; Jescheck/Weigend, Lehrbuch des Strafrechts AT, S. 169; Oehler, Internationales Strafrecht, Rn. 733ff., 775ff.

62 Oehler, FS Mezger, 1954, S. 101ff.; Oehler, Internationales Strafrecht, Rn. 141; LK-StGB/*Gribbohm*, Rn. 133 vor § 3; MünchKommStGB/*Ambos*, Rn. 37 vor § 3; Rosswog, Das Problem der Vereinbarkeit des aktiven und passiven Personalgrundsatzes mit dem Völkerrecht, S. 178.

63 LK-StGB/*Gribbohm*, Rn. 129 vor § 3; Schönke/Schröder/*Eser*, Rn. 7 vor § 3; NK-StGB/*Lemke*, Rn. 12 vor § 3; MünchKommStGB/*Ambos*, Rn. 40f. vor § 3; Jescheck/Weigend, Lehrbuch des Strafrechts AT, S. 169; Maurach/Zipf, Strafrecht AT 1, § 11, Rn. 31f.; Jakobs, Strafrecht AT, 5/8, 16; Oehler, Internationales Strafrecht, Rn. 126, 542ff.; Zieher, Das sog. Internationale Strafrecht nach der Reform, S. 103ff.

64 Oehler, „Criminal Law, International", in: EPIL, Bd. I, S. 878.

lich.[65] Obwohl der Staatsschutz ein legitimes Interesse des Staates darstellt, muss man darauf achten, dass das friedliche Zusammenleben der Staaten gefährdet werden könnte, wenn jeder Staat um des Staatsschutzes willen ohne Ansehung der Interessen anderer Staaten nur seine Interessen durchzusetzen bestrebt ist.[66] Es ist deshalb geboten, dass der Staat den Umfang legitimer Staatsinteressen nicht rücksichtslos festlegt und versucht, im Namen des Eigenschutzes eigene Strafrechtsordnung anderen Staaten aufzuzwingen.

Nach dem *passiven Personalitätsprinzip* (*Individualschutzprinzip*) wird durch die Nationalität des Verletzten eine Verbindung zum aburteilenden Staat hergestellt.[67] Das passive Personalitätsprinzip symbolisiert ein ausdrückliches Misstrauen gegenüber fremden Rechtsordnungen.[68] Dies liegt daran, dass der Staat befürchtet, dass die Verletzung seiner Bürger durch Ausländer wegen der Unterschiede der Rechtsordnungen straffrei bleiben könnte. Dieses Misstrauen darf jedoch nicht übertrieben werden, weil Unterschiede zwischen Rechtsordnungen in der Regel weniger an der Missachtung fremder Rechtsordnungen als an der Differenz von Rechtsvorstellungen liegen. Um den Frieden zwischen Staaten zu bewahren, wird verlangt, dass die Anwendung des passiven Personalitätsprinzips nur dann als völkerrechtlich legitim anzusehen ist, wenn die Tat am Tatort auch unter Strafe gestellt ist. Andernfalls liegt ein völkerrechtlich verbotener Missbrauch vor.[69] Dementsprechend erfordert das passive Personalitätsprinzip in § 7 Abs. 1 StGB auch die Tatortstrafbarkeit,[70] um potentielle internationale Konflikte zu vermeiden.

Um der Strafgerechtigkeit willen müssen die eventuellen Lücken, die durch verschiedenartige Modelle des Internationalen Strafrechts zwischen Staaten entstanden sind, geschlossen werden, damit ungerechte Straflosigkeit vermieden werden kann. Das *Prinzip der stellvertretenden Strafrechtspflege* (*Stellvertre-*

---

65 Jescheck, „Strafrecht, Internationales“, in: WVR, Bd. 3, S. 397; MünchKommStGB/*Ambos*, Rn. 40 vor § 3.

66 Doehring, Völkerrecht, Rn. 1158.

67 LK-StGB/*Gribbohm*, Rn. 130 vor § 3; Schönke/Schröder/*Eser*, Rn. 7 vor § 3; NK-StGB/*Lemke*, Rn. 12 vor § 3; SK-StGB/*Hoyer*, Rn. 11 vor § 3; MünchKommStGB/*Ambos*, Rn. 42ff. vor § 3; Jescheck/Weigend, Lehrbuch des Strafrechts AT, S. 169f.; Maurach/Zipf, Strafrecht AT 1, § 11, Rn. 33; Jakobs, Strafrecht AT, 5/8, 18; Oehler, Internationales Strafrecht, Rn. 127ff, 632ff; Henrich, Das passive Personalitätsprinzip im deutschen Strafrecht, passim.

68 Gallas, ZStW 80 (1968), S. 12f.; Lagodny/Nill-Theobald, JR 2000, S. 206f.; Oehler, Internationales Strafrecht, Rn. 665; Jescheck/Weigend, Lehrbuch des Strafrechts AT, S. 169.

69 NK-StGB/*Lemke*, Rn. 12 vor § 3; MünchKommStGB/*Ambos*, Rn. 43 vor § 3; Jescheck/Weigend, Lehrbuch des Strafrechts AT, S. 170. Nach Oehler, Internationales Strafrecht, Rn. 666f. muss zur Rechtfertigung des passiven Personalitätsprinzips neben einer lex loci noch die Voraussetzung erfüllt werden, dass der Täter das Opfer als Staatsangehörigen eines anderen Staates erkannt hat oder hätte erkennen können.

70 Zur Voraussetzung der Tatortstrafbarkeit siehe Scholten, Das Erfordernis der Tatortstrafbarkeit in § 7 StGB, passim.

tungsprinzip) erfüllt gerade diese Funktion. Es basiert auf dem Subsidiaritätsgedanken, wonach die internationale Solidarität bei der Verbrechensbekämpfung zu beachten ist.[71] Nach dem Grundsatz „aut dedere aut punire" darf ein Ausländer wegen seiner am Tatort mit Strafe bedrohten Auslandstat im Ergreifungsstaat bestraft werden, wenn er nicht ausgeliefert werden kann, gleichgültig, aus welchen Gründen die Auslieferung nicht durchzuführen ist.[72] Aufgrund des Prinzips der stellvertretenden Strafrechtspflege übernimmt ein Staat stellvertretend die Strafkompetenz eines anderen Staates. Da diese Strafkompetenz auf der Stellvertretung beruht und somit nicht originär ist, soll der stellvertretende Staat auf die der fremden Strafrechtsordnung zugrundeliegende Wertvorstellung achten.[73] Dementsprechend setzt die Bestrafung aufgrund des Prinzips der stellvertretenden Strafrechtspflege nach § 7 Abs. 2 Nr. 2 StGB über die Nichtauslieferung des Täters hinaus voraus, dass die Tat am Tatort mit Strafe bedroht ist oder dass der Tatort keiner Strafgewalt unterliegt.

Es wird im Schrifttum teilweise behauptet, das Stellvertretungsprinzip gehöre eigentlich nicht in das materielle Strafrecht, sondern in das Rechtshilferecht.[74] Das Stellvertretungsprinzip in diesem Sinne bedeutet „Strafgewalterstreckung in *Vertretung* und mit dem *Einverständnis* eines anderen Staates *derivativ*", also abhängig vom Strafverfolgungswillen des Tatortstaates, des Heimatstaates, oder des in seinem Bestand angegriffenen Staates.[75] Nach der geltenden Regelung des § 7 Abs. 2 Nr. 2 StGB, die nur das Erfordernis identischer Tatortstrafbarkeit und die Nicht-Auslieferung vorsieht, kann der Verfolgungswille des Tatortstaates jedoch nicht festgestellt werden. Das könnte dazu führen, dass die „Stellvertretung" der Strafverfolgung gegen den Willen des „vertretenen Staates" verstößt. Ob es sich noch als eine Stellvertretung ansehen lässt, ist mehr als fragwürdig. Ein allgemeiner Gebrauch vom Stellvertretungsprinzip existiert nur in wenigen Ländern, wie z. B. in Deutschland (§ 7 Abs. 2 Nr.

---

71 Jescheck, „Strafrecht, Internationales", in: WVR, Bd. 3, S. 398; Schönke/Schröder/*Eser*, Rn. 9 vor § 3; Jescheck/Weigend, Lehrbuch des Strafrechts AT, S. 170f.

72 LK-StGB/*Gribbohm*, Rn. 136 vor § 3; Schönke/Schröder/*Eser*, Rn. 9 vor § 3; NK-StGB/*Lemke*, Rn. 16 vor § 3; SK-StGB/*Hoyer*, Rn. 12 vor § 3; MünchKommStGB/*Ambos*, Rn. 58ff. vor § 3; Oehler, Internationales Strafrecht, Rn. 143ff., 802ff.; Jescheck/Weigend, Lehrbuch des Strafrechts AT, S. 170f.; Maurach/Zipf, Strafrecht AT 1, § 11, Rn. 36; Jakobs, Strafrecht AT, 5/10, 19; Pappas, Stellvertretende Strafrechtspflege, passim. Das Stellvertretungsprinzip wird in Seidl-Hohenveldern/Stein, Völkerrecht, Rn. 1377 missverständlicherweise als das Weltrechtsprinzip bezeichnet.

73 Dahm/Delbrück/*Wolfrum*, Völkerrecht, Bd. I/3, S. 1005. Nach Jescheck/Weigend, Lehrbuch des Strafrechts AT, S. 170; NK-StGB/*Lemke*, Rn. 16 vor § 3 fällt der inländische Richter zwar an Stelle des ausländischen Richters ein Urteil. Er übt jedoch die Strafgewalt des eigenen Staates aus.

74 Pappas, Stellvertretende Strafrechtspflege, S. 115; MünchKommStGB/*Ambos*, Rn. 58 vor § 3; Lagodny/Nill-Theobald, JR 2000, S. 207.

75 Henrich, Das passive Personalitätsprinzip im deutschen Strafrecht, S. 97ff.; Scholten, Das Erfordernis der Tatortstrafbarkeit in § 7 StGB, S. 42f.; Pappas, Stellvertretende Strafrechtspflege, S. 95; MünchKommStGB/*Ambos*, Rn. 58ff., 68 vor § 3, § 7, Rn. 30.

2 StGB) und Österreich (§ 65 Abs. 1 Nr. 2 ÖStGB). Andere Länder bedienen sich dieses Prinzips nur in bezug auf bestimmte Delikte, und zwar in der Form derivativer Ausübung von Strafgewalt.[76]

Das *Kompetenzverteilungsprinzip* hat sich aus Vereinbarungen der Staaten mit vergleichbaren Rechtssystemen zur Harmonisierung internationaler Strafrechtspflege entwickelt.[77] Es basiert auf der Solidarität der Staaten, die in Vereinbarungen zwischen Staaten konkretisiert ist.[78] Es bedeutet, dass entweder der Herkunftsstaat, der Wohnortstaat des Täters oder der Tatortstaat zur flexiblen Verteilung der Strafgewalt ausländische Aburteilung akzeptieren. Außerdem kann die Überschneidung der Geltungsbereiche eingeschränkt, und damit eine Doppelbestrafung vermieden werden.[79] Das Kompetenzverteilungsprinzip gewinnt durch Zusammenwachsen etlicher Regionen, wie z. B. in Europa allmählich an Bedeutung.

Nach dem *Weltrechtsprinzip* (*Weltrechtspflegeprinzip*, *Universalitätsprinzip*), das den Hauptgegenstand der vorliegenden Untersuchung darstellt, darf ein Staat nach seinen Strafgesetzen bestimmte Verbrechen, die wegen der Verletzung universal anerkannter Rechtsgüter international als strafwürdig und -notwendig gehalten werden, unabhängig von Tatort, Nationalität von Täter und Opfer und Tatortrecht unter Strafe stellen.[80] Im Vergleich zu „völkerrechtlichen Verbrechen" oder „Völkerstraftaten", die nach dem Völkerrecht strafbar sind, können diejenigen Straftaten, die in den Anwendungsbereich des Weltrechtsprinzips

---

76 Oehler, Internationales Strafrecht, Rn. 805; Oehler, „Criminal Law, International", in: EPIL, Bd. I, S. 878; Pappas, Stellvertretende Strafrechtspflege, S. 156f.; MünchKomm StGB/*Ambos*, Rn. 59 vor § 3.

77 Z. B. Übereinkommen über die Bestrafung von Straßenverkehrsdelikten v. 30. 11. 1964; Übereinkommen über die Übertragung von Strafverfahren v. 15. 5. 1972.

78 Oehler, Internationales Strafrecht, Rn. 682; Jescheck, ZStW 65 (1953), S. 116. MünchKommStGB/*Ambos*, Rn. 61 vor § 3 behauptet, dass es sich bei solchen internationalen Abkommen nicht um „die einseitige Ausdehnung nationaler Strafgewalt und ihre Legitimation durch einen Anknüpfungspunkt im strafanwendungsrechtlichen Sinne", sondern um „völkervertragliche Kompetenzregelungen" zur Verbesserung zwischenstaatlicher Kooperation zur Verbrechensbekämpfung und zur Vermeidung von Jurisdiktionskonflikten handelt.

79 LK-StGB/*Gribbohm*, Rn. 137f. vor § 3; NK-StGB/*Lemke*, Rn. 18 vor § 3; MünchKommStGB/*Ambos*, Rn. 61 vor § 3; Jescheck/Weigend, Lehrbuch des Strafrechts AT, S. 171; Oehler, Internationales Strafrecht, Rn. 134ff., 682ff.; Oehler, „Criminal Law, International", in: EPIL, Bd. I, S. 879.

80 Schönke/Schröder/*Eser*, Rn. 8 vor § 3; LK-StGB/*Gribbohm*, Rn. 135 vor § 3; SK-StGB/*Hoyer*, Rn. 13 vor § 3; MünchKommStGB/*Ambos*, Rn. 47ff. vor § 3; Jescheck/Weigend, Lehrbuch des Strafrechts AT, S. 170; Maurach/Zipf, Strafrecht AT 1, § 11, Rn. 34f.; Jakobs, Strafrecht AT, 5/9, 20; Oehler, Internationales Strafrecht, Rn. 147ff., 844ff.; Zieher, Das sog. Internationale Strafrecht nach der Reform, S. 142ff.

fallen, als „Weltverbrechen“[81] oder „Weltrechtsverbrechen“ bezeichnet werden. Der Inhalt des Weltrechtsprinzips wird im nächsten Abschnitt noch näher erläutert.

Da verschiedene Staaten aufgrund unterschiedlicher Prinzipien des Internationalen Strafrechts den Strafanspruch über denselben Sachverhalt erheben könnten und keine übergeordneten Instanzen darüber existieren, kommt es häufig zu positiven Kompetenzkonflikten oder sozusagen Jurisdiktions-/Strafgewaltskonflikten.[82] Zur Lösung derartiger Jurisdiktionskonflikte gibt es bisher keine festen Regeln aufgrund des Völkerrechts. Deshalb wird im Schrifttum überwiegend behauptet,[83] dass die Strafgewalten sich nach inländischen Gesetzen richten und somit verschiedene Strafansprüche nebeneinander bestehen können.

In der Entwicklung des Internationalen Strafrechts in Deutschland stehen das Territorialitätsprinzip und das aktive Personalitätsprinzip im Vordergrund.[84] Das Reichsstrafgesetzbuch von 1871 hat entsprechend dem preußischen Strafgesetzbuch von 1851 das Territorialitätsprinzip als den vorrangigen Grundsatz des Strafanwendungsrechts übernommen. Erst im Jahre 1940 wurde das Territorialitätsprinzip durch das aktive Personalitätsprinzip als das Hauptprinzip des deutschen Strafanwendungsrechts gemäß der Verordnung über den Geltungsbereich des Strafrechts vom 6. 5. 1940[85] ersetzt. Seitdem galt das aktive Personalitätsprinzip als das Leitprinzip des deutschen Strafanwendungsrechts. Erst mit dem 2. Strafrechtsreformgesetz vom 4. 6. 1969[86], das am 1. 1. 1975 in Kraft getreten ist, wird das Territorialitätsprinzip an Stelle des aktiven Personalitätsprinzips wieder als das Grundprinzip des deutschen Internationalen Strafrechts verwendet.

---

[81] Siehe Jescheck, Verbrechen gegen das Völkerrecht, S. 359; Triffterer, Dogmatische Untersuchungen zur Entwicklung des materiellen Völkerstrafrechts seit Nürnberg, S. 176.

[82] Im Vergleich zu einem negativen Kompetenzkonflikt, in dem Staaten ihre Zuständigkeit über einen bestimmten Sachverhalt verneinen, bedeutet ein positiver Kompetenzkonflikt, dass zwei oder mehr Staaten ihre Zuständigkeit über denselben Sachverhalt gleichzeitig beanspruchen. Siehe Linke, Geburtstagsgabe Grützner, 1970, S. 85; MünchKommStGB/*Ambos*, Rn. 62 vor § 3.

[83] LK-StGB/*Gribbohm*, Rn. 156 vor § 3; Schönke/Schröder/*Eser*, Rn. 60 vor § 3; NK-StGB/*Lemke*, Rn. 104 vor § 3; SK-StGB/*Hoyer*, Rn. 5 vor § 3. Neuerlich hat *Ambos* aufgrund des Völkerrechts einen „Vorschlag“ zur Rangfolge internationalstrafrechtlicher Prinzipien gemacht. Näheres siehe MünchKommStGB/*Ambos*, Rn. 64ff. vor § 3.

[84] Zur historischen Entwicklung des Strafanwendungsrechts siehe Eder, Die Entwicklung der Bestimmungen über das internationale Strafrecht in den deutschen Entwürfen zum Strafgesetzbuch, Diss. Freiburg i. Br. 1960; Granitza, Die Dogmengeschichte des Internationalen Strafrechts seit Beginn des 19. Jahrhunderts, Diss. Freiburg i. Br. 1960; Oehler, Internationales Strafrecht, Rn. 48ff.; LK-StGB/*Gribbohm*, Entstehungsgeschichte vor § 3; Zieher, Das sog. Internationale Strafrecht nach der Reform, S. 97ff.

[85] RGBl. 1940 I, S. 754.

[86] BGBl. 1969 I, S. 717.

2.3. Die Grundgedanken des Weltrechtsprinzips

Wie oben bemerkt, bedeutet das Weltrechtsprinzip, dass der Staat nach seinen Strafgesetzen die Verletzung oder Gefährdung bestimmter international anerkannter Rechtsgüter bestrafen darf, und zwar unabhängig von Tatort, Tatortrecht oder Nationalität von Täter und Opfer. Die Straffreiheit der Tat am Tatort hindert also nicht daran, dass der Staat sein nationales Strafgesetz auf die Tat anwendet. Das Weltrechtsprinzip kann wieder in das *echte Weltrechtsprinzip* und das *bedingte Weltrechtsprinzip* aufgeteilt werden.[87] Das echte Weltrechtsprinzip braucht keine zusätzlichen Bedingungen. Deshalb wird verlangt, dass die universale Strafverfolgung im Völkerrecht explizit und unbedingt vorgeschrieben sein muss. Hingegen ist das bedingte Weltrechtsprinzip entweder mit anderen internationalstrafrechtlichen Prinzipien oder mit zusätzlichen Bedingungen, wie z. B. der Anwesenheit auf dem Territorium des Verfolgerstaates, verbunden. Das angloamerikanische Recht steht dem echten Weltrechtsprinzip skeptisch gegenüber. Demnach könnte das Weltrechtsprinzip allenfalls als ein ergänzendes Prinzip und nur für ganz wenige Ausnahmefälle in Einsatz kommen.[88] In der vorliegenden Untersuchung wird lediglich das Weltrechtsprinzip behandelt, das ohne Hilfe von anderen internationalstrafrechtlichen Prinzipien die staatliche Strafgewalt zu begründen versucht, also sowohl das echte Weltrechtsprinzip als auch das bedingte Weltrechtsprinzip im Zusammenhang mit zusätzlichen Bedingungen, jedoch ohne Ergänzung anderer Prinzipien des Internationalen Strafrechts.

Den Sinngehalt des Weltrechtsprinzips kann man in zwei Teile aufteilen. Der erste besagt, dass es bestimmte Interessen gibt, die von der gesamten Staatengemeinschaft als schutzwürdig und -notwendig angesehen werden. Die Verletzung solcher Interessen ist somit universal als strafwürdig und -notwendig anzusehen. Mit anderen Worten, es gibt Rechtsnormen, die unabhängig von der Vielfalt der Rechtskulturen universal gelten. Die Sanktion für Verstöße gegen solche universal gültigen Rechtsnormen kann nicht vom Willen einzelner Staaten abhängen. Beim zweiten Teil handelt es sich um die Zuständigkeit für die Bestrafung solcher internationalen Verbrechen. Demzufolge darf ein Einzelstaat nach seinen Strafgesetzen solche Verbrechen ungeachtet der Staatsangehörigkeit von Täter und Opfer und unabhängig von fremden Rechtsordnungen bestrafen. Da jeder Staat befugt ist, Weltrechtsverbrechen nach seinen Strafgesetzen zu bestrafen, gibt es im Sinne des Weltrechtsprinzips keine Rangfolge der Strafkompetenzen über ein bestimmtes Weltrechtsverbrechen. Die Tatnähe spielt in Fällen des Weltrechtsprinzips nämlich keine Rolle. Um die Bedeutung des Weltrechtsprinzips noch klarer zu machen, wird im folgenden auf seine beiden Merkmale eingegangen.

---

87 MünchKommStGB/*Ambos*, Rn. 51 vor § 3.

88 Brownlie, Principles of Public International Law, S. 304f.

2.3.1. Die universale Anerkennung von Interessen und Rechtsnormen

Zu der These, dass bestimmte Interessen und Schutznomen universal anerkannt sind, muss man sich zuerst mit der Vorfrage auseinandersetzen, ob die universale Anerkennung von Interessen und somit die Allgemeingültigkeit von Normen überhaupt möglich sind. Diese Frage bezieht sich auf die *Möglichkeit* universal gültiger Normen und wird im Zusammenhang mit verschieden Formen ihrer Rechtfertigung in Kapitel 3 behandelt.

Die universale Anerkennung von Interessen und Rechtsnormen kann unterschiedlich interpretiert werden. Im folgenden werden vorerst verschiedene Interpretationen über die Universalität von Interessen und Rechtsnormen behandelt, die das Weltrechtsprinzip impliziert.[89] Dadurch wird eine Grundlage geschaffen, die für die Erläuterung der Rechtfertigung des Weltrechtsprinzips in den folgenden Kapiteln geeignet ist.

Unter der Voraussetzung, dass es international anerkannte Interessen und allgemeingültige Rechtsnormen gibt, kann die universale Anerkennung von Interessen und Rechtsnormen zuerst bedeuten, dass sie mit demselben Inhalt *faktisch* jeweils von jedem Staat oder jedem Kulturkreis anerkannt und durchgeführt sind. Genauer betrachtet erheben solche „allgemein gültigen" Normen keinen universalen Geltungsanspruch im eigentlichen Sinne. Ihre Geltung wird weder von einer global anerkannten Autorität verliehen, noch von Mitgliedern der Staatengemeinschaft gemeinsam als verbindlich angesehen. Vielmehr besteht sie aus einer Zusammensetzung unabhängiger partikularer Geltungsansprüche verschiedener Territorien. Durch den Umstand, dass diese Interessen und Normen von irgendeinem Staat nicht mehr anerkannt werden, wird ihre „faktische Allgemeingeltung" aufgehoben.[90] Nehmen wir Totschlag, Diebstahl und etliche schwere Verbrechen als Beispiel. Sie werden zwar fast ausnahmslos in jeder Kultur unter Strafe gestellt, solche Verbotsnormen können jedoch nicht zwangsläufig als universal gültig bezeichnet werden. Es ist vorstellbar, dass ein Staat eines Tages eines solcher Verbrechen oder bestimmte Fälle von ihnen entkriminalisiert. Diese Entkriminalisierung verstößt nicht gegen das Universalgebot, soweit sie in die ausschließliche Gesetzgebungskompetenz des betreffenden Staates fällt.

---

89 Zu den unter stehenden Modalitäten allgemeiner Rechtsgeltung siehe Keller, FS Lüderssen, 2002, S. 429f. Allerdings scheint Keller davon auszugehen, dass die echten international begründeten Rechtsnormen die Weltrechtspflege mit sich bringe. Dabei wird diese Problematik nicht zureichend von derjenigen der zuständigen Verfolgungskompetenz auseinander gehalten werden.

90 So wird in bezug auf das Völkerrecht behauptet, dass die Existenz nationaler Gesetze, die in einer bestimmten Frage übereinstimmen, nicht genüge, um die Existenz eines Völkergewohnheitsrechts zu beweisen. Dies liegt daran, dass diese Übereinstimmung lediglich auf einer bloß gleichen Auffassungsweise beruhen könnte, welche die Staaten beliebig benutzen und jederzeit ändern könnten. Siehe Bruns, ZaöRV 1 (1929), S. 51.

Die zweite Alternative der Interpretation der universalen Gültigkeit von Interessen und Rechtsnormen beruht auf dem Konsens in der Staatengemeinschaft. Die universale Anerkennung von Interessen und Rechtsnormen ist nämlich aufgrund des allgemeinen Völkerrechts in der Staatengemeinschaft zustande gekommen. Der Verstoß gegen solche Normen entzieht diesen nicht ihre Geltung, sondern wird dementsprechend sanktioniert. Der Umstand, dass eine nationale Rechtsordnung den Verstoß gegen solche Normen nicht ahndet, ändert nichts an der universalen Verbindlichkeit dieser Normen und schließt damit die völkerrechtliche Verantwortung nicht aus.

Außer den beiden oben genannten Formen der universalen Anerkennung von Interessen und Normen gibt es eine andere Art und Weise zur Festlegung universaler Interessen und Rechtsnormen, wonach solche Interessen und Normen nicht von allen Staaten *anerkannt* werden müssen, sondern objektiv *erkannt* werden können. Demzufolge könnten die universalen Interessen und Normen durch objektive Maßstäbe festgestellt werden. Die Abweichung von solchen „universal gültigen Normen" durch andere wird demnach nicht als ein Indiz dafür angesehen, dass es zur Bewertung der betreffenden Sachverhalte am Konsens mangelt und solche Normen somit die universale Gültigkeit nicht verdienen, sondern als ein Verstoß gegen sie. Unter Berufung auf bestimmte „objektive" Maßstäbe, die entweder auf religiösem Glauben oder auf moralischer Überzeugung beruhen, erhebt der Staat ungeachtet diverser fremder Rechtsordnungen mittels eigener Gesetze einen universalen Geltungsanspruch für alle entsprechenden Sachverhalte in der Welt.

In einer pluralistischen Völkergemeinschaft lässt es sich schwer rechtfertigen, einer Rechtsnorm aufgrund ihres Inhalts an sich gegenüber anderen Kulturen die universale Geltung zuzusprechen. Dabei könnte diese Auffassung über die Universalität der Normen die Gefahr mit sich bringen, dass der Anspruch der Normen auf die Universalität von Einzelstaaten willkürlich missbraucht würde. Da universal gültige Normen für alle verbindlich sein müssen, liegt es auf der Hand, dass sie nicht von einem Staat für andere gesetzt oder erkannt werden sollen. Der Verzicht auf Konsens in der Staatengemeinschaft passt nicht zum Sinn der Universalität der Normen. Ob ein Interesse oder eine Rechtsnorm universal anerkannt und gültig ist, hängt heutzutage hauptsächlich von der Beurteilung nach dem Völkerrecht ab. Demzufolge wird die Allgemeingültigkeit der Rechtsnormen im Sinne des Weltrechtsprinzips aus völkerrechtlicher Sicht in Kapitel 4 näher behandelt.

2.3.2. Die nationalstaatliche Strafkompetenz über Weltrechtsverbrechen

Selbst wenn die Existenz international anerkannter Interessen und universal gültiger Rechtsnormen möglich und feststellbar ist, muss man immer noch fragen, wie solche Interessen und Rechtsnormen zu schützen und durchzuführen sind. Im strafrechtlichen Bereich geht es nämlich um die Art und Weise der Bekämpfung international geächteter Verbrechen. Auf diese Frage kann man hauptsächlich mit zwei Alternativen antworten. Zuerst können solche Verbrechen *zentral*, also von der Staatengemeinschaft durch ein internationales Strafgericht aufgrund des Völkerrechts verfolgt und abgeurteilt werden. Die entsprechenden Probleme werden in erster Linie unter dem Thema „Völkerstrafrecht" behandelt werden. Die andere Alternative geht von einer *dezentralen* Bekämpfung solcher internationalen Verbrechen aus. Demzufolge können die von der Staatengemeinschaft als strafwürdig angesehenen Verbrechen von Nationalstaaten verfolgt und gemäß deren Strafgesetzen durch ein staatliches Gericht abgeurteilt werden. Dieser Auffassung zufolge muss der Staat, der das strenge strafrechtliche Gesetzlichkeitsprinzip befolgt, trotz der internationalen Anerkennung der Strafbarkeit solcher Verbrechen dennoch selbst Strafrechtsnormen erlassen, um sie innerstaatlich zu sanktionieren.[91] Die Bestrafung internationaler Verbrechen ist zwar unabhängig von der Nationalität des Täters und Opfers, von Tatort und Tatortrecht, sie bedarf jedoch wegen der innerstaatlichen Aburteilung unbedingt einer Transformation der Völkerrechtsnormen in nationales Recht. Zwischen den zwei Arten strafrechtlicher Bekämpfung internationaler Verbrechen, nämlich zentraler und dezentraler Strafverfolgung, muss man entscheiden, welche Lösung sich in rechtlicher und zweckmäßiger Hinsicht auszeichnet. Es ist jedoch zu beachten, dass selbst die Bevorzugung der dezentralen Lösung nicht zwangsläufig zum Weltrechtsprinzip führen muss, obwohl die Anwendung des Weltrechtsprinzips auch der dezentralen Bekämpfung internationaler Verbrechen zuzuordnen ist.

Da nach dem Weltrechtsprinzip ein internationales Verbrechen wegen seines universal anerkannten Unrechtsgehalts von jedem Staat strafrechtlich verfolgt und abgeurteilt werden darf und muss, erhebt jeder Staat einen *primären* Strafanspruch gegen den Täter unabhängig von der Strafkompetenz anderer Staaten. Angesichts dieses extensiven Strafanspruchs gegenüber allen Menschen und Staaten muss man sich fragen, ob ein solcher Strafrechtsgeltungsanspruch gerechtfertigt werden kann, und ob er vielmehr eingeschränkt werden soll. Dem Anwendungsbereich nationalstaatlicher Rechtsnormen können Beschränkungen auf zweierlei Weise auferlegt werden.[92] Zunächst können sie durch „höhere" Rechtsnormen bei ihrer Anwendung eingeschränkt werden. Solche höheren Rechtsnormen können Völkerrecht oder verfassungsrechtliche Normen sein, soweit den Verfassungsnormen in einer Rechtsordnung ein höherer Stellenwert gegenüber einfachen Gesetzen eingeräumt wird. Zum anderen können nationalstaatliche Rechtsnormen sich selbst aus zweckmäßigen Gründen eine normimmanente „Selbstbegrenzung" geben. Durch entsprechende Tatbestände oder ihre

---

91 Ipsen, in: Ipsen, Völkerrecht, S. 578f.

92 Zu Einschränkungen des Anwendungsbereichs verwaltungsrechtlicher Normen vgl. Vogel, Der räumliche Anwendungsbereich der Verwaltungsrechtsnorm, S. 341ff.

Auslegung werden bestimmte Sachverhalte im vorhinein schon aus dem Anwendungsbereich der Gesetze herausgenommen.

Nach dem oben Gesagten wird die Rechtfertigung nationaler Strafrechtsanwendung dadurch geliefert, dass das Völkerrecht dem nationalen Strafrecht zunächst einen freien Raum vorgibt, innerhalb dessen der Staat seine Strafgewalt ausüben darf. Da der Staat innerhalb des großen freien Spielraums seine Befugnis oft nicht ausschöpft, kann er sich hinsichtlich der Strafrechtsanwendung Grenzen entweder aufgrund seiner Verfassungssätze oder nach dem Gewohnheitsrecht oder seinen positiven Gesetzen setzen.[93] Darüber hinaus kann der Staat innerhalb des freien Raums, den die rechtlichen Gründe, sei es völkerrechtlicher oder verfassungsrechtlicher Art dem Anwendungsbereich nationaler Strafgesetze einräumen, seine Strafrechtsanwendung selbst so einschränken, dass sie dem Sinn und Zweck der Ausübung der Strafgewalt gerecht werden kann. Um die Rechtfertigung und den Anwendungsumfang des Weltrechtsprinzips klar zu machen, werden die o.g. Gründe für und gegen das Weltrechtsprinzip insbesondere in Kapitel 4 und 5 behandelt.

---

93 Oehler, FS Grützner, 1970, S. 111.

3. Die Begründung universal gültiger Normen

Nach dem internationalstrafrechtlichen Weltrechtsprinzip sollen bestimmte Verbrechen unabhängig von Tatort, Staatsangehörigkeit von Täter und Opfer, und vor allem ungeachtet fremder Strafrechtsordnungen dem Geltungsbereich der eigenen Strafgesetze unterliegen. Dies bedeutet, dass es bestimmte Strafrechtsnormen gibt, die zwar in Gestalt der nationalen Strafgesetze vorliegen, jedoch eine universale Gültigkeit, also die über einzelne Rechtsordnungen hinausgehende Universalität, besitzen sollten. Nur dadurch können sie sich gegenüber allen Menschen und Staaten behaupten, gleichgültig, ob sie von ihnen *faktisch* akzeptiert sind oder nicht. Mit anderen Worten, die Legitimität des Weltrechtsprinzips hängt davon ab, ob universale Strafrechtsnormen zu begründen sind, und ggf. ob der dem Weltrechtsprinzip zugrundeliegende Geltungsmodus, nämlich die universale Normgeltung der inländischen Strafgesetze, den Anforderungen an die legitime Universalität von Normen gerecht werden kann.

Im folgenden werden zuerst der Universalismus und der Relativismus in den philosophischen Diskussionen umgerissen, um die Bedeutung des universalen Geltungsanspruchs zu erklären. Nach der Erläuterung der universalistischen und relativistischen Position werden wir dann am Beispiel von *Liberalismus*, *Kommunitarismus* und *Diskurstheorie* auf die Frage eingehen, ob die Gültigkeit normativer Sätze entsprechend dem Relativismus nur auf einer bestimmten Gesellschaft und deren Wertvorstellung beruht. Oder ist es auch möglich, Normen mit über einzelne ethische Vorstellungen hinausgehender Gültigkeit zu begründen? Anschließend wird versucht, die Frage zu beantworten, ob eine universal gültige Rechtsnorm begründet werden kann, die nicht nur gegenüber allen spezifischen ethischen Vorstellungen innerhalb einer Gesellschaft, sondern auch über jede einzelne Rechtsgemeinschaft hinaus in der Völkergemeinschaft eine universale Gültigkeit besitzt.

3.1. Relativismus und Universalismus

Hinsichtlich des Geltungsumfangs von Aussagen, Normen, Werten, Urteilen oder Bewertungskriterien stehen sich der Relativismus und der Universalismus gegenüber. Während der Universalismus einen universalen Geltungsanspruch für Präpositionen, seien es empirische, seien es normative, oder sogar die Wahrheit an sich, unabhängig von Zeit, Ort, Person und Kultur erhebt, geht der Relativismus nur von deren relativer Geltung aus.

Nach dem Relativismus gelten Aussagen, Normen, Werte Urteile oder Bewertungskriterien nicht absolut (d. h. unbedingt und uneingeschränkt), sondern immer nur relativ (d. h. bedingt bezüglich eines Dritten).[94] Dementsprechend wird behauptet, dass das, was ist oder gilt, als abhängig von demjeni-

94 Salehi, Ethischer Relativismus, S. 29.

gen angesehen wird, der es als seiend oder gültig erlebt oder beurteilt. „Sein“ und „Geltung“ sind für Relativisten nur „Sein“ und „Geltung“ *für jemanden*.[95] Dieser *Jemand* kann Individuum, Wertgemeinschaft oder kulturelle Gruppe sein. Genauer gesagt, die relativistischen Bezugspunkte sind Weltanschauungssysteme, Lebensformen und Weltbilder bestimmter Gruppierungen.

Die Relativität kann in vielerlei Hinsicht vorliegen.[96] Relativ kann z. B. die Existenz, das Beschaffensein, die Wahrheit und die Verbindlichkeit sein. Für den *ontologischen Relativismus* ist die Existenz der Dinge immer nur die Existenz „für jemanden“. Das berühmte Beispiel ist der Satz von *Protagoras*: „Der Mensch sei das Maß aller Dinge, der seienden, dass sie sind, der nicht seienden, dass sie nicht sind.“[97] Den *Relativismus des Beschaffenseins*, wonach die Welt immer so beschaffen ist, wie sie jemandem erscheint, kann man auch als *Perspektivismus* bezeichnen. Die unterschiedlichen Welterscheinungen über denselben Gegenstand seien demzufolge auf unterschiedliche Beobachtungsweisen, seien es anthropologische, psychologische, historisch-soziale, materiale oder sprachstrukturelle Beobachtungsweisen, zurückzuführen. Der *Relativismus der Wahrheit* bezieht einen metasprachlichen Standpunkt. Er sagt selbst nichts über die Welt aus. Vielmehr geht es um die Eigenschaft oder Geltung der Aussagen über die Welt. Der *Relativismus der Verbindlichkeit*, auch der *ethische Relativismus* genannt, behauptet, dass die *normative* Geltung auf die *faktische* Geltung angewiesen sei. Die Verbindlichkeit normativer Sätze liege nur dann vor, wenn sie von Menschen als verbindlich anerkannt sind. Demzufolge gebe es außer der faktischen Normanerkennung von bestimmten Menschen keine höhere Norm als den Maßstab der normativen Geltung.

Dem Relativismus zufolge gibt es kein universales Beurteilungskriterium, das einem der widerstreitenden deskriptiven oder normativen Sätze die Wahrheit oder Richtigkeit zusprechen könnte. Diese These beruht auf dem sog. Argument *faut de mieux* (in Ermangelung eines Besseren). Demnach könnten nur die Normen zweiter Ordnung die Urteile erster Ordnung für ungültig erklären. Fehlt es an einer Norm zweiter Ordnung, dann könne keines der Urteile erster Ordnung als ungültig angesehen werden.[98] Da es dem Relativismus zufolge keinen Maßstab gibt, der Theorien des Relativismus gegenüber nichtrelativistischen Theorien als wahr auszeichnen kann, ist der Relativismus *selbstwidersprüchlich*. Man kann also nicht einerseits den eigenen Standpunkt als wahr oder richtig halten, andererseits jedoch behaupten, dass kein Standpunkt wahrer oder richti-

---

95 Schnädelbach, „Relativismus“, in: Handbuch wissenschaftlicher Begriffe, Bd. 3, S. 556.

96 Siehe Freudenberger, „Relativismus“, in: Enzyklopädie Philosophie, Bd. 2, S. 1378; Schnädelbach, „Relativismus“, in: Handbuch wissenschaftlicher Begriffe, Bd. 3, S. 556ff.; Salehi, Ethischer Relativismus, S. 30.

97 Platon, Theätet, in: Sämtliche Dialoge, übers v. Otto Apelt, Bd. IV, Hamburg 1998, S. 45.

98 Gellner, „Relativismus (1)“, in: Handlexikon zur Wissenschaftstheorie, S. 289f.

ger als andere wäre.[99] Dieser klassische Einwand gegen den Relativismus findet sich schon bei *Platon*. In *Theätet* hat Platon darauf hingewiesen, dass *Protagoras'* Lehre „übrigens auch schon dadurch widerlegt ward, dass sie den Meinungen der anderen entscheidende Kraft gibt, während diese doch offenbar weit entfernt waren, seine Sätze für richtig zu halten".[100]

Um dieser Selbstwiderspruch-Kritik zu entgehen, kann man eine Unterscheidung zwischen dem *extremen Relativismus* und dem *gemäßigten Relativismus* vornehmen.[101] Der extreme Relativismus benutzt Ausdrücke wie „Alles ist relativ" oder „Anything goes"[102], die im Grunde genommen einen universalen Geltungsanspruch erheben und deshalb selbstwidersprüchlich sind. Der gemäßigte Relativismus hingegen beruft sich nicht auf den universalen Geltungsanspruch seiner Position. Er verzichtet entweder auf allgemeingültige Urteile und universale Aussagen wie „Alles ist relativ", oder er behauptet die Relativität seiner Geltung nur in bestimmten Bereichen. Demnach anerkennt er immerhin die Existenz und Gültigkeit allgemeiner Kategorien und sprachlicher Regeln. Die vernünftige Argumentation und sinnvolle Kommunikation sind gleichsam nicht ausgeschlossen.

Da unser Thema in erster Linie von Rechtsnormen, also von normativen Sätzen handelt, werden wir im folgenden von Diskussionen über die Universalität und Relativität deskriptiver Aussagen absehen und uns hauptsächlich dem ethischen Relativismus und Universalismus zuwenden.

3.1.1. Der ethische Relativismus

Um den Inhalt des ethischen Relativismus klar zu machen, ist es empfehlenswert, zuerst zwei ihm ähnliche Begriffe, nämlich den ethischen Skeptizismus und den ethischen Nihilismus zu erläutern. Der *ethische Skeptizismus* ist eine Auffassung, wonach die *objektive Erkenntnis* moralischer Richtigkeit unmöglich sei. Das heißt, moralische Urteile seien wahrheitsunfähig. Im Vergleich zum ethischen Skeptizismus behauptet der *ethische Nihilismus*, dass es überhaupt keine moralische Wahrheit gebe. Die Diskussion über die Richtigkeit im Bereich der Moral sei deshalb sinnlos. Da es für den ethischen Nihilismus keine moralischen Tatsachen und keine moralische Wahrheit gebe, könne man sie auch nicht

---

99 Putnam, Vernunft, Wahrheit und Geschichte, S. 163; Carrier, „Relativismus", in: Enzyklopädie Philosophie und Wissenschaftstheorie, Bd. 3, S. 565; Pojman, „Relativism", in: The Cambridge Dictionary of Philosophy, S. 790.

100 Platon, Theätet, in: Sämtliche Dialoge, übers v. Otto Apelt, Bd. IV, Hamburg 1998, S. 90.

101 Salehi, Ethischer Relativismus, S. 31ff.

102 Ein Slogan von Feyerabend, der ihn allerdings nicht als einen absoluten Grundsatz ansieht. Was er meint, ist lediglich, dass „alle Methodologien, auch die einleuchtendsten, ihre Grenzen haben". Siehe Feyerabend, Wider den Methodenzwang, S. 11, 31f., 37.

erkennen.[103] Obwohl aus den Thesen des ethischen Nihilismus und Skeptizismus das gleiche Ergebnis, nämlich dass die Erkenntnis moralischer Wahrheit unmöglich sei, abgeleitet werden kann, ist der ethische Nihilismus wegen der absoluten Verneinung moralischer Wahrheit radikaler als der ethische Skeptizismus.

Im Gegensatz zum ethischen Skeptizismus und Nihilismus schließt der ethische Relativismus die Begründbarkeit moralischer Geltungsansprüche nicht definitiv aus. Allerdings sind normative Sätze dem ethischen Relativismus zufolge nur relativ, also abhängig von etwas oder jemandem. In näherer Betrachtung kann der ethische Relativismus in drei Formen, nämlich den deskriptiven, den normativen und den metaethischen Relativismus aufgeteilt werden.[104] Nach dem *ethischen deskriptiven Relativismus* haben verschiedene Individuen, Gemeinschaften usw. *faktisch* unterschiedliche Kriterien, eine normative Angelegenheit zu beurteilen. Er umfasst zwei Thesen.[105] Die eine ist die sog. *Differenzthese* (diversity thesis), wonach es in der Welt nicht nur eine Moral, sondern verschiedene Moralen gibt. Da sie auf einer anthropologischen Unterstellung beruht, kann sie auch als der *kulturelle Relativismus* bezeichnet werden. Die zweite These, die sog. *Dependenzthese* (dependency thesis) behauptet, dass die Moral einer Gesellschaft von ihren soziokulturellen bzw. natürlichen Bedingungen abhängig ist.

Die Behauptung des *ethischen normativen Relativismus* setzt einen ethischen deskriptiven Relativismus voraus. Er geht auch davon aus, dass verschiedene Moralen von ihren Adressaten und dem historischen, sozialen und kulturellen Kontext abhängen. Über die deskriptive Beschreibung der Kontextgebundenheit der Moralen hinaus macht der ethische normative Relativismus geltend, dass sich moralische Urteile entweder auf eine bestimmte Kultur oder auf eine individuelle Entscheidung richten sollen. Wenn man die Richtigkeit moralischer Urteile auf eine individuelle Entscheidung bezieht, wird dabei ein *ethischer Subjektivismus* vertreten. Die Auffassung, dass Kultur oder gesellschaftliche Konventionen unmittelbar zum moralisch Richtigen erklärt werden, kann als der *ethische Konventionalismus* bezeichnet werden.[106] Demnach ist das, was in

---

103 Harman, Das Wesen der Moral, S. 22f.; Salehi, Ethischer Relativismus, S. 44f.; Pojman, „Relativism", in: The Cambridge Dictionary of Philosophy, S. 790; Sinnott-Armstrong, „Moral Scepticism", in: The Cambridge Dictionary of Philosophy, S. 589f.; Nelson, „Moral Scepticism", in: Routlege Encyclopedia of Philosophy, Bd. 6, S. 542ff., der den ethischen Nihilismus auch zum ethischen Skeptizismus zählt.

104 Siehe Frankena, Ethics, S. 109f.; Taylor, Der Relativismus in der Ethik, S. 30ff.; Wong, „Moral Relativism", in: Routlege Encyclopedia of Philosophy, Bd. 6, S. 539ff.; Rippe, Ethischer Relativismus, S. 209ff.; Salehi, Ethischer Relativismus, S. 133ff.

105 Pojman, „Relativism", in: The Cambridge Dictionary of Philosophy, S. 790; Salehi, Ethischer Relativismus, S. 133ff.

106 Pojman, „Relativism", in: The Cambridge Dictionary of Philosophy, S. 790; Salehi, Ethischer Relativismus, S. 160f.; Carrier, „Relativismus", in: Enzyklopädie Philosophie und Wissenschaftstheorie, Bd. 3, S. 565.

einer Kulturgemeinschaft für moralisch gut gehalten wird, auch moralisch gut. Dabei wird nicht zwischen „Für-richtig-Halten" und „Richtig-Sein" unterschieden. Folglich kann eine Tradition nicht aus einem objektiven Standpunkt her als gut oder schlecht bewertet werden. Ob eine Tradition gut oder schlecht ist, könne man nur als Teilnehmer einer Tradition und aufgrund der Werte dieser Tradition beurteilen. Zwischen verschiedenen Traditionen gebe es also keinen *objektiven* Maßstab, der unabhängig von ihnen eine davon als besser auszeichnet.[107] „Was bei dem einen Volke empört, dasselbe wird bei dem anderen gefeiert."[108] Eine solche Auffassung des ethischen Konventionalismus ist seit Menschengedenken verbreitet. Schon der antike Historiker *Herodot* schrieb: „Denn wenn man den Menschen unten allen Sitten und Bräuchen die Wahl ließe, würden sie schließlich alle ihre eigenen wählen. Jeder hält eben seine für die besten."[109] Nach dem normativen Relativismus sind die ethischen Überzeugungen verschiedener Kulturen einander nicht überlegen. Man sollte den moralischen Regeln der Gesellschaft folgen, in der man sich befindet, soweit sie in dieser Gesellschaft etabliert sind. Dies bedeutet, dass die Geltung moralischer Regeln nur in der jeweiligen Gesellschaft zu beanspruchen ist.[110] Dementsprechend sind alle unterschiedlichen Urteile aufgrund jeweiliger Kriterien *berechtigt*. Dass es aufgrund verschiedener Maßstäbe für die Beurteilung ein- und derselben Angelegenheit zu unterschiedlichen Ergebnissen kommt, sei nicht auf Irrtum oder Mangel an Informationen zurückzuführen. Vielmehr liege es daran, dass die unterschiedlichen, dennoch gleichberechtigten Maßstäbe, die widerstreitenden Behauptungen alle richtig machen.[111] Demzufolge ist für den normativen Relativismus eine objektive, kontextunabhängige Rechtfertigung normativer Urteile unmöglich. Vielmehr seien normative Urteile immer kontingent und kontextgebunden. Es könne also keiner Norm unabhängig von ihrem Kontext die universale Geltung zugesprochen werden.

Die *metaethischen Relativisten* vertreten eine Position, wonach es bei den grundlegenden ethischen Urteilen keine objektiv gültige, vernünftige Begründungsweise zugunsten eines der widerstreitenden Urteile gibt. Das heißt, es sei überhaupt kein objektives moralisches Urteil möglich. In der Ethik erster Ordnung könnten moralische Urteile zwar nach der Übernahme irgendeiner *beliebigen* Perspektive gefällt werden, auf der Ebene der Ethik zweiter Ordnung

---

107 Feyerabend, „Relativismus (2)", in: Handlexikon zur Wissenschaftstheorie, S. 295.

108 Kirchmann, Die Wertlosigkeit der Jurisprudenz als Wissenschaft (1848), S. 19.

109 Herodot, Das Geschichtswerk des Herodot von Halikarnassos, übers. v. Theodor Braun, Frankfurt a. M./Leipzig 2001, S. 250.

110 König, „Relativismus", in: Historisches Wörterbuch der Philosophie, Bd. 8, Sp. 619f. Ob eine moralische Regel in einer bestimmten Gesellschaft anerkannt ist, muss allerdings *empirisch* untersucht werden. Siehe Nida-Rümelin, Über die Vereinbarkeit von Universalismus und Pluralismus in der Ethik, S. 66, 68.

111 Gellner, „Relativismus (1)", in: Handlexikon zur Wissenschaftstheorie, S. 289.

sei die Möglichkeit objektiver moralischer Urteile jedoch ausgeschlossen.[112] Da nach dem metaethischen Relativismus eine beliebige Perspektive als das Bewertungskriterium übernommen werden kann, ist der metaethische Relativismus im Vergleich zum ethischen Konventionalismus, der immerhin die in einer Gesellschaft anerkannten moralischen Regeln als das objektive Kriterium moralischer Urteile annimmt, eine schwächere Position.

Da dem ethischen Konventionalismus zufolge die faktischen Moralvorstellungen einer Gesellschaft als Bewertungskriterien moralischer Fragen verwendet werden sollten, kann das Problem dabei auftreten, dass das, was wir als verbindlich anerkennen, auf einem „faktischen Machtverhältnis" basieren könnte. Dadurch ist jede Kritik an diesem Machtverhältnis ausgeschlossen, weil es keine anderen von derselben Gesellschaft unabhängigen gültigen Maßstäbe gäbe.[113] Der Versuch, die Kategorien *Regel* und *Praxis/Lebensform* im Sinne der Theorie *Wittgensteins* zu verbinden, könnte dabei übersehen, dass die moralische Praxis durchaus die Urteilspraxis vernünftiger Wesen als Mitglieder eines Reichs der Zwecke im Sinne von Kant sein kann.[114] Aber in der Tat schließt der ethische Relativismus angesichts der Vielheit der Kulturen oft das Gebot der *Toleranz* ein. Demzufolge wird das Ethos der Toleranz für die Kardinaltugend in einer demokratischen Gesellschaft gehalten, weil keine normative Überzeugung den absoluten objektiven Wahrheitsanspruch erheben könnte.[115] Die gegenseitige Toleranz gründet sich demnach nicht auf die Verleugnung der ethischen Geltung eigener Werte, vielmehr bildet die Anerkennung, dass jeder seine eigene ethische Identität besitzen darf, die Grundlage der Toleranz gegenüber anderen Wertvorstellungen.[116]

Gegen den ethischen Konventionalismus mit seinem Toleranzgebot wird eingewendet, dass eine solche tolerante Haltung auf eine Art *Indifferenz* zurückzuführen sein könnte. Toleranz könnte für einen solchen ethischen Relativismus lediglich bedeuten, dass von vornherein auf die Anstrebung der Begründung normativer Wahrheitsansprüche verzichtet wird, obwohl es nicht bei allen Relativisten der Fall ist. Außerdem ist es zu beachten, dass das Prinzip der Toleranz nicht nur mit dem ethischen Relativismus vereinbar ist. Die normativen Wahrheitsansprüche stehen nicht unbedingt im Widerspruch mit dem Ethos der Toleranz. Ein gerechtfertigter normativer Wahrheitsanspruch muss nicht zur

---

112 Nida-Rümelin, Über die Vereinbarkeit von Universalismus und Pluralismus in der Ethik, S. 68f. Da Nida-Rümelin nur zwischen dem deskriptiven und dem normativen Relativismus unterscheidet, zählt er den metaethischen Relativismus auch zum normativen Relativismus.

113 Schnädelbach, „Relativismus", in: Handbuch wissenschaftlicher Begriffe, Bd. 3, S. 559.

114 Böhler, Die deutsche Zerstörung des politisch-ethischen Universalismus, S. 201.

115 Nida-Rümelin, Über die Vereinbarkeit von Universalismus und Pluralismus in der Ethik, S. 70.

116 Forst, Kontexte der Gerechtigkeit, S. 77.

Intervention in die Freiheitsräume anderer führen.[117] Die Einschränkung der Freiheit kann sich z. B. lediglich auf die schwerwiegenden Rechtsgutsverletzungen beschränken. Bei anderen Fällen, in denen zwar eine Lösung für eine moralische Frage gerechtfertigt ist, muss den Andersdenkenden jedoch nicht verboten sein, auf ihren Auffassungen zu bestehen, soweit sie keine wichtigen Rechtsgüter von anderen verletzen. Nach dem Dargestellten können sowohl der ethische Relativismus als auch der ethische Universalismus mit dem Toleranzgebot vereinbar sein. Die Frage der Wahrheitsansprüche muss von der Frage der Notwendigkeit des Verbots einer Handlung auseinander gehalten werden.

3.1.2. Der ethische Universalismus

Der ethische Universalismus geht davon aus, dass es Normen gibt, die einen universalen Geltungsanspruch erheben dürfen. Unter der universalen Geltung von Normen ist zu verstehen, dass normative Sätze unabhängig von Zeit, Ort, Nationalität, Sozialschicht, kultureller Identität und anderen persönlichen Eigenschaften von Normadressaten überall gültig und zu befolgen sind. Hinsichtlich solcher universalen Geltung stellt der ethische Universalismus eine Position dar, die aus einer unparteiischen Perspektive einen universalen Geltungsanspruch für *alle* gleichermaßen erheben darf.[118] Da dem ethischen Universalismus zufolge die Rechtfertigung eines moralischen Urteils sich auf die allgemeingültigen Grundlagen berufen muss, beschränkt sich seine Gültigkeit nicht auf eine bestimmte Person, Tradition oder Kultur.[119] Der Unterschied zwischen dem ethischen Universalismus und dem ethischen Relativismus besteht also darin, dass der ethische Universalismus sich auf die Rechtfertigung aufgrund allgemeiner Normen und Prinzipien beruft und einen allgemeinen Geltungsanspruch „für alle" zu erheben versucht, während sich der ethische Relativismus partikularer ethischer Werte und Auffassungen des Guten bedient und demzufolge nur eine partikulare Geltung „für mich" oder „für uns" beansprucht.[120]

Die Vielfältigkeit moralischer Vorstellungen in verschiedenen Kulturen kann für den ethischen Universalismus kein Grund dafür sein, dass ein richtiges normatives Urteil wegen vieler vermeintlicher Moralvorstellungen seine Gül-

117 Nida-Rümelin, Über die Vereinbarkeit von Universalismus und Pluralismus in der Ethik, S. 71, 74; ebenso Ginters, Relativismus in der Ethik, S. 18.

118 O'Neill, „Universalism in Ethics", in: Routledge Encyclopedia of Philosophy, Bd. 9, S. 536; Nida-Rümelin, Über die Vereinbarkeit von Universalismus und Pluralismus in der Ethik, S. 65.

119 Kambartel, „Universalität (ethisch)", in: Enzyklopädie Philosophie und Wissenschaftstheorie, Bd. 4, S. 414; „Universalismus", in: Historisches Wörterbuch der Philosophie, Bd. 11, Sp. 206.

120 Forst, Kontexte der Gerechtigkeit, S. 53.

tigkeit einbüßen würde.[121] Aus der Behauptung, dass eine Handlung *für moralisch gut gehalten* wird, könne also nicht auf die Behauptung geschlossen werden, dass diese Handlung *an sich moralisch gut* ist. Meinungen und Wahrheit sollten streng auseinander gehalten werden. Andernfalls würde uns ein sozial-psychologisch modifizierter *naturalistischer Fehlschluss* unterlaufen.[122]

Ähnlich wie der ethische Universalismus behauptet der *ethische Absolutismus* auch, dass moralische Normen und Prinzipien unabhängig von ihrem Kontext, Epoche, Ort für jeden gültig und nicht auf die faktische Akzeptanz von Menschen angewiesen seien. Demzufolge gibt es nur eine einzige absolute, unveränderliche Moral für alle Menschen, die ungeachtet des Zeitwandels überall in der Welt gilt. Die Gemeinsamkeit vom ethischen Universalismus und Absolutismus liegt darin, dass sie beide von der Universalität der Moral und ihrer Maßstäbe ausgehen. Die allgemeinen Geltungsansprüche sind nämlich in beiden Positionen verankert. Der Unterschied zwischen den beiden liegt nicht im Geltungsumfang, sondern in der Grundlage bzw. Begründung der Geltung. Die absolutistische Position geht von den absoluten Voraussetzungen aus. Insofern wird im ethischen Absolutismus eine *metaphysische* Grundlage vorausgesetzt. Hingegen nimmt der ethische Universalismus keine metaphysischen Voraussetzungen in seine Begründungen auf. Es ist nicht auszuschließen, dass die Geltung moralischer Normen und Prinzipien auf kontingenten empirischen Sachverhalten basiert.[123] Demnach kann ein moralisches Urteil aufgrund seiner allgemeingültigen Rechtfertigung universal gültig sein, obwohl seine Entstehung auf einen bestimmten historischen, kulturellen und sozialen Kontext zurückzuführen ist. Die partikulare Entstehungsgeschichte eines moralischen Urteils soll von seiner universalen Gültigkeit auseinander gehalten werden.[124]

3.2. Kontextgebundenheit von Normen?

Nachdem wir den ethischen Universalismus und den ethischen Relativismus im vorigen Abschnitt erläutert haben, werden wir hier anhand der Unterscheidung zwischen den beiden auf die Problematik universal gültiger Normen eingehen. Es gilt hier also zu fragen, ob es Normen gibt, deren Gültigkeit, dem Universalismus entsprechend, unabhängig von ihrem historischen, sozialen und kulturellen Kontext, also universal ist. Dabei werden vor allem die *universalistische Position des Liberalismus* und die *kontextualistische Sittlichkeitsauffassung des Kommunitarismus* verglichen, die sich in den gegenwärtigen politik- und sozial-

121 Salehi, Ethischer Relativismus, S. 39.

122 Lütterfelds, Sind Universalität und Kontingenz der Moral miteinander verträglich?, S. 185.

123 Stace, Eine Kritik am normativ-ethischen Relativismus vom Standpunkt des logischen Positivismus aus, S. 96ff.; Salehi, Ethischer Relativismus, S. 42f.

124 Ebenso Höffe, Vernunft und Recht, S. 59ff.

philosophischen Diskussionen um das Verhältnis zwischen Individuum und Gemeinschaft, Gerechtigkeit und Gemeinwohl sowie individuellen Rechten und sozialen Werten gegenüberstehen. Anschließend wird noch die Diskurstheorie herangezogen, um das Problem universaler Normen ausführlich zu behandeln.

In den Debatten zwischen dem Liberalismus und dem Kommunitarismus geht es hauptsächlich um vier Fragen.[125] 1. Wie wird das „Selbst" konstituiert? Ist die *atomistische* Konzeption der Person vom Liberalismus begründbar? 2. Ist eine *universalistische* und *formal-prozeduralistische* Theorie des Gerechten zu begründen? Oder ist vielmehr eine *kontextualistische* Theorie des Guten plausibler? 3. Kann das Recht *ethisch neutral* gerechtfertigt werden? Dabei handelt es sich um die Frage des Vorrangs *individueller Rechte* vor *gemeinschaftlichen Gütern*. 4. Worauf gründen sich *politische Integration* und *Legitimation*? Wie ist also eine politische Gemeinschaft möglich?

Da vorliegend unser Forschungsinteresse in erster Linie der Frage nach universal gültigen Normen gilt, werden wir hier das Problem der politischen Integration beiseite lassen und nur die ersten drei Fragen behandeln. Bevor wir im nächsten Abschnitt auf die Problematik universal gültiger Rechtsnormen eingehen, wird im folgenden zuerst anhand der verschiedenen Theorieansätze über das Verhältnis zwischen Individuum und Gesellschaft diskutiert. Anschließend werden wir das Problem behandeln, ob moralische Normen universal begründbar sind oder ob vielmehr die Begründung normativer Urteile lediglich in einem bestimmten Kontext möglich ist.

3.2.1. Individuum und Gemeinschaft

Da ethische und rechtliche Probleme in der Regel mit der Identität von Menschen und dem Konzept des Gemeinwesens zusammenhängen, ist es angebracht, zuerst verschiedene Konzepte über das Verhältnis zwischen Menschen und Gemeinwesen vorzustellen, bevor wir auf die Frage des Zusammenhangs zwischen Normen und Gesellschaft eingehen.

Der Gedanke des „Atomismus" oder „Individualismus" ist ein wesentliches Merkmal der im 17. Jahrhundert entstandenen Theorie des Gesellschaftsvertrags und des Liberalismus, wonach das Gemeinwesen als das Mittel zur Befriedigung der Interessen vom Individuum angesehen wird.[126] Nach *Hobbes* ist die staatli-

---

[125] Vgl. Forst, Kontexte der Gerechtigkeit, S. 49, 347; Forst, Kommunitarismus und Liberalismus, S. 182. Entsprechend diesen vier Fragen stellt Forst ein Modell der Unterscheidung zwischen *ethischer Person*, *Rechtsperson*, *Staatsbürger* und *moralischer Person* auf, damit die verschiedenen Fragestellungen durch entsprechende Begriffe in unterschiedlichen Kontexten angemessen behandelt werden können.

[126] Taylor, Atomismus, S. 73. Der Begriff des „Atomismus" wird fast ausschließlich von seinen Gegnern gebraucht, seine Verfechter bevorzugen andere Begriffe wie zum Beispiel „Individualismus".

che Herrschaft lediglich eine rein menschliche Kunstleistung zur Sicherung des Friedens und Rechts, die durch einen sog. Gesellschaftsvertrag unter freien Individuen geschaffen ist.[127] „Die Menschen, die von Natur aus Freiheit und Herrschaft über andere lieben, führen die Selbstbeschränkung, unter der sie, wie wir wissen, in Staaten leben, letztlich allein mit dem Ziel und der Absicht ein, dadurch für ihre Selbsterhaltung zu sorgen und ein zufriedeneres Leben zu führen."[128] Mit anderen Worten, die Gesellschaft oder der Staat ist nur da, um dem Wohl vom Individuum zu dienen. Die Legitimität der staatlichen Gewaltausübung besteht lediglich darin, dass sie die individuellen Interessen Leben und Leib, Freiheit und Eigentum gewährleistet. Begründungslogisch hat das Gemeinwesen also keinen Vorrang vor dem Individuum.

Der Kommunitarismus (Communitarianism)[129], der seit den achtziger Jahren des 20. Jh. von Nordamerika aus weltweit verbreitet ist, sieht entgegen der individualistischen Auffassung des Liberalismus in der *Gemeinschaft* seinen Leitgedanken.[130] Im Gegensatz zum Liberalismus wird ein Wesensmerkmal des Kommunitarismus in der Vorstellung gesehen, dass die über Individuum hinausgehenden gesamtgesellschaftlichen Bedingungen und Folgen für individuelle Entscheidungen entscheidend seien und sein sollten.[131] Da allein die Zusammensetzung unabhängiger Individuen den Fortbestand der Gesellschaft nicht gewährleisten könne, bedürfe das politische Kollektiv einer materiellen ethischen Substanz. Das heißt, zum einen ist unsere persönliche Identität durch die Elemente der Gemeinschaft bestimmt. Wir können nämlich nicht rational über unser „Selbst" entscheiden. Vielmehr ist unsere Identität von der Gemeinschaft vorbestimmt. Zum anderen kann ein Mensch nur dann ein sittlich gutes Leben führen, wenn er entsprechend der Vorstellung des gemeinschaftlichen Guten handelt. Demnach haben die Gemeinschaft und deren Wertvorstellung einen

---

[127] Vgl. Chwaszcza, in: Maier/Denzer (Hg.), Klassiker des politischen Denkens, Bd. 1, S. 211.

[128] Hobbes, Leviathan, Frankfurt a. M. 1984, S. 131.

[129] Zur allgemeinen deutschsprachigen Literatur über den Kommunitarismus siehe Honneth (Hg.), Kommunitarismus, Frankfurt a. M./New York 1993; Brumlik/Brunkhorst (Hg.), Gemeinschaft und Gerechtigkeit, Frankfurt a. M. 1993; Zahlmann (Hg.), Kommunitarismus in der Diskussion, Hamburg 1994; Frankenberg (Hg.), Auf der Suche nach der gerechten Gesellschaft, Frankfurt. a. M. 1994; Forst, Kontexte der Gerechtigkeit, Frankfurt a. M. 1994; van den Brink/van Reijen (Hg.), Bürgergesellschaft, Recht und Demokratie, Frankfurt a. M. 1995; Seelmann (Hg.), Kommunitarismus versus Liberalismus, ARSP Beiheft 76, Stuttgart 2000; Reese-Schäfer, Kommunitarismus, 3. Aufl., Frankfurt a. M./New York 2001.

[130] Die begriffliche Unterscheidung zwischen Gemeinschaft und Gesellschaft schon in der deutschen Soziologie um die Wende des 20. Jahrhunderts vgl. das sehr lehrreiche Buch von Tönnies, Gemeinschaft und Gesellschaft, 8. Aufl., Leipzig 1935, ND Darmstadt 1963.

[131] Siehe Sandel, Die verfahrensrechtliche Republik und das ungebundene Selbst, S. 24ff.; Brugger, KritV 84 (2001), S. 171.

ethischen Vorrang vor dem Individuum und dessen willkürlichen Entscheidungen.

Für Kommunitaristen besteht das eigentliche Leben von Menschen nicht allein im „Überleben". Vielmehr sollten Menschen ihr Leben ständig entwickeln. Dabei liegt die unabdingbare Voraussetzung der Entwicklung des menschlichen Lebens in der Gemeinschaft oder einer bestimmten Form der Gemeinschaft. Eine Person kann sich ihre Identität nur in einer bestimmten Kultur, einer bestimmten Gemeinschaft zu eigen machen. Menschen sind nämlich nicht nur abstrakte Individuen, sondern konkrete Personen in einer bestimmten Gemeinschaft.[132] Nur in einer bestimmten Lebensordnung können wir unseren Plan zur Verwirklichung einer gelungenen Lebensführung gestalten. Selbst das freie Individuum des Westens erlangt seine Gestalt nicht aus sich heraus, sondern verdankt seine jetzige Form der liberalen westlichen Zivilisation.

Der Begriff des Kommunitarismus ist in erster Linie aus der Kritik am Liberalismus entstanden[133] und hat demnach unterschiedliche Formen. Hinsichtlich der Konzeption der Gemeinschaft gibt es im kommunitaristischen Lager sowohl das Gedankengut von *Aristoteles* und *Hegel* als auch die Idee von *Rousseau*. Es kann dementsprechend grob in zwei Modelle, nämlich den substantialistischen und den republikanisch-partizipatorischen Kommunitarismus eingeteilt werden.[134] Der auf Aristoteles und Hegel zurückzuführende Kommunitarismus substantialistischer Prägung, der gegenwärtig durch *MacIntyre*[135] und *Sandel*[136] vertreten ist, geht von der Gemeinschaft als einer vorpolitisch existierenden Substanz aus. Dabei steht der Grundgedanke der „Identifikation" im Vordergrund, wonach jeder mit dem Gemeinwesen identifiziert werden

---

132 Taylor, Atomismus, S. 91, 98; Brugger, KritV 84 (2001), S. 153.

133 Die Zielscheibe der kommunitaristischen Kritik ist namentlich die Gerechtigkeitstheorie von Rawls (Rawls, A Theory of Justice, Cambridge [Mass.] 1971, dt.: Eine Theorie der Gerechtigkeit, Frankfurt a. M. 1975). Obwohl zahlreiche Kritiken an Rawls' Theorie seit dem Erscheinen der *Theorie der Gerechtigkeit* schon vorhanden waren, ist es jedoch das Buch „Liberalism and the Limits of Justice" von Sandel, der den Begriff des Kommunitarismus klare Konturen verliehen hat. Zur Auseinandersetzung zwischen Rawls' Liberalismus und dem Kommunitarismus siehe Meyer, John Rawls und die Kommunitaristen, Würzburg 1996.

134 Forst, Kontexte der Gerechtigkeit, S. 161ff. Die beiden Positionen sind miteinander nicht grundsätzlich unvereinbar. Sie sind in der Theoriestruktur mancher Kommunitaristen wie z. B. *Charles Taylors* parallel vorhanden. Nach Brugger, AöR 123 (1998), S. 343ff.; ders., ZRph 1 (2003), S. 5ff. wird eine andere Art Einteilung in den konservativen, den liberalen und den universalistischen Kommunitarismus vorgenommen. Aber da der universalistische Kommunitarismus im wesentlichen keinen großen Unterschied zum Liberalismus aufweist, ist es fraglich, ihn zum Kommunitarismus zu zählen. Daher wird hier auf diese Einteilung verzichtet.

135 Siehe MacIntyre, Der Verlust der Tugend, Frankfurt a. M. 1995 (Orig.: After Virtue, 2. Auf., Notre Dame [Indiana] 1984); MacIntyre, Whose Justice? Whose Rationality, Notre Dame (Indiana) 1988.

136 Siehe Sandel, Liberalism and the Limits of Justice, Cambridge 1982.

soll. Hingegen betrachtet der republikanisch-partizipatorische Kommunitarismus, dessen Protagonisten *Barber*[137] und *Walzer*[138] sich auf Rousseau berufen, das Gemeinwesen nicht als vorbestimmt, sondern als das Ergebnis eines diskursiven Prozesses durch „Partizipation" von freien und gleichen Bürgern. Allerdings werden diese Bürger nicht als private „bourgeois", sondern als politisch-tugendhafte, gemeinwohlorientierte „citoyens" angesehen.

Trotz der Unterschiede zwischen den Kommunitarismen verschiedener Provenienz lassen sich die Hauptelemente des Kommunitarismus mit den folgenden Stichworten zusammenfassen. 1. Differenz, 2. Zugehörigkeit zur Gemeinschaft, 3. Betonung der intermediären Lebensformen.[139] Da der Kommunitarismus das Gemeinschaftsdenken besonders hervorhebt, ist ihm das Anliegen ganz wichtig, wie eine Gemeinschaft aufrechterhalten werden kann. Um die eigene gemeinschaftliche Identität zu stärken und mit den partikularen ethischen, religiösen und kulturellen Vorstellungen ein gutes Leben führen zu können, ist es unabdingbar, mit dem Gemeinschaftsgefühl die eigene Gemeinschaft und deren Weltanschauungen hervorzuheben und von anderen Gemeinschaften zu unterscheiden. Eine solche Stärkung der Gemeinschaft kann insbesondere erfolgreich durchgeführt werden, wenn sie in den intermediären Gemeinschaften stattfindet.[140] Das heißt, das Gemeinschaftsgefühl wird vor allem in den kleineren Gruppierungen wie z. B. Verwandtschaft, Religionsgemeinschaft, oder Beruf usw. gefördert.

Obwohl das „Selbst" des Individuums, wie der Kommunitarismus richtig hervorhebt, nicht aus einem Vakuum, sondern durch die Sozialisation entstanden ist, bedeutet dies noch nicht, dass es nur von *einer* vorhandenen Gemeinschaft vorbestimmt und unveränderlich wäre. Das Individuum erhält seine Identität durch *viele Vergemeinschaftungen*, die von der näheren bis zur weitesten mitmenschlichen Beziehung unterschiedliche Stufen von Gemeinschaften enthalten. Die traditionelle Unterscheidung zwischen Gesellschaft und Staat ist nur eine Trennungslinie, darüber hinaus gibt es noch andere Vergemeinschaftungsformen. Eine solche Stufen- oder Sphärentheorie der Vergemeinschaftungen nimmt Rücksicht sowohl auf den Nahhorizont als auch auf den Fernhorizont von Ethik und Verantwortung.[141] Mit anderen Worten, die Identität des Individuums konstituiert sich nicht nur in der politischen Gemeinschaft, sondern in mehreren Gemeinschaften. Nicht durch einen singulären Einfluss von der politischen

---

137 Siehe Barber, Starke Demokratie, Hamburg 1994 (Orig.: Strong Democracy, Berkeley 1984).

138 Siehe Walzer, Sphären der Gerechtigkeit, Frankfurt a. M. 1992 (Orig.: Spheres of Justice. A Defense of Pluralism and Equality, New York 1983).

139 Brugger, AöR 123 (1998), S. 340ff.; Brugger, ZRph 1 (2003), S. 3f.

140 Walzer, Die kommunitaristische Kritik am Liberalismus, S. 173.

141 Siehe Walzer, Sphären der Gerechtigkeit, passim; Brugger, AöR 123 (1998), S. 353ff., 366.

Gemeinschaft, sondern in einem komplexen Vergemeinschaftungsprozess ist die Identität vom Individuum entstanden.

Die Konzeption vielfältiger Vergemeinschaftungen führt letztlich zu der Frage, wie es zu handhaben ist, wenn die Lebensvorstellungen verschiedener Gemeinschaften miteinander in Konflikt geraten.[142] In einer pluralistischen Gesellschaft existiert keine einheitliche ethische Weltanschauung mehr, weil es innerhalb einer umfassenden Gemeinschaft noch zahlreiche kleine Gemeinschaften gibt. Wir sind nämlich nicht nur Teilnehmer der politischen Gemeinschaft, sondern auch Mitglieder anderer nicht-politischer Gemeinschaften. Wegen der Überschneidung verschiedener Rollen aus verschiedenen Gemeinschaften (z. B. Familie, Stand, Verband, Berufsgruppe) sind Rollenkonflikte nicht auszuschließen. Dieses „Dilemma geteilter Loyalität“[143] kann also in einer pluralistischen Gesellschaft nicht beseitigt werden. Da die vorhandenen Institutionen und Gesellschaftsordnungen das historische Produkt gesellschaftlicher Konflikte und Kompromisse darstellen, ist die Parole „gemeinsames Gut“ nichts anderes als eine Vortäuschung der Harmonie der Gesellschaft. Die Integration der komplexen Gesellschaft über homogene substantielle Werte ist ohne totalitäre Zwangsmaßnahmen unmöglich. Der Versuch, eine einzige „echte Identität“ in unserer gegenwärtigen pluralistischen Gesellschaft zu finden, ist demnach von Anfang an zum Scheitern verurteilt.

Der Vorwurf des Atomismus seitens der Kommunitaristen, dass der Liberalismus von einer präsozialen Existenz des Individuums und der Unerheblichkeit der Sozialisation ausgehe, ist fehlgeschlagen. Solch ein extremer Atomismus ist in der Tat nur von *Hobbes* in Gestalt der egoistischen Sozialanthropologie, zum Teil von der *rational-choice-Theorie* und manchen extremen Libertäristen wie *Locke* und *Nozick* vertreten. Dass die individuelle Identität erst durch einen Sozialisationsprozess zustande kommen kann, wird von den meisten Liberalen nicht bestritten.[144] Da der Individualisierungs- und Vergesellschaftungsprozess sich dialektisch aufeinander beziehen, kann vom absoluten Gegensatz zwischen dem Individualismus und dem Kollektivismus keine Rede sein. Der Individualismus kann nämlich ohne Einbeziehung des Kommunitarismus nicht richtig verstanden werden.[145] Demzufolge ist festzustellen, dass die Identität des Individuums nicht nur durch eine einzige Gemeinschaft konstituiert ist. Vielmehr ist es ein komplexer Vergemeinschaftungsprozess, das einem Individuum seine Identität durch Rollen aus verschiedenen Gemeinschaften verleiht. Diese Kenntnis führt uns zu der Frage, wie wir bei Konflikten zwischen den Gemeinschaftsformen und beim Widerspruch ihrer Wertvorstellungen dennoch einen richtigen Maßstab für moralische Fragen erlangen können.

---

142 Forst, Kontexte der Gerechtigkeit, S. 39, 175f.

143 Gutmann, ARSP 83 (1997), S. 56f.

144 Walzer, Die kommunitaristische Kritik am Liberalismus, S. 178f.

145 Habermas, Zur Legitimation durch Menschenrechte, S. 188.

3.2.2. Universale Moral oder partikulare Ethiken?

Wie oben bemerkt, ist die moralische Entwicklung des Individuums lediglich in einem bestimmten kulturellen sozialen Kontext möglich. Der kommunitaristischen Auffassung zufolge sind moralische Vorstellungen deshalb immer auf eine bestimmte Gemeinschaft bezogen. Eine vernünftige Diskussion über moralische Konzepte könne mithin nur in diesem Kontext erfolgen. Aus kommunitaristischer Sicht sind normative Urteile also immer partikularer Natur. Nur durch die Verbindung zu einer bestimmten Gemeinschaft können moralische Forderungen die Antriebskraft für ihre Umsetzung gewinnen.[146] Selbst die atomistische Vorstellung vom Individuum und die liberalistischen Moralgedanken würden ohne Tradition und kulturelle Wurzeln nicht auskommen. Der Liberalismus, der angeblich neutral gegenüber allen ethischen Lehren sei, verschleiere gleichsam eine individualistische Theorie des Guten. Die universale Neutralität des Liberalismus ist für den Kommunitarismus also lediglich das Produkt der partikularen westlichen Gesellschaft.[147] Man kann sagen, „der freiheitliche, säkularisierte Staat lebt von Voraussetzungen, die er selbst nicht garantieren kann."[148]

Nach dem Kommunitarismus verhalten sich die Mitglieder einer Gesellschaft vorwiegend in Übereinstimmung mit der sozialen Ordnung. Sie teilen nämlich gemeinsame Werte, die in dieser Gesellschaft verkörpert sind. Daher sei ein Vorzug den Gemeinschaftswerten gegenüber den individuellen Rechten zuzusprechen. Diese Auffassung hat jedoch zweierlei Begründungsprobleme. Zuerst verkennt sie die Komplexität der Beweggründe, weshalb die Mitglieder der Gesellschaft der bestehenden sozialen Ordnung gehorchen. Sie könnten nämlich ihr Verhalten aus Furcht der Sanktion oder Eigeninteressen usf. nach den sozialen Regeln ausrichten. Bei solchen Fällen kann man nicht sagen, dass sie mit *Einverständnis* die gemeinsamen Werte der Gesellschaft teilen.[149] Die Anerkennung der in einer Gesellschaft verkörperten Werte von den Mitgliedern der Gesellschaft ist nur dann gegeben, wenn die sozialen Regeln auf Grund der *Verpflichtung* befolgt werden. Mit anderen Worten, die bestehenden Sitten und Gewohnheiten dürfen nicht mit den kritisch gerechtfertigten moralischen Normen verwechselt werden.

Das andere Problem des Kommunitarismus betrifft die Frage der Ableitung des Sollens aus dem Sein. Aus der Tatsache, dass die Selbstverwirklichung des Individuums nur in der Form gegenseitiger Anerkennung innerhalb von Wertgemeinschaften erfolgen kann, lässt sich die kommunitaristische These[150], dass die individuellen Rechte zugunsten der Gemeinschaftswerte im Hintergrund

---

146 Brugger, KritV 84 (2001), S. 152.

147 Taylor, Multikulturalismus und die Politik der Anerkennung, S. 57; Forst, Kommunitarismus und Liberalismus, S. 193; Brugger, KritV 84 (2001), S. 158.

148 Böckenförde, Die Entstehung des Staates als Vorgang der Säkularisation, S. 60.

149 Cohen, Deutsche Zeitschrift für Philosophie 41 (1993), S. 1013ff.

150 Siehe nur Walzer, Sphären der Gerechtigkeit, S. 21.

bleiben müssten, nicht ableiten.[151] Das heißt, von der *Konstitutionsthese*, dass Menschen sozial konstituierte Wesen sind, auf die normative Behauptung zu schließen, dass die Gemeinschaft normativ Vorrang vor dem Individuum genießt und die Legitimität der Gemeinschaftswerte nicht kritisch überprüft werden darf, ist ein *genetischer Fehlschluss*.[152] Außerdem, wenn also die Gemeinschaftswerte aus der Gemeinschaftspraxis abgeleitet sind, besteht dann keine Möglichkeit, aufgrund solcher Werte die Gemeinschaftspraxis zu kritisieren. Dabei wird die Kritisierbarkeit des vorgefundenen sozialen Ethos ganz und gar verneint. Dieser Fall kann „das einfache kommunitaristische Dilemma"[153] genannt werden.

Da der Kommunitarismus die in einer Gesellschaft faktisch vertretene Weltanschauung und Überzeugung befürwortet, würde die Stimme der Minderheit leicht der Mehrheitsmeinung zum Opfer fallen. Es würde also die Ethik des Fernhorizonts zugunsten der Ethik des Nahhorizonts, die für eine homogene Gemeinschaft geeignet ist, leicht geopfert.[154] Die Unkritisierbarkeit der bestehenden Sittlichkeit ist eine Negation vernünftiger Argumentation bei ethischen Streitfragen. Solch ein konservativer Standpunkt kann in einer kritischen Ethik überhaupt keinen Halt finden. Daher dürfen die in einer Gesellschaft existierenden Normen nicht als etwas vorgefundenes, unveränderliches angesehen werden. Es darf nicht vortäuschen, dass wir uns heutzutage noch in einer homogenen Gemeinschaft befänden. Die Gesellschaft mit vielfältigen ethischen Überzeugungen darf nicht mit einer in der herrschenden ethischen Auffassung verkörperten Gemeinschaft verwechselt werden. Die Ursprünge moralischer Auffassungen sind zwar in einer bestimmten Gesellschaft verankert, keine Theorie der Moralität darf jedoch das kritische Potenzial bezüglich der Sozialethik verlieren.

Im Gegensatz zum partikularistischen Kommunitarismus wird von Liberalismus und Diskursethik ein ethischer Universalismus vertreten. Die liberalistische Ethik, deren Prinzipien allen Konzeptionen des Guten neutral gegenüberstehen, kann als eine Ethik zweiter Ordnung angesehen werden. Als eine formale Ethik bestimmt sie nicht, was ein gutes Leben bedeutet.[155] Keine der verschiedenen Auffassungen über die gute Lebensführung darf bevorzugt werden, nur weil sie der gegenwärtigen Gesellschaftsform oder der Mehrheitsmeinung der bestehenden Gesellschaft entspricht.[156] Die liberalistische Ethik ist dazu geschaffen, zwischen den unterschiedlichen ethischen Auffassungen eine neutrale Instanz für Freiheit und Fairness zu sein, und deshalb mit einer pluralistischen Gesellschaft vereinbar. Gerade in einer pluralistischen Gesellschaft, die Konflikten verhaftet ist, braucht man eine Ethik, die zwischen verschiedenen

---

151 Gutmann, ARSP 83 (1997), S. 58.

152 Forst, Kontexte der Gerechtigkeit, S. 39; Gutmann, ARSP 83 (1997), S. 43.

153 Cohen, Deutsche Zeitschrift für Philosophie 41 (1993), S. 1015.

154 Brugger, AöR 123 (1998), S. 348.

155 Nagel, Moralischer Konflikt und politische Legitimität, S. 335; Forst, Kommunitarismus und Liberalismus, S. 195.

156 Zur „Tyrannei der Mehrheit" siehe Mill, Über die Freiheit, S. 8ff.

Wertvorstellungen den mitmenschlichen Umgang gerecht regeln kann. Die kontextualistische Kritik des Kommunitarismus verwechselt nämlich die moralischen Fragen nach den gerechten Regelungen bei Konflikten mit den ethischen Fragen nach dem Sinn des gemeinsamen guten Lebens.[157] Nach dem Gesagten sollten die Moralität und Richtigkeit von Normen aufgrund ihrer Neutralität gegenüber allen ethischen Vorstellungen der Gesellschaft begründet werden. Gerade wegen dieser Kontextunabhängigkeit darf die liberalistische Ethik einen universalen Geltungsanspruch gegenüber allen Weltanschauungen und Wertvorstellungen erheben.

Den vom Liberalismus herangezogenen Begriff der Neutralität kann man auf dreierlei Weise interpretieren.[158] Zuerst kann er die Neutralität der *Konsequenzen* bedeuten. Das heißt, die Durchführung der liberalistischen Prinzipien wirkt sich gleichermaßen auf alle ethischen Gemeinschaften aus. Zweitens, neutral können die *Ziele* sein. Die Neutralität der Ziele soll aus ethischen Gründen keine ethische Überzeugung des Guten den anderen vorziehen. Drittens, neutral kann die *Rechtfertigung* sein. Demnach soll eine Norm nicht durch substantielle ethische Werte, sondern durch allgemein akzeptierte moralische Prinzipien gerechtfertigt werden. Unter diesen drei Möglichkeiten der Neutralität erkennt der politische Liberalismus lediglich die letzten zwei Arten Neutralität an. Er kann die Neutralität der Konsequenz, also die gleiche faktische Auswirkung einer politischen Maßnahme oder Institution auf alle ethischen Wertgemeinschaften nicht gewährleisten. Es kann also lediglich behauptet werden, dass in einem politischen Diskurs eine ethische Auffassung des Guten gegenüber anderen nicht bevorzugt werden darf. Bei der Rechtfertigung der Gerechtigkeitsprinzipien können zwar die ethischen Argumente vorgebracht werden, sie müssen jedoch aus ihrem ursprünglichen Kontext heraus in die allgemeinen Argumente *übersetzt* werden. Nur dadurch kann sich die Neutralität solcher Argumente im neuen Kontext bewahren.

Nach *Habermas' Diskurstheorie* ist die Moral hinsichtlich Geltung und Anwendungsbereich ihrer Normen *universalistisch* und *egalitär*. Die Gültigkeit einer moralischen Norm kann sich lediglich auf den normativen Gehalt allgemeiner Bedingungen für das Zusammenleben in einer (auf gegenseitige Achtung von Personen gegründeten) Gesellschaft berufen. In einer traditionellen Gesellschaft sind zwar moralische Regeln und Prinzipien von überkommenen Weltbildern und kollektiven Lebensformen abhängig. „Aber in modernen Gesellschaften müssen sich moralische Normen von den konkreten Inhalten der nun im Plural auftretenden ethischen Lebensorientierungen lösen; sie finden ihre einzige Grundlage in einer abstrakt gewordenen sozialen Identität, die nur noch durch

[157] Gutmann, ARSP 83 (1997), S. 47.
[158] Siehe Forst, Kontexte der Gerechtigkeit, S. 78ff.; Forst, Kommunitarismus und Liberalismus, S. 192f.

den Status der Zugehörigkeit zu *einer*, nicht mehr zu dieser oder jener partikularen Gemeinschaft umschrieben ist."[159]

Habermas geht von einer *deontologischen* Normtheorie aus. Demnach sind Normen dann begründet, wenn die Gebote oder Verbote unter bestimmten Bedingungen allgemein für richtig gehalten werden. Die *teleologische* Deutung von Normen, wonach die Normen der Realisierung bestimmter Zwecke, sei es vom höchsten persönlichen Glück, sei es vom Gemeinwohl, dienen, verfehlt ihm zufolge die Eigenart von Normen. „Während also Werte relative Geltung beansprucht, stellt die Gerechtigkeit (von Normen) einen absoluten Geltungsanspruch."[160] In dieser Hinsicht kann man sagen, „das Gesollte beansprucht, gleichermaßen gut für alle zu sein." Die Werte haben hingegen lediglich „einen relativen Sinn einer in Kulturen und Lebensformen eingespielten oder adoptierten Einschätzung von Gütern".[161] Das heißt, die deontologische Moraltheorie, worauf Habermas' Diskurstheorie beruht, ist universalistisch aufgebaut, während die teleologische Werteethik, von der der Kommunitarismus ausgeht, partikularer Natur ist.

Um eine universale Moral zu begründen, hat Habermas das Konzept des „vernünftigen Diskurses" aufgestellt. Demzufolge ist eine moralische Behauptung oder eine Moraltheorie nur dann zu rechtfertigen, wenn sie einem vernünftigen Diskurs standhalten kann. Dabei sollten sowohl die Interessen und Argumente der Befürworter als auch die der Gegner in den Diskurs einbezogen werden.[162] Mit anderen Worten, eine moralische Norm ist richtig bzw. gerecht nur dann, „wenn deren Geltungsanspruch von jedem vernünftigen Menschen anerkannt werden muss",[163] oder anders ausdrückt, „wenn sie unter den anspruchsvollen Kommunikationsbedingungen rationaler Diskurse allen Entkräftungsversuchen standhält".[164] In einem solchen Diskurs werden die Anforderungen der vollständigen Inklusion, einer gleichberechtigten, zwanglosen und verständigungsorientierten Teilnahme aller Betroffenen für eine allgemeingültige moralische Aussage dadurch erfüllt, dass alle für das diskutierte Thema relevanten Gesichtspunkte berücksichtigt und die besten Argumente vorgebracht werden können.

Es ist darauf hinzuweisen, dass nicht jeder in irgend einem Diskurs erzielte Konsens die Richtigkeit einer moralischen Norm begründen kann. Nach Habermas kann lediglich ein qualifizierter Konsens, also ein in der *idealen Sprechsituation* erzielter Konsens, den jedes zurechnungsfähige Subjekt abgeben würde, wenn es seine Meinungen und Überzeugungen nur lange genug in einer uneingeschränkten und zwanglosen Kommunikation prüfen lässt, diese Aufgabe

159 Habermas, Erläuterung zur Diskursethik, S. 151.
160 Habermas, Faktizität und Geltung, S. 190.
161 Habermas, Faktizität und Geltung, S. 311.
162 Habermas, Diskursethik - Notizen zu einem Begründungsprogramm, S. 75f.
163 Habermas, Theorie der Gesellschaft oder Sozialtechnologie?, S. 222.
164 Habermas, Richtigkeit vs. Wahrheit, S. 190.

erfüllen.[165] Demzufolge kann ein vernünftiger, d. h. argumentativ erzielter und zugleich wahrheitsverbürgender Konsens von einem bloß erzwungenen oder täuschenden Konsens nur mit der Annahme der idealen Sprechsituation unterschieden werden.

Die Eigenschaft der idealen Sprechsituation ist weder *empirisch* noch *bloß konstruktiv*. Sie wird von Teilnehmern des Diskurses wechselseitig als notwendig unterstellt. Es ist gleichgültig, ob die ideale Sprechsituation kontrafaktisch ist oder nicht; sie ist eine im Kommunikationsvorgang operativ wirksame Fiktion. Habermas spricht hier von einer *„Antizipation“*, von einem *„Vorgriff“* auf eine ideale Sprechsituation. Mit diesem Vorgriff können wir einerseits den faktisch erzielten Konsens mit dem Anspruch eines vernünftigen Konsenses verbinden. Andererseits kann dieser Vorgriff auch als ein kritischer Maßstab für die Frage verwendet werden, ob ein faktisch erzielter Konsens ein hinreichender Indikator für einen begründeten Konsens ist.[166]

Ob die Regeln der idealen Sprechsituation eingehalten werden, ist der entscheidende Punkt für einen echten Konsens. Dabei stellt sich die Frage, wie wir wissen können, dass dieser Konsens unter idealen Diskursbedingungen erzielt wurde. Habermas ist der Ansicht, „in der Retrospektive können wir häufig genug feststellen, wann wir ideale Sprechsituation verfehlt haben“.[167] Es ist davon auszugehen, „dass wir uns faktisch jederzeit zutrauen und auch zutrauen müssen, einen vernünftigen von einem trügerischen Konsensus zu unterscheiden, weil wir sonst den vernünftigen Charakter von Rede preisgeben würden“.[168]

Da die Diskursethik dem Inhalt der Normen keine vorgegebenen Grenzen setzt und lediglich auf das Verfahren zählt, kann sie als *formal* bezeichnet werden.[169] Die guten Argumente, die auf die Wahrheit einer Aussage bezogen sind, könnten eigentlich nicht durch formale Verfahren ersetzt werden. Aber da sich kein Argument unwiderlegbar als ausschlaggebend erweisen könnte, müssten wir durch die Qualität des Verfahrens Begriffe wie Wahrheit, moralische Wahrheit, moralische Geltung, Legitimität erklären.[170] „Ein Konsens, der das Ergebnis eines potentiell unendlichen idealen Diskurses ist, garantiert zwar

---

165 Habermas, Theorie der Gesellschaft oder Sozialtechnologie?, S. 223. Für die konkrete Formulierung der Argumentationsvoraussetzungen der idealen Sprechsituation hat Habermas die von Alexy herausgearbeiteten Argumentationsregeln herangezogen. Siehe Habermas, Diskursethik - Notizen zu einem Begründungsprogramm, S. 97ff.; Alexy, Theorie der juristischen Argumentation, S. 234ff., 361ff.; Alexy, Eine Theorie des praktischen Diskurses, S. 36ff.

166 Habermas, Wahrheitstheorien, S. 258.

167 Habermas, Wahrheitstheorien, S. 257.

168 Habermas, Wahrheitstheorien, S. 257f.

169 Habermas, Erläuterung zur Diskursethik, S. 151.

170 Dworkin/Günther/Habermas, Regiert das Recht die Politik, S. 171f.

keine endgültige Gewissheit, aber doch ein so hohes Maß an Sicherheit, dass er als Kriterium akzeptiert werden kann."[171]

Der ideale Charakter der Diskurstheorie von Habermas hat zahlreiche Kritiken hervorgerufen. Für diejenigen, die auch im vernünftigen Dialog das wichtige Kriterium für die Richtigkeit moralischer Normen sehen, ist der intersubjektive Diskurs zwar unerlässlich. Aber er könne nicht schlechthin in der Form eines fiktiven Denkmodells bestehen, sondern müsse in den tatsächlich existierenden Argumentationsgemeinschaften durchgeführt werden. In einem solchen *realen Diskurs* werden wirkliche Erfahrungen und Überzeugungen über „Sachen" ausgetauscht.[172] Demzufolge soll ein *freier Austausch* von Gedanken, Ideen und Werten stattfinden. Im Gegensatz zum gelenkten Diskurs, in dem die Regeln des Ideenaustauschs schon vor dem Austausch bestimmt sind und von den Austauschpartnern im nachhinein nicht geändert werden können, lassen sich die Regeln eines freien Austauschs während des Austauschprozesses aufgrund der Erfahrungen der Diskurspartner modifizieren.[173] Es ist insbesondere zu beachten, dass ein Konsens in einem realen Diskurs nicht immer zu erzielen ist. Insbesondere wenn es um einen wirklichen gesellschaftlichen Meinungsstreit geht, sollte man sich nicht nur auf das Finden eines Konsenses konzentrieren, sondern auch Meinungsdifferenz und Dissens beachten.[174] Nach dem Dargestellten ist der Diskurs zwar ein unabdingbares Instrument zur Suche nach Wahrheit und Richtigkeit, als ein formales Verfahren kann er jedoch die materiellen Argumente nicht ersetzen. Da die Argumentation in einem realen Diskurs letztendlich zu einem Dissens führen könnte, soll der Konsens nicht als der Zweck an sich betrachtet werden. Vielmehr soll die Funktion des Diskurses darin liegen, sich durch einen freien Gedankenaustausch aus verschiedenen Standpunkten der Wahrheit und Richtigkeit schrittweise anzunähern.

Entgegen der Kritik an der Diskurstheorie, dass sie ausgehend vom idealen Diskurs die Realität vernachlässige, verneint die Diskurstheorie partikulare sittliche Weltanschauungen nicht unbedingt. Es kann nämlich zwischen den formalen Prinzipien des moralischen Universalismus und der konkreten Realisierung des guten Lebens ein *Komplementaritätsverhältnis* bestehen. Das prozedurale Prinzip der Diskursethik hebt die substantielle Sittlichkeit für die Realisierung des guten Lebens eines Individuums oder einer Gruppe nicht auf. Außer dem Gebot des prozeduralen Prinzips gibt es noch einen Spielraum für die konkrete Lebensverwirklichung.[175] Obwohl die Geltungsansprüche auf nor-

---

171 Alexy, Probleme der Diskurstheorie, S. 117.

172 Kaufmann, Richtiges Recht, S. 368; Kaufmann, Problemgeschichte der Rechtsphilosophie, S. 177.

173 Feyerabend, „Relativismus (2)", in: Handlexikon zur Wissenschaftstheorie, S. 295. Dabei deutet Feyerabend beim gelenkten Diskurs auf den idealen Diskurs der Diskurstheorie an.

174 Weinberger, Alternative Handlungstheorie, S. 75f.

175 Siehe Apel, Der postkantische Universalismus in der Ethik im Lichte seiner aktuellen Missverständnisse, S. 168, 175ff.

mative Richtigkeit in einer idealen Argumentationsgemeinschaft eingelöst werden müssen, sind wir jedoch auch faktisch an partikularen Gemeinschaften wie Familie, Volk, Nation orientiert. Dieses Spannungsverhältnis zwischen der logischen Universalität der Geltungsansprüche auf normative Richtigkeit in der idealen Diskursgemeinschaft einerseits, und der inhaltlichen Orientierung der moralischen Subjekte an realen Gemeinschaften andererseits, kann als eine Dialektik von realer und idealer Diskursgemeinschaft bezeichnet werden.[176] Demzufolge genießt das sittliche Vorhandene einer Gesellschaft die Priorität der Geltung in praktischen Diskursen, obgleich es fallibel und korrekturbedürftig ist. Es ist jedoch nicht unveränderlich und kann immer dem Diskurs unterzogen werden. Die Beweislast für eine notwendige Änderung des Vorhandenen tragen aber diejenigen, die für die Änderung argumentieren.[177] Nach dem Dargestellten lehnt die Diskurstheorie die Notwendigkeit der guten Lebensführung nach partikularen ethischen Vorstellungen nicht ab. Aber wenn es um moralische Fragen in bezug auf mitmenschliche Beziehungen geht, dann sollten die Begründungen sich auf allgemeingültige Prinzipien und Regeln berufen können.

3.3. Recht und Gemeinschaft

Nachdem wir uns oben anhand verschiedener Theorieansätze mit dem Problem der Universalität moralischer Normen auseinandergesetzt haben, werden wir uns nunmehr dem Thema über das Verhältnis zwischen rechtlichen Normen und Gemeinschaft zuwenden. Es ist hervorzuheben, dass sich eine moralische Norm, selbst wenn sie universal verbindlich ist, nicht ohne weiteres in eine Rechtsnorm mit universaler Geltung verwandeln kann. Das Recht ist anders als die Moral eine Institution. Deshalb muss eine Rechtsnorm in Gestalt der Positivität institutionalisiert werden. Aber selbst wenn Rechtsnormen sich durch ihre Positivität von moralischen Normen unterscheiden, ist es jedoch nicht zu leugnen, dass die Moral als ein Maßstab zur Beurteilung, ob eine Rechtsnorm oder ein Rechtssystem im ganzen als gerecht anzusehen ist, herangezogen werden kann und muss. Wenn wir also die Existenz universaler Rechtsnormen anerkennen, sollten sie dann auch moralisch universal gerechtfertigt werden können. Im folgenden wird darauf eingegangen, ob die universale Geltung beanspruchende Rechtsnormen möglich und wie sie mit verschiedenen Theorieansätzen zu begründen sind. Es wird insbesondere anhand des Verhältnisses zwischen Individuum, Recht und Gesellschaft über die Legitimationsgrundlagen des Rechts diskutiert. Dabei werden vor allem die Auffassungen von Liberalismus, Kommunitarismus und

---

176 Siehe Böhler, Die deutsche Zerstörung des politisch-ethischen Universalismus, S. 174f.

177 Apel, Der postkantische Universalismus in der Ethik im Lichte seiner aktuellen Missverständnisse, S. 172. Vgl. auch das Prinzip der Trägheit (Principle of inertia) in Perelman/Olbrechts-Tyteca, The New Rhetoric, S. 104ff.

Diskurstheorie in bezug auf die Universalisierbarkeit von Rechtsnormen zur Diskussion herangezogen.

3.3.1. Die Neutralität des Rechts gegenüber Ethiken

Entsprechend seiner individualistischen Vorstellung geht der Liberalismus davon aus, dass jedes Individuum sein eigenes Interesse durch größtmögliche Freiheit, die mit der Freiheit von anderen vereinbar ist, anstreben darf und soll.[178] Die Liberalen legen einen hohen Wert auf individuelle Freiheit. Die Einschränkung der individuellen Freiheit ist nur dann zugelassen, wenn die Freiheit des einen die Freiheit der anderen beeinträchtigt. Man darf also innerhalb des erlaubten individuellen Freiheitsraumes alles tun, was man will. Demzufolge muss das Individuum der Gesellschaft oder dem Staat nicht untergeordnet sein. Nach diesem liberalistischen Gedanken gibt es keine höheren normativen Maßstäbe als die individuelle Freiheit.

Der Liberalismus sieht die These des *Primats der Rechte* als den Kernpunkt seiner Theorie an. Demzufolge stehen individuelle Rechte im Vordergrund der Rechtfertigung der politischen Handlungen und Institutionen.[179] Individuelle Rechte stehen den Menschen als solchen zu und sind unbedingt bindend, während das *Prinzip der Verpflichtung und Zugehörigkeit* in den Hintergrund treten muss. Die sozialen Verpflichtungen sind gleichsam als etwas sekundäres von den primären Rechten abgeleitet.[180] Dies liegt daran, dass das Individuum aus liberalistischer Sicht als der Zweck der Gesellschaft anzusehen ist. Daher sind individuelle Rechte gegenüber sozialen Pflichten auch vorrangig. Mit anderen Worten, soziale Pflichten sind nur dann zu rechtfertigen, wenn sie dem Schutz der Rechte anderer Gesellschaftsmitglieder dienen.

Dem Liberalismus liegt ein *Kosmopolitismus* zugrunde, der wiederum auf der Idee des autonomen Individuums beruht. Die rechtsmoralische Grundlage des Kosmopolitismus stellt der menschenrechtliche Egalitarismus dar. Das heißt, eine rationale Politik sollte von einem *unparteilichen Standpunkt* aus überprüft werden. Politische, soziale und kulturelle Differenzen jeder Art dürften dabei nicht in Betracht gezogen werden. Es sollte keine ungleiche Behandlung zwischen verschiedenen Gesellschaftsmitgliedern geben. Nur der Mensch als solcher stehe im Vordergrund der Politik.[181] Demnach liegt die Legitimationsgrundlage der liberalistischen Rechtsauffassung in der Idee der Neutralität und Unparteilichkeit, wonach das Recht gegenüber allen Wertgemeinschaften neutral und unparteilich bleiben soll. Dementsprechend muss der staatliche Eingriff auf

---

178 Rawls, Eine Theorie der Gerechtigkeit, S. 81f.

179 Rawls, Der Vorrang des Rechten und die Ideen des Guten, S. 364ff.

180 Taylor, Atomismus, S. 74.

181 Kersting, Einleitung, S. 12.

einer *Unparteilichkeit höherer Ordnung* beruhen.[182] Dabei soll jede ethische, politische oder religiöse Vorstellung insofern nicht unterdrückt werden, als sie die Freiheit anderer nicht beeinträchtigt.

Der amerikanische Philosoph *John Rawls* hat im Sinne des Liberalismus eine Theorie der Gerechtigkeit entworfen, die nicht als eine Ethik für Einzelmenschen und ihre Handlungen, sondern als eine Theorie der sozialen Gerechtigkeit für die Grundstruktur der Gesellschaft, die Bildung eines Systems der Zusammenarbeit für die wichtigsten gesellschaftlichen Institutionen gedacht ist. Ihm zufolge handelt es sich bei einer Institution um ein öffentliches Regelsystem, das über Ämter und Positionen mit ihren Rechten und Pflichten, Machtbefugnissen und Schutzbereich entscheidet, also auch um die wichtigsten Rechtsinstitutionen.[183] Nach Rawls' Gerechtigkeitstheorie werden sich die Grundsätze der Gerechtigkeit als Fairness[184] in einem fairen Ausgangspunkt, also dem „Urzustand" („original position") als die gerechte und beste Option unter anderen Gerechtigkeitsvorstellungen auszeichnen. Dabei hat Rawls sich einer Fiktion, nämlich des sog. „Schleiers der Unwissenheit" („veil of ignorance") bedient, um Bedürfnisse und Interessen jedes Teilnehmers des fiktiven Gesellschaftsvertrags repräsentiert zu sehen und ein faires Verfahren für die Wahl der Grundsätze der Gerechtigkeit zu gewährleisten. Nach Rawls soll niemand hinter dem Schleier der Unwissenheit seinen Platz in der Gesellschaft, seine Klasse oder seinen Status, seine natürlichen Gaben, seine Intelligenz, Körperkraft, seine Vorstellung vom Guten, die Einzelheiten seines vernünftigen Lebensplanes und die Besonderheiten seiner Psyche sowie seine Einstellung zum Risiko oder seine Neigung zu Optimismus oder Pessimismus kennen. Darüber hinaus kennt auch keine Vertragspartei die besonderen Verhältnisse in ihrer eigenen Gesellschaft, also die wirtschaftliche und politische Lage, den Entwicklungsstand ihrer Zivilisation und Kultur. Hinter diesem Schleier der Unwissenheit kann man nur über allge-

---

182 Nagel, Moralischer Konflikt und politische Legitimität, S. 327.

183 Rawls, Eine Theorie der Gerechtigkeit, S. 74. Inzwischen hat Rawls das in der *Theorie der Gerechtigkeit* erstrebte Programm, eine umfassende universalistische Gerechtigkeitstheorie zu entwerfen, aufgegeben. Nun vertritt er eine gemäßigte Auffassung, wonach im Rahmen der intuitiven Wertvorstellungen unserer politischen Kultur eine Gerechtigkeitstheorie für demokratischen Rechtsstaat aufgestellt ist. Dabei spielt die Idee des übergreifenden Konsenses (overlapping consensus) eine wichtige Rolle. Demzufolge werden die einzelnen Lehren jeweils von ihrem Standpunkt aus der politischen Konzeption in einem solchen Konsens zustimmen. Siehe Rawls, Politischer Liberalismus, S. 219ff.

184 Rawls hat zwei Grundsätze der Gerechtigkeit aufgestellt. Der erste Grundsatz ist der sog. Grundsatz der Freiheit und Gleichheit, wonach „jedermann gleiches Recht auf das umfangreichste System gleicher Grundfreiheiten haben [soll], das mit dem gleichen System für alle anderen verträglich ist". Der zweite Grundsatz, das sog. Differenzprinzip besagt: „Soziale und wirtschaftliche Ungleichheiten sind so zu gestalten, dass (a) vernünftigerweise zu erwarten ist, dass sie zu jedermanns Vorteil dienen, und (b) sie mit Positionen und Ämtern verbunden sind, die jedem offen stehen." Siehe Rawls, Eine Theorie der Gerechtigkeit, S. 81ff.

meines Wissen verfügen.[185] Durch die Konstruktion des „Schleiers der Unwissenheit“ versucht Rawls, ein faires Verfahren zur Bestimmung der Prinzipien der gerechten Gesellschaft zu formulieren. Da er die Prinzipien der Gerechtigkeit nicht von irgend einer umfassenden ethischen Lehre beeinflussen lassen und durch diese Neutralität die Legitimität gegenüber allen ethischen, religiösen und kulturellen Weltanschauungen behaupten will, hat er für die Neutralität der Gerechtigkeitsprinzipien eine Art der Kontextunabhängigkeit („Schleier der Unwissenheit“) verwendet. Dabei werden um der Neutralität willen alle ethischen Wertvorstellungen nicht in Betracht gezogen, mit der Folge, dass die derartig entstandenen Normen von ihrem sozialen Kontext abgekoppelt sind.

Obwohl der moralisch-politische Liberalismus nach einer universalistischen Rechtfertigung von Rechtsnormen verlangt, kann es nicht heißen, dass das Recht außer den universalistischen Elementen keine anderen sozial-spezifischen Merkmale enthielte. Rechtliche Regeln sind nämlich aus den Rahmenbedingungen jeweiliger Gesellschaft entstanden und sind auch mit ihrer Ursprungsgesellschaft eng verbunden.[186] Der Liberalismus verneint nicht die Existenz vielfältiger ethischer, religiöser und kultureller Wertgemeinschaften. Er verlangt von den Mitgliedern einer Gesellschaft nicht, ihr Leben und Handeln im sozialen Kontext nach extrem unparteilichen Prinzipien zu führen. Was er behauptet, ist lediglich, dass zwischen ethischen persönlichen Werten und moralischen allgemeinen Normen unterschieden werden muss.

Innerhalb des Rahmens des Rechts können zwar verschiedene inkompatible ethische Werte koexistieren, als die Basis des Rechts können jedoch lediglich allgemeine Prinzipien und Normen herangezogen werden.[187] Folglich müssen das Recht, das politische System und andere soziale Institutionen so neutral sein, dass sich jedes Individuum mit seinen moralischen, religiösen und politischen Vorstellungen entfalten kann, ohne diskriminiert zu werden. Das Recht darf also keiner bestimmten ethischen Überzeugung Vorzug gewähren, andernfalls würde es die Autorität gegenüber anderen ethischen Vorstellungen verlieren. Demzufolge sollten die Rahmenbedingungen, innerhalb deren wir unser ethisches Leben führen und eventuell mit anderen in Fragen der Werte in Konflikt geraten können, unparteiisch begründet werden, damit die mit der Gewalteinsetzung verbundene Konfliktlösung gegenüber allen Parteien der Konflikte gerechtfertigt werden kann.[188] „Die Identität der *Rechtsperson* stellt sozusagen die *äußere abstrakte Hülle* der *ethischen Person* dar“.[189] Sie schützt insofern die partikulare Identität einer Person, als ein die Neutralität verbürgender rechtlicher Schutz der ethischen Person bei Konflikten mit anderen gewährt wird.

---

185 Rawls, Eine Theorie der Gerechtigkeit, S. 159ff. Zum Begriff des „Urzustands“ siehe auch Rawls, Gerechtigkeit als Fairneß. Ein Neuentwurf, S. 132ff.

186 Höffe, Vernunft und Recht, S. 163f.

187 Forst, Kontexte der Gerechtigkeit, S. 56ff.

188 Nagel, Moralischer Konflikt und politische Legitimität, S. 356.

189 Forst, Kontexte der Gerechtigkeit, S. 48.

3.3.2. Die Abhängigkeit des Rechts von der Gemeinschaft

Aus kommunitaristischer Sicht hat die Modernisierung der Gesellschaft zunehmende *Individualisierung*, *Atomisierung* und *Entsolidarisierung* von Menschen zur Folge. Dies bedeutet nichts anderes als *Entfremdung*, *Isolierung* und *Fragmentierung* vom Individuum.[190] Für Kommunitaristen kann allein die Gewährleistung individueller Rechte den Stand der Gesellschaft nicht aufrechterhalten. Umgekehrt, sollten individuelle Rechte hinreichend geschützt werden, seien bestimmte Bedingungen unabdingbar, welche die Existenz einer substanziellen Gemeinschaft voraussetzten. Die liberalistischen Theorien vernachlässigten die Tatsache, dass Staatsbürger um des Gemeinwohls willen immer ein Ethos politischer Gemeinschaftlichkeit brauchten. Die individuelle Selbstbestimmung darf dem substantiellen Kommunitarismus zufolge nicht verabsolutiert werden. Überkommene Institutionen und tradierte Lebensweisen implizierten mehr Vernünftigkeit und Zweckmäßigkeit, als das Individuum durch seine Vernunft nachvollziehen könnte.[191] Aus liberalistischer Sicht wird die Politik nur zur Durchsetzung von Privatinteressen gegenüber dem Staatsapparat instrumentalisiert. Hingegen spielt die Politik vom kommunitaristischen Gesichtspunkt aus eine konstitutive Rolle für den Vergesellschaftungsprozess. Sie dient nämlich dazu, über den Sinn des sittlichen Gemeinschaftslebens zu reflektieren.[192] Mit anderen Worten, die Gemeinschaft enthalte mehr als eine Zusammensetzung von Individuen und könne nicht nur als ein Instrument zur Verwirklichung individueller Interessen angesehen werden. Demzufolge haben gemeinschaftliche Werte einen Eigenwert und sind individuellen Rechten nicht untergeordnet.

Nach dem Kommunitarismus genießt das freie Individuum seine Rechte nur dank seiner Beziehung zu einer entwickelten liberalen Zivilisation. Im Gegensatz zum Liberalismus, wonach allein die abstrakte Freiheit zu allem im Vordergrund steht, sind für den Kommunitarismus die Freiheit zur Bindung in gemeinschaftlichen Lebensformen und die Persönlichkeitsentfaltung in Gemeinschaften die wichtigsten Elemente des menschlichen Lebens. Da ohne bestimmte soziale Bedingungen individuelle Freiheit nicht existieren kann, ist die Pflicht zur Aufrechterhaltung solcher sozialen Bedingungen um der Garantie der individuellen Freiheit willen unerlässlich. Die Inanspruchnahme von Rechten soll demnach die *Verpflichtung* mit sich bringen, die die individuelle Identität ermöglichende Gesellschaft aufrechtzuerhalten und zu vervollkommnen. Demnach ist der Begriff der Pflicht aus dem Begriff der Freiheit abzuleiten.[193] Mit anderen Worten, um individuelle Freiheit zu genießen, werden bestimmte soziale Bedingungen vorausgesetzt. Da soziale Pflichten aber gerade aus der

---

[190] Brugger, AöR 123 (1998), S. 338f.
[191] Brugger, AöR 123 (1998), S. 345.
[192] Habermas, Faktizität und Geltung, S. 326f.
[193] Taylor, Atomismus, S. 103f.; Gutmann, ARSP 83 (1997), S. 44.

Sicherstellung dieser sozialen Bedingungen resultieren, sind sie als Voraussetzungen individueller Freiheit anzusehen.

Ausgehend von der Abhängigkeit individueller Rechte und damit des Rechtssystems von einer bestimmten Gemeinschaft ist die Legitimationsgrundlage des Rechts aus kommunitaristischer Sicht immer auf eine Gemeinschaft angewiesen, also partikularer Natur. Das neutrale Recht, das von einem unparteilichen Standpunkt aus eine universale Geltung beanspruchen darf, sei nur eine Illusion.[194] Das Recht ist für den Kommunitarismus immer in den sozialkulturellen Kontext eingebettet. Ohne diesen sozial-kulturellen Hintergrund könnten rechtliche Normen ihren Sinn nicht erhalten. Ausgehend von der Auffassung, dass das Rechtsystem auf eine bestimmte Gemeinschaft angewiesen ist, neigt der Kommunitarismus dazu, ein das ganze Gemeinwesen beherrschendes homogenes Überzeugungssystem zu befürworten. Dies liegt daran, dass die Rechtsordnung sich demnach nur mit Unterstützung eines homogenen Überzeugungssystems stabilisieren könne. Dementsprechend wird das „allgemeine Gesetz" als das allgemein *akzeptierte* Gesetz interpretiert. Dabei ist das Problem eingetreten, dass die Mehrheitsmeinung der Gesellschaft mit den legitimen Gemeinschaftswerten gleichgesetzt wird. Demzufolge würde die Toleranz lediglich bedeuten, dass die Mehrheit die Existenz der Minderheit *duldet*. Von einer Gleichberechtigung kann keine Rede sein. Die Minderheit wird nämlich als das „Abnorme", von der Norm Abweichende, die Norm Negierende gebrandmarkt und mithin als „Ausnahmeerscheinung" angesehen.[195]

Gelegentlich könnten die Wahrung der kollektiven Identität und das Überleben einer Kultur mit den individuellen Rechten in Widerspruch geraten. In diesem Fall muss dann entschieden werden, ob der kollektiven Identität und somit der Gemeinschaft oder den individuellen Rechten der Vorrang eingeräumt werden soll. Aus kommunitaristischer Sicht sollten individuelle Rechte nicht, wie der Liberalismus behauptet, den Vorrang vor Gemeinschaftswerten haben. Im Gegenteil, das Überleben einer Gemeinschaft und ihrer Kultur sei viel wichtiger als die Garantie individueller Rechte.[196] Der Versuch des Kommunitarismus, die „Politik der Rechte" durch eine „Politik des gemeinsamen Guten" zu ersetzen, verkennt die Tatsache, dass zwar ein System zum Schutz der individuellen Rechte keine *hinreichende* Bedingung für eine gute Gesellschaft ist. Daraus kann jedoch nicht gefolgert werden, dass es als eine *notwendige* Bedingung derselben in Frage gestellt werden kann.[197] Da die kommunitaristische Rechtsauffassung von der Gemeinschaftsgebundenheit des Rechts ausgeht und folglich Gemeinschaftswerte als Maßstab zur Bewertung der Gerechtigkeit rechtlicher Normen verwendet, könnte die Mehrheitsmeinung einfach als „die

---

194 Nickel, Gleichheit in der Differenz?, S. 398.

195 Denninger, KJ 1995, S. 429.

196 Taylor, Charles, Multikulturalismus und die Politik der Anerkennung, S. 55f. Kritisch Habermas, Anerkennungskämpfe im demokratischen Rechtsstaat, S. 151ff.

197 Gutmann, ARSP 83 (1997), S. 64.

echte Gemeinschaftswertvorstellung“ angesehen werden. Dadurch verfehlt das Recht gerade seine Funktion, die Rolle als Schiedsrichter zwischen unterschiedlichen Wertvorstellungen zu spielen und keine Partei, insbesondere die Mehrheit der Gesellschaft zu privilegieren.

3.3.3. Die Legitimation des Rechts durch Konsens

Obwohl die Diskurstheorie von der universalen Begründung moralischer Normen ausgeht und somit eine universale Moraltheorie vertritt, stehen ihr zufolge rechtliche Normen nicht auf dem gleichen Abstraktionsniveau wie moralische Normen und sind mit ihnen nicht gleichzusetzen. Im Vergleich zu moralischen Diskursen beruht die Legitimation von Rechtsnormen nicht nur auf der moralischen Richtigkeit, sondern auch auf der Plausibilität der Informationen und ihrer Verarbeitung, der Angemessenheit der Situationsdeutung und der Authentizität der ethischen Wertungen sowie der Fairness der strategischen Kompromissbildung. Im Prozess der Rechtsetzung werden gleichsam neben moralischen Überzeugungen auch ethische Gründe und pragmatische Abwägungen herangezogen. Da in den juristischen Diskurs neben den rechtsimmanenten Gründen auch die moralischen, ethischen, empirischen und pragmatischen Gründe eingebracht werden können, ist die juristische Argumentation komplexer als die moralische Argumentation.[198]

Die auf einer deontologischen Normtheorie beruhende Diskurstheorie macht einen Unterschied zwischen Rechtsnormen und Moralnormen. Während sich moralische Normen mit einem universalen Geltungsanspruch unabhängig von sozialem Raum und historischer Zeit allgemein an alle *natürlichen Personen* in ihrer Lebenswelt, also an die Menschheit als solche richten, sind rechtliche Normen nur an die Mitglieder einer in einem bestimmten Raum und Zeit befindlichen Rechtsgemeinschaft adressiert und haben somit auch der Partikularität der betreffenden Rechtsgemeinschaft zu entsprechen. Im Vergleich zu moralischen Normen, die einen Anspruch auf gleichmäßige Berücksichtigung von Interessen aller erheben, fließen in den rechtlichen Diskurs unvermeidlich die Zielsetzungen des politischen Willens einer Gesellschaft. In rechtlichen Normen ist nämlich immer ein *partikularer Wille* einer bestimmten Rechtsgemeinschaft vorhanden. Jede einzelne Rechtsordnung ist folglich nicht nur Inbegriff der universellen Grundrechte, sondern auch der Ausdruck einer

[198] Habermas, Faktizität und Geltung, S. 285f., 344f. Deshalb lehnt Habermas die sog. Sonderfallthese ab, wonach juristische Diskurse als ein Sonderfall moralischer Diskurse oder moralischer Anwendungsdiskurse angesehen werden. Zum ersteren Fall siehe Alexy, Theorie der juristischen Argumentation, S. 261ff., 426ff.; zum letzteren Fall siehe Günther, Der Sinn für Angemessenheit, Frankfurt a. M. 1988.

partikularen Lebensform.[199] Rechtsnormen erheben gleichsam nicht nur einen Anspruch auf allgemeine Richtigkeit, sondern zielen auch auf Gemeinwohlverträglichkeit von Teilinteressen ab.

Wegen der komplexen Eigenschaft des Rechts, das sowohl den Anspruch auf moralische Richtigkeit erhebt, als auch partikularen Bedingungen der Gesellschaft entsprechen muss, können sogar die Menschenrechte, die in einem konkreten Kontext verwirklicht werden müssen, die universale Gültigkeit nicht beanspruchen. Es besteht nämlich immer eine Spannung zwischen den Menschenrechten im universellen Sinne und den lokalen Bedingungen ihrer Verwirklichung. Entgegen der Auffassung des Liberalismus sind Menschenrechte, Habermas zufolge, nicht als unabhängig von Zeit und Ort existierende moralische Gegebenheit zu verstehen. Vielmehr sind sie Konstrukte und bedürfen als juristische Rechte immer der Positivierung in einer Rechtsgemeinschaft.[200] Nach dem Gesagten können Menschenrechte als subjektive Rechte, die gegenständlich und material-inhaltlich gestaltet sind, nicht universal und allgemeingültig sein. Sie besitzen vielmehr im Laufe des Konkretisierungsprozesses der Menschenrechtsidee eine historisch-kulturelle Relativität. Universal und interkulturell gültig kann lediglich das Menschenrechtsprinzip in dem Sinne sein, dass es als subjektrechtliches Prinzip das kategorische Formgehalt der Selbstbestimmung oder Selbstgesetzgebung hat und keiner vorgegebenen Wertordnung und absoluten Kenntnislage unterworfen ist.[201] Mit anderen Worten, allgemeingültig kann nur die Kategorie des richtigen, gerechten Rechts (hier Menschenrechte), jedoch nicht ihre Anwendung sein. Dazu sagte auch *Gustav Radbruch*: „Demgemäß kann zwar der Frage nach dem „natürlichen", d.h. dem richtigen Rechte Allgemeingültigkeit, jeder ihrer Beantwortungen aber nur für einen gegebenen Gesellschaftszustand, nur für eine bestimmte Zeit und für ein bestimmtes Volk Geltung zugestanden werden."[202]

Nach Habermas lässt sich die Gültigkeit der Rechtsnormen nicht durch die *logisch-semantischen* Eigenschaften der *allgemeinen Gesetze* begründen. Eine Norm im Interesse aller Betroffenen muss sich auf die rationale Akzeptabilität berufen, die unter den pragmatischen Bedingungen von Diskursen zustande gekommen ist. Demzufolge ist ein vernünftiger Diskurs sowohl von Interessen und Zielen der Diskursteilnehmer als auch von vernünftigen Argumentationsbedingungen abhängig. „Der öffentliche Diskurs ist die vermittelnde Instanz zwischen Vernunft und Willen."[203] Dieser Aussage zufolge besteht ein interner Zusammenhang zwischen *Menschenrechten* und *Volkssouveränität*. Die Aus-

---

199 Habermas, Faktizität und Geltung, S. 188ff.; Habermas, Anerkennungskämpfe im demokratischen Rechtsstaat, S. 167; Habermas, Zur Legitimation durch Menschenrechte, S. 172; Forst, Kontexte der Gerechtigkeit, S. 53.

200 Habermas, Zur Legitimation durch Menschenrechte, S. 177, 183.

201 Vgl. Köhler, Zur Universalität der Menschenrechte, S. 87ff.

202 Radbruch, Rechtsphilosophie, S. 22.

203 Habermas, Volkssouveränität als Verfahren, S. 614.

übung der Menschenrechte bedarf also eines Modus der Ausübung politischer Autonomie. Nicht die Form der allgemeinen Gesetze, sondern die *Kommunikationsform diskursiver Meinungs- und Willensbildung* garantiert die Menschenrechte.[204] Dabei wird es klar, dass die Diskurstheorie im Vergleich zum Liberalismus, der die Universalität des Menschenrechtsprinzips durch einen neutralen unparteiischen Standpunkt, also in einer *monologischen* Weise zu begründen versucht, den universalen Geltungsanspruch des Menschenrechtsprinzips dialogischerweise auf den universalen Diskurs mit Einbeziehung aller Betroffenen abstellt.

Um das diskurstheoretische Konzept des Demokratieprinzips klarzustellen, ist es nützlich, es mit anderen Interpretationen der Demokratie zu vergleichen. Aus liberalistischer Sicht besteht das Ziel des demokratischen Prozesses darin, Interessen von Privatpersonen auszugleichen und zu einem fairen Kompromiss zu gelangen. Im Gegensatz dazu behauptet der Kommunitarismus, dass demokratische Willensbildung in einer Form der ethisch-sittlichen Selbstverständigung erfolgen muss. Die Demokratie müsse demzufolge auf einem sittlichen Hintergrundkonsens von Bürgern beruhen. Die Diskurstheorie übernimmt Gesichtpunkte von beiden Positionen und bildet den Begriff einer idealen Prozedur für Beratung und Beschlussfassung. Demzufolge stellt „dieses demokratische Verfahren [...] einen internen Zusammenhang zwischen pragmatischen Überlegungen, Kompromissen, Selbstverständigungs- und Gerechtigkeitsdiskursen her und begründet die Vermutung, dass unter Bedingungen eines problembezogenen Informationszuflusses und sachgerechter Informationsverarbeitung vernünftige bzw. faire Ergebnisse erzielt werden".[205]

Wie oben dargestellt, liegt die Legitimität von Rechtsnormen nach der prozeduralen Diskurstheorie in der Vernünftigkeit des demokratischen Verfahrens politischer Gesetzgebung. Durch einen kommunikativen Prozess der Rechtsnormsetzung, der Gründe und Gegen-Gründe für einen Normvorschlag argumentativ einbezieht, lässt sich eine Norm vorläufig legitimieren. Diese vorläufig legitimierte Norm gilt, solange sie im nächsten Diskurs nicht durch neue Gegen-Gründe aufgehoben wird. Das Recht, Argumente gegen eine bestehende Norm weiter in den Normsetzungsprozess einzubringen, soll nicht durch die Befolgungspflicht gegenüber dieser Rechtsnorm eingeschränkt werden. Entsprechend dieser demokratischen Auffassung der Diskurstheorie des Rechts darf das Individuum nicht nur als Adressat der Gesetze in Gestalt der *Rechtsperson* behandelt werden. Vielmehr sollte das Individuum als Autor der Gesetze, also *Staatsbürger* im demokratischen Rechtsstaat eine wichtige Rolle spielen. Demnach sind die *Privatautonomie* und gleiche subjektive Rechte von Privatperson auf gemeinsame Ausübung der *öffentlichen Autonomie* angewiesen. Das legitime Recht basiert darauf, dass die Privatautonomie der gleichbehandelten Normadressaten mit der öffentlichen Autonomie der gleichberechtigten Staats-

---

[204] Habermas, Faktizität und Geltung, S. 133.
[205] Habermas, Zur Legitimation durch Menschenrechte, S. 359f.

bürger als seiner Autoren im Einklang steht.[206] Dabei wird der Zusammenhang zwischen der privaten und öffentlichen Autonomie in der Diskurstheorie des Rechts besonders hervorgehoben. Zwischen Rechtsstaat und Demokratie besteht nämlich ein notwendiger Zusammenhang. Die Idee des Rechtsstaates kann also ohne Demokratie nicht gedacht werden.

3.4. Universale Rechtsnormen in der Völkergemeinschaft

Nachdem wir anhand der Positionen von Liberalismus, Kommunitarismus und Diskurstheorie den Zusammenhang zwischen Rechtsnormen und ihrem sozialen, kulturellen Kontext sowie die Problematik universal gültiger Rechtsnormen besprochen haben, werden wir im folgenden im internationalen Kontext überprüfen, ob und ggf. wie Rechtsnormen auf Grund der Universalität insbesondere unabhängig vom nationalen Kontext eine internationale Verbindlichkeit beanspruchen dürfen.

Im Gegensatz zum abstrakten liberalistischen Kosmopolitismus hält der Kommunitarismus die lebensweltliche Konkretheit und kulturelle Besonderheit in bezug auf politisches Engagement und normative Verpflichtungen für unverzichtbar. Da zwischen den verschiedenen inkommensurablen substantiellen Gemeinschaften keine kontextunabhängigen Normen zu begründen wären, müsste entweder Interessenausgleich durch Verhandlung oder Unterdrückung der einen Kultur durch andere zur Austragung internationaler Konflikte in Überlegung gezogen werden. Man kann sagen: „Interessen lassen sich verhandeln, über Normen lassen sich Begründungsdiskurse führen, Weltbilder entziehen sich beidem."[207]

Die kommunitaristische Auffassung über Staat und Rechtsordnung geht demzufolge von einer ethischen Substanz der Gesellschaft aus. Daher behauptet sie, dass nur durch Affinität von Gemeinschaftsmitgliedern der Staat und die Rechtsordnung ihre Funktion wahrnehmen könnten. Über diese Innenperspektive hinaus soll ein Staat gegenüber anderen Staaten und Völkern eine Distanz und Differenz haben, um seine Identität und Funktionstüchtigkeit zu bewahren.[208] Da die kommunitaristische Rechtsauffassung gemeinschaftsbezogen ist, stellt sie hinsichtlich des Geltungsumfangs eine bescheidene Position dar. Das Recht sei immer ein spezifisches Recht für eine bestimmte Rechtsgemeinschaft. Die Möglichkeit universal gültiger Rechtsnormen wird demzufolge entschieden abgelehnt. Folglich entwickelt der Kommunitarismus im Gegensatz zum Liberalismus kein Egalisierungsprogramm, sondern ein „kluges Fremdheitsmanage-

---

206 Habermas, Anerkennungskämpfe im demokratischen Rechtsstaat, S. 153; Habermas, Faktizität und Geltung, S. 13, 500; Günther, Der strafrechtliche Schuldbegriff als Gegenstand einer Politik der Erinnerung in der Demokratie, S. 73ff.

207 Gutmann, ARSP 83 (1997), S. 62.

208 Brugger, AöR 123 (1998), S. 348.

ment", das genau zwischen Eigenem und Fremdem unterscheidet und eine rationale Koexistenzform vorschlägt.[209] Demnach gibt es in der Staatengemeinschaft (in einem nicht substantiellen Sinne) kein universal gültiges Weltrecht, vielmehr ist lediglich eine kluge, situationsabhängige Politik erforderlich.

Entgegen dem Kommunitarismus sind universal gültige Rechtsnormen für den Liberalismus nicht nur möglich, sondern gar wünschenswert. Im folgenden werden wir dies an Beispielen der Theorien zur Begründung universaler Rechtsnormen von *John Rawls* und *Otfried Höffe* erläutern. Dabei wird es sich zeigen, dass die liberalistische Rechtsauffassung insbesondere auf einem Konzept der Neutralität beruht.

Rawls hat in seinem Buch „The Law of Peoples"[210] die Gerechtigkeitstheorie, die er in „A Theory of Justice" entwickelt hat, auf die globale Ebene übertragen. In der Theorie des Rechts der Völker werden also *Völker* analog Bürgern der heimischen Gesellschaft als Akteure der Völkergemeinschaft angesehen.[211] Der Grund dafür, dass Rawls nicht den Begriff „Staaten", sondern „Völker" in seiner Theorie verwendet, liegt darin, dass er die zwei im herkömmlichen Völkerrecht anerkannten Befugnisse des souveränen Staates, nämlich die Kriegsführung als legitimes Mittel der staatlichen Politik und die unbeschränkte innere Autonomie zur Behandlung eigenen Volkes, ablehnt und insbesondere den moralischen Charakter und die annehmbar gerechte oder achtbare Natur der politischen Ordnungen von Völkern hervorhebt.[212]

Für das Recht der Völker hat Rawls acht Grundsätze aufgestellt:[213] 1. Gewährleistung der Freiheit und Unabhängigkeit der Völker. 2. Verträge und eingegangene Verpflichtungen müssen erfüllt werden. 3. Völker sind gleich und müssen an Übereinkünften, die sie binden sollen, beteiligt sein. 4. Pflicht der Nichteinmischung. 5. Recht auf Selbstverteidigung, aber zugleich Verbot der Kriegsführung aus anderen Gründen. 6. Achtung der Menschenrechte. 7. Einschränkung der Mittel und Methoden der Kriegsführung. 8. Pflicht zur Hilfeleistung für andere Völker, wenn sie sich selbst keine gerechte oder achtbare politische und soziale Ordnung schaffen können. Dabei spielen Menschenrechte im Recht der Völker eine besonders wichtige Rolle.[214] Das sind nämlich Menschenrechte, die einerseits die Formen der Kriegsführung und sogar Kriege an sich einschränken. Das heißt, der Krieg ist aus menschenrechtlicher Sicht kein legitimes Mittel zur Verwirklichung der politischen Ziele und kann lediglich zum Zweck der Selbstverteidigung oder zum Schutz der Menschenrechte in

---

209 Kersting, Einleitung, S. 12f.

210 Rawls, The Law of Peoples, Cambridge, MA 1999 (dt.: Das Recht der Völker, Berlin/New York 2002).

211 Rawls, Das Recht der Völker, S. 26ff. Die Anwendung der Rawlsschen Theorie auf die globale Ebene siehe auch Schaber, Globale Gerechtigkeit, S. 67, der hingegen das Individuum als der Akteur und Adressat bei der Frage internationaler Gerechtigkeit ansieht.

212 Rawls, Das Recht der Völker, S. 28ff.

213 Rawls, Das Recht der Völker, S. 41.

214 Rawls, Das Recht der Völker, S. 97.

Form der Intervention geführt werden. Andererseits kann aufgrund des Schutzes der Menschenrechte die interne Autonomie eines Regimes beschränkt werden. Demzufolge können bestimmte Normen hinsichtlich der Menschenrechte entgegen der Staatssouveränität eine universale Geltung beanspruchen.

Für eine ideale Theorie des Rechts der Völker kommen Rawls zufolge sowohl vernünftige liberale Völker als auch achtbare („decent"), aber nicht liberale Völker in Betracht. Die beiden Arten Völker werden von Rawls zusammen als „wohlgeordnete (well-ordered) Völker" bezeichnet. Ein liberales Volk ist wie zuvor gesagt dasjenige, das die in der Theorie der Gerechtigkeit entwickelten Gerechtigkeitsgrundsätze akzeptiert und befolgt. Im Vergleich dazu weist ein achtbares Volk hauptsächlich die folgenden Merkmale auf:[215] 1. Das Volk soll auf Aggression verzichten und seine legitimen Ziele durch friedliche Mittel erreichen. Es soll also politische und soziale Ordnung anderer Völker achten. 2. Sein Rechtssystem soll in Übereinstimmung mit seiner Gemeinwohlvorstellung der Gerechtigkeit für alle Mitglieder des Volkes Menschenrechte gewährleisten. 3. Das Rechtssystem des achtbaren Volkes erlegt allen Personen auf dem Territorium des Volkes die von den Menschenrechten unterschiedenen moralischen *bona-fide*-Pflichten und Verpflichtungen auf. 4. Die Rechtsanwender sollen aufrichtig und nicht unbegründet davon überzeugt sein, dass das Recht tatsächlich von einer Gemeinwohlvorstellung der Gerechtigkeit geleitet ist.

Obwohl ein achtbares Volk nicht liberal ist, aber wenn es als ein *bona-fide*-Mitglied in einer politisch vernünftigen Gesellschaft der Völker anerkannt ist, sollte es „toleriert" werden. Das Recht der Völker würde also nicht nur von liberalen, sondern auch von nicht-liberalen, jedoch achtbaren Völkern befolgt.[216] Außer den liberalen und achtbaren Völkern hat Rawls noch Schurkenstaaten, durch ungünstige Umstände belastete Gesellschaften und wohlwollenden Absolutismus genannt. Da sie die Grundsätze des Rechts der Völker nicht akzeptieren und befolgen wollen oder können, brauche man eine nicht-ideale Theorie mit dem Ziel, den in der idealen Theorie beschriebenen Zustand durch andere Mittel als freiwillige Vereinbarung Schritt für Schritt zu erreichen.[217]

Um die Grundsätze des Rechts der Völker zu begründen, greift Rawls wieder auf das Modell des „Schleiers der Unwissenheit" zurück. Dabei wird im Vergleich zur Rechtfertigung der innergesellschaftlichen Gerechtigkeitsgrund-

---

215 Rawls, Das Recht der Völker, S. 79ff. Zu den Merkmalen der wohlgeordneten Gesellschaft aus innengesellschaftlicher Sicht: 1. Alle Bürger der Gesellschaft akzeptieren die gleichen Gerechtigkeitsgrundsätze und erkennen dies voreinander an. 2. Es ist von der Grundstruktur der Gesellschaft öffentlich bekannt oder wird mit guten Gründen darauf vertraut, dass sie diesen Grundsätzen genügt. 3. Die Bürger haben einen normal wirksamen Gerechtigkeitssinn, der sie befähigt, Gerechtigkeitsgrundsätze zu verstehen, anzuwenden und in der Regel ihnen entsprechend zu handeln. Siehe Rawls, Der Vorrang des Rechten und die Ideen des Guten, S. 387f.; Rawls, Politischer Liberalismus, S. 105, 300.

216 Rawls, Das Recht der Völker, S. 2, 77f.

217 Rawls, Das Recht der Völker, S. 2, 78, 113ff.

sätze ein zweistufiges Modell verwendet. Zunächst versucht Rawls sicherzustellen, dass die liberalen Völker den acht Grundsätzen des Rechts der Völker hinter dem „Schleicher der Unwissenheit" zustimmen würden. Dabei kennen die Völker weder die Größe des Territoriums und der Bevölkerung noch die Stärke der Völker und den Stand ihrer natürlichen Ressourcen und ihre wirtschaftliche Entwicklungsstufe.[218] Nach dem Zustandekommen der Übereinkunft über diese Grundsätze unter den liberalen Völkern versucht Rawls auf der zweiten Stufe zu zeigen, dass die achtbaren, aber nicht-liberalen Völker hinter dem Schleier der Unwissenheit den Grundsätzen des Rechts der Völker auch zustimmen würden.[219] Alles in allem will Rawls ein universal gültiges Recht der Völker dadurch begründen, dass es nicht nur von liberalen Völkern, sondern auch von den achtbaren, jedoch nicht-liberalen Völkern, also insgesamt von den wohlgeordneten Völkern akzeptiert würde. Ein solches Recht der Völker beruht auf der von jedem historischen, sozialen und kulturellen Kontext unabhängigen Neutralität und könne dementsprechend eine universale Gültigkeit beanspruchen.

Die liberalistische Begründung universal gültiger Rechtsnormen können wir an einem anderen Beispiel, nämlich der Theorie des Weltrechts von Höffe noch klarer machen. Höffe zufolge beruht die Legitimationsgrundlage des Rechts als solches nicht auf kulturspezifischen, eurozentrischen, sondern auf interkulturellen Grundlagen. Dabei sind die Emanzipation von kulturspezifischen Prämissen und die Hervorhebung der interkulturellen Gemeinsamkeit besonders hervorzuheben. Bei der Begründung der universalen Menschenrechte zum Beispiel hat sich Höffe einer *anthropologischen Begründungsstrategie* bedient. Anstatt von einer anspruchsvollen teleologischen Anthropologie, die von den Kommunitaristen vertreten ist, geht er von einer anspruchsloseren Anthropologie aus, die lediglich das für Menschenleben Wesentliche zur Grundlage nimmt. Der Vorteil dieser Minimumanthropologie liegt darin, dass sie leicht von jedem Menschen und jeder Kultur akzeptiert würde. Es ist also ganz und gar natürlich, „bevor man sich um die Chancen der Selbstverwirklichung kümmert, sorge man für die Grundbedingungen des Menschseins".[220] Nach Höffe beruht der Schutz solcher „transzendentalen Interessen"[221] auf einer „Tauschgerechtigkeit".[222] Dabei ist

---

218 Rawls, Das Recht der Völker, S. 36.

219 Rawls, Das Recht der Völker, S. 84ff.

220 Höffe, Vernunft und Recht, S. 64ff., 72.

221 „Als transzendental ist das anzusprechen, was man bereits implizit bejaht, insofern immer schon will, wenn man irgend etwas will; transzendental heißen die Bedingungen dafür, dass man gewöhnliche Interessen überhaupt haben und verfolgen kann." Dabei beruhen Menschenrechte auf dem Wesen der Menschen, namentlich Leib und Leben, Sprache und Vernunft sowie einer generellen Sozialfähigkeit und einer spezifischen Politikfähigkeit. Siehe Höffe, Vernunft und Recht, S. 77f.; Höffe, Transzendentaler Tausch. Eine Legitimationsfigur für Menschenrechte, S. 32ff.; Höffe, Gibt es ein interkulturelles Strafrecht?, S. 53.

222 Zu kritischen Auseinandersetzungen mit Höffes Theorie der Tauschgerechtigkeit siehe Kersting (Hg.), Gerechtigkeit als Tausch?, Frankfurt a. M. 1997.

der Tausch als eine Art *negativen Tauschs* zu verstehen. Das bedeutet, dass „man das eigene Interesse nur durch eine negative Leistung verwirklichen kann, die die anderen erbringen". „Die eigene Fähigkeit, Täter zu sein, tauscht man für das Interesse ein, fremder Gewalt nicht zum Opfer zu fallen."[223] Mit anderen Worten, die Legitimität der Rechtsnormen zum Schutz der wichtigsten menschlichen Interessen liegt darin, dass durch die gegenseitige Gewährung, sich einander nicht zu verletzen, eigene Interessen geschützt werden.

Nach dem Versuch, ein universales Weltrecht und die universal gültigen Menschenrechte zu begründen, hat Höffe am Beispiel des Strafrechts die auf einer *negativen Anthropologie* beruhende, universal gültige Tauschgerechtigkeit veranschaulicht. Er macht geltend, dass wegen der Gewaltfähigkeit, der Verletzbarkeit und des Mangels an Gewalthemmung gegen seinesgleichen von Menschen die transzendentalen Interessen von Menschen ohne Schutzmaßnahmen nicht gewährleistet werden können. Dies führt dazu, dass zum Schutz solcher Interessen ein negativer Tausch, also der gegenseitige Gewaltverzicht unabdingbar ist. Das Strafrecht und die Bestrafung werden deswegen gerechtfertigt, dass dem Verstoß gegen derartige Tauschgerechtigkeit entgegengewirkt werden muss.[224] Dementsprechend sieht Höffe im Strafrecht ein unverzichtbares Element einer menschenrechtsverpflichteten Selbstorganisation der Gesellschaft. Dabei wird das Strafrecht als Schutzschild der Menschenrechte und Ausdruck der Verbundenheit der Gesellschaft mit Opfern von Menschenrechtsverletzungen angesehen.[225] Da das Strafrecht vom Schutz der universalen Menschenrechte abzuleiten ist, ist seine Existenz auch universal legitimiert. Es ist unvorstellbar, dass eine Nation und Kultur ohne das Strafrecht zum Schutz der transzendentalen Interessen, also der Menschenrechte und ihres Fortbestands auskommen könnte.

Aufbauend auf der universalen, kulturunabhängigen Begründung der Menschenrechte und ihrer notwendigen strafrechtlichen Schutzwürdigkeit versucht Höffe ein *Weltstrafrecht* zu begründen. Dabei handelt es sich um bestimmte Strafrechtsnormen, die unabhängig von kulturellen Differenzen zwischen verschiedenen Rechtsordnungen einen universalen Geltungsanspruch erheben dürfen. Solche Strafrechtsnormen, auch *Kernstrafrecht* genannt, sind insbesondere unerlässlich, wenn es sich dabei um die strafrechtliche Behandlung des „Fremden" handelt. Die anzuwendenden Strafrechtsnormen müssen bei solchen Fällen nämlich unabhängig von einer bestimmten Rechtsvorstellung eine interkulturell gültige Legitimationsgrundlage aufweisen können.[226] Die Strafwürdigkeit und -notwendigkeit der Verbrechen im Kernstrafrecht, für die Höffe namentlich Terrorismus, Völkermord, Verbrechen gegen die Menschlich-

---

223 Höffe, Vernunft und Recht, S. 73ff. Siehe auch Höffe, Politische Gerechtigkeit, S. 382ff.; Höffe, Gibt es ein interkulturelles Strafrecht?, S. 55f.

224 Höffe, Vernunft und Recht, S. 35.

225 Höffe, Gibt es ein interkulturelles Strafrecht?, S. 8.

226 Höffe, Proto-Strafrecht, S. 309.

keit und Kriegsverbrechen erwähnt, soll demnach international anerkannt sein. Unabhängig von einzelnen Rechtsordnungen sollten solche Kernstraftaten also nicht straflos bleiben.[227] Dementsprechend behauptet Höffe, dass die Strafjustiz aufgrund der universalen Gültigkeit solcher Deliktstatbestände ihren Anspruch an Menschen aller Kulturen stellen darf, damit die universal gültigen Menschenrechte strafrechtlich geschützt werden können.[228] Mit anderen Worten, entsprechend den universal anzuerkennenden Menschrechten gibt es bestimmte Strafrechtsnormen, die international anerkannt und universal gültig sein sollten.

Wie oben dargestellt, beruft sich die liberalistische Begründung universal gültiger Rechtsnormen hauptsächlich auf einen kontextfreien Ausgangspunkt, sei es den „Schleier der Unwissenheit" von Rawls, sei es die „negative Anthropologie" von Höffe. Dabei tritt das Problem ein, dass die universal zu begründenden Rechtsnormen auf der *monologischen* Vorstellung eines idealen Beobachters beruhen könnten. Die tatsächlichen Interessen und Rechtsvorstellungen unterschiedlicher Nationen und Kulturen können durch einen derartigen Monolog nicht ausgedrückt werden. Die Begründung von Normen soll also kein neutrales Unterfangen sein, vielmehr sollte immer eine intersubjektive Rollenübernahme vorausgesetzt werden.[229] Das heißt, selbst bei den Menschenrechten, die auf einem Konzept der Einheit der menschlichen Gattung beruht, darf die aus der kulturellen Vielfalt entstandene Differenzierung der Rechtsordnungen nicht unberücksichtigt bleiben.[230] Demzufolge darf eine die universale Geltung beanspruchende Rechtsnorm hinsichtlich der wirklichen Differenzen der Rechtsordnungen nicht auf einer blinden Neutralität beruhen, vielmehr soll sie durch einen dialogischen Prozess zwischen verschiedenen Staaten und Rechtskulturen gestaltet werden.

Obwohl der Diskurstheorie zufolge Rechtsnormen von einer Rechtsgemeinschaft nicht zu trennen sind, muss dies nicht heißen, dass sie sich auf einen Staat oder eine Kultur beschränken müssten. Es kann sein, dass wir die ganze Völkergemeinschaft als eine Rechtsgemeinschaft ansehen und mithin alle Nationen und Staaten in diese Rechtsgemeinschaft einbeziehen. Allerdings ist diese konstruktiv entworfene Gemeinschaft kein Kollektiv, „das uniformierte Angehörige zur Affirmation der je eigenen Art nötigen würde". „Einbeziehung heißt hier nicht Einschließen ins Eigene und Abschließen gegens Andere." „Die »Einbeziehung des Anderen« besagt vielmehr, dass die Grenzen der Gemeinschaft für alle offen sind - auch und gerade für diejenigen, die füreinander

[227] Höffe, Gibt es ein interkulturelles Strafrecht?, S. 16, 109f.

[228] Höffe, Gibt es ein interkulturelles Strafrecht?, S. 11ff.; Höffe, Proto-Strafrecht, S. 325; zustimmend Rössner, Kriminalrecht als unverzichtbare Kontrollinstitution, S. 137; Hassemer, Vielfalt und Wandel, S. 178f.; Ambos, Der Allgemeine Teil des Völkerstrafrechts, S. 65ff.

[229] Habermas, Grenzen des vernunftrechtlichen Normativismus, S. 74.

[230] Szabó, Gibt es ein interkulturelles Strafrecht?, S. 152f.

Fremde sind und Fremde bleiben wollen.“[231] Dementsprechend ist einer Rechtsnorm dann die universale Geltung zuzusprechen, wenn sie einem globalen Rechtsdiskurs mit Einbeziehung der Argumente von unterschiedlichen Staaten und Kulturen standhalten kann. Eine die universale Geltung einseitig beanspruchende Rechtsnorm kann daher nicht legitimiert werden, vielmehr ist der universale Geltungsanspruch von Normen auf einen Dialog zwischen verschiedenen moralischen Vorstellungen und Rechtskulturen angewiesen.[232] Wenn eine Rechtsnorm selbst von einem demokratischen Rechtsstaat auf der globalen Ebene interpretiert und zu ihrer Durchsetzung Gewalt ausgeübt wird, können die Interpretation und die Gewaltausübung den Anforderungen der demokratischen Weltbürgergesellschaft nicht genügen. Trotz des demokratischen rechtsstaatlichen Gehalts dieser inländischen Rechtsnorm bleibt sie zwischenstaatlich immer paternalistisch.[233] Dieser Auffassung zufolge kann man sagen, dass eine von einem Staat einseitig gesetzte Rechtsnorm, gleichgültig, ob sie den Anforderungen des Demokratieprinzips und des Neutralitätsgebots entsprechen kann, auf der internationalen Ebene dem Paternalismus-Vorwurf nicht entgehen kann und somit keine legitimierte universale Verbindlichkeit beanspruchen darf.

3.5. Zwischenergebnis

In einem Globalisierungszeitalter sind Kontakte und somit Konflikte von Staaten immer häufig und unvermeidbar. Solche internationalen Konflikte[234] sollten nicht mittels der Unterdrückung der Schwächeren durch die Stärkeren ausgetragen werden. Vielmehr brauchen wir eine rechtliche Grundlage für Entscheidungen über Angelegenheiten mit internationalen Bezügen, damit alle Staaten und Völker in einem zustand des Rechtsfriedens leben können. Allerdings sollten solche Rechtsnormen unparteiisch und gegenüber allen Staaten verbindlich sein, um ihre Legitimität in der Völkergemeinschaft zu behaupten. Es ist jedoch zu beachten, dass solche Rechtsnormen nicht *monologisch* und *einseitig* von irgend einem Menschen oder Staat gesetzt werden dürfen. Andernfalls könnte sich hinter dem Vorwand der Neutralität in der Tat eine Art *Kulturimperialismus* mit dem Gefühl der moralischen Überlegenheit verstecken. Dagegen sollten solche international verbindlichen Rechtsnormen aus einem Rechtsdiskurs in der Staatengemeinschaft zustande kommen, wobei verschiedene Staaten und Nationen ihre Argumente pro und contra in den Diskurs einbringen können. Dadurch können alle Wert- und Rechtsvorstellungen bei der Gestaltung universaler

[231] Habermas, Die Einbeziehung des Anderen, S. 7f.
[232] Habermas, Die postnationale Konstellation und die Zukunft der Demokratie, S. 112f.
[233] Habermas, Bestialität und Humanität, S. 63.
[234] Solche internationalen Konflikte werden von manchen als „Kulturkämpfe“ interpretiert. Siehe Huntington, Kampf der Kulturen, München/Wien 1996.

Rechtsnormen berücksichtigt werden und somit kann ein hohes Maß an Vernünftigkeit bei diesen Normen sichergestellt werden.

Obwohl wir den Begründungsmodus für universal gültige Rechtsnormen festgestellt haben, kann dies nicht ohne weiteres dazu führen, dass der konkrete Inhalt dieser Rechtsnormen auch dadurch festzulegen ist. Da Rechtsnormen unvermeidlich der Positivität bedürfen, müssen wir die Problematik der universal gültigen Rechtsnormen in einem rechtlichen Kontext behandeln. Dabei ist das Völkerrecht besonders zu berücksichtigen, weil die völkerrechtliche Rechtfertigung eine ganz wichtige Rolle für die internationale Anerkennung von Rechtsnormen spielt. Darüber hinaus kann allein die Rechtfertigung universal gültiger Rechtsnormen hinsichtlich des Strafrechts die Frage nicht beantworten, welcher Staat oder welche Organisation gegenüber einem Täter das universal gültige Weltstrafrecht anwenden und vollstrecken darf. Um derartige *Kompetenzkonkurrenzen* zu lösen, kann allein die Begründung universaler Rechtsgeltung nicht weiter helfen. Vielmehr muss man juristisch hinterfragen, wie die Kompetenz zur Bestrafung solcher universal zu verfolgenden Delikte international zu verteilen ist. Darauf wird insbesondere im nächsten Kapitel anhand des Völkerrechts eingegangen werden.

4. Die völkerrechtliche Begründung und Einschränkung des universalen Geltungsanspruchs nationaler Strafrechtsnormen

Die Frage, ob der Anwendungsbereich nationaler Strafgesetze völkerrechtlichen Beschränkungen unterliegt, wurde einst unterschiedlich beantwortet. Die ältere Lehre[235] beharrt darauf, dass der Staat unabhängig von Vorschreibungen des Völkerrechts den Geltungsbereich seiner Strafgesetze frei bestimmen könne. Dieser Auffassung zufolge beruht der Strafanspruch des Staates allein auf seinem die Staatssouveränität verkörpernden Strafgesetz. Jeder Staat könne folglich aufgrund seiner Souveränität *von sich aus* und *einseitig* selbst über den Umfang seiner Strafgewalt entscheiden. Nach dieser staatlich-rechtspositivistischen Ansicht besitzt allein der Staat die *Kompetenz-Kompetenz* hinsichtlich des Strafanspruchs. Die Faktoren völkerrechtlicher Konflikte und nicht-positivistischer Überlegungen können ihn daran nicht hindern, von der Freiheit zur Bestimmung seines Strafanwendungsrechts willkürlich Gebrauch zu machen. Hält der Staat bestimmte Rechtsgüter für schutzwürdig, könne er ihre Verletzung beliebig durch strafrechtliche Normen unter Strafe stellen, gleichgültig, welche Staatsangehörigkeit der Normbrecher besitzt. Denn nach dieser die Staatssouveränität verherrlichenden Auffassung ist keine höhere Autorität, sei es göttliches, sei es natürliches Recht oder Völkerrecht, dem Staat überlegen. „Wie keine Weltnormen, so kann es auch keine Weltstrafrechte geben."[236] Demzufolge gibt es keine Autorität bei der Frage der Rechtsetzung außer dem Staat. Der Strafanspruch kann sich demnach lediglich auf nationale Strafrechtsnormen aufgrund der Staatsgewalt berufen. Die nationale Gesetzgebung als Verkörperung der Staatssouveränität könne selbst durch das Völkerrecht nicht eingeschränkt werden.

Die oben dargestellte ältere Lehrmeinung, wonach nationale Gesetze keiner Einschränkung durch das Völkerrecht unterliegen, wird heutzutage durch die durchgesetzte Vorrangstellung des Völkerrechts verworfen. Die Vorstellung, dass Strafrechtsnormen eines Staates überall in der Welt gälten und die Nicht-Verfolgung bestimmter Verbrechen lediglich auf dem freiwilligen Verzicht des Staates beruhe, gehört der Vergangenheit an.[237] Entgegen der unbeschränkten Zuständigkeit des souveränen Staates für die Umfangbestimmung seiner Strafrechtsanwendung wird in der Gegenwart die Ansicht vertreten, dass natio-

---

[235] Siehe v. Martitz, Internationale Rechtshilfe in Strafsachen, S. 43; Binding, Handbuch des Strafrechts, Bd. I, S. 372ff.; Mendelssohn Bartholdy, Das räumliche Herrschaftsgebiet des Strafgesetzes, in: VDA, Bd. VI, S. 164. Zu einem Überblick über das Weltrechtsprinzip der älteren Lehren siehe v. Moock, Auslieferungsrechtliche Probleme an der Wende vom 19. zum 20. Jahrhundert, S. 62ff.

[236] Binding, Handbuch des Strafrechts, Bd. I, S. 375.

[237] Dahm, Völkerrecht, Bd. I, S. 254f.; Oehler, FS Grützner, 1970, S. 112; Köhler, Strafrecht AT, S. 102.

nalstaatliche Strafhoheit des Einzelstaates durch das Völkerrecht beschränkt werden kann. Die Funktion des Völkerrechts besteht darin, die eventuell widersprechenden Herrschaftsansprüche der Staaten miteinander in Einklang zu bringen.[238] Demzufolge müssen die sich aus der Überschneidung der Hoheitsansprüche ergebenden Konflikte durch die „*Kompetenz-Kompetenz des Völkerrechts*"[239] gelöst werden, anstatt dass jeder Staat ungeachtet der Rechte anderer Staaten diese Kompetenz für sich beansprucht und dadurch immer mehr Konflikte hervorgerufen werden. In der deutschen Rechtsordnung ist die Vorrangstellung des Völkerrechts gegenüber dem innerstaatlichen Recht im Grundgesetz verankert. Gemäß Art. 25 GG sind die allgemeinen Regeln des Völkerrechts Bestandteil der Rechtsordnung der Bundesrepublik Deutschland. Sie können in Deutschland unmittelbar, also ohne Transformation in innerstaatliche Gesetze, angewendet werden. Bei der Kollision von innerstaatlichen Gesetzen und allgemeinem Völkerrecht wird dem letzteren der Vorrang zugesprochen. Entsprechend dieser Ansicht geht die Rechtsprechung ebenfalls davon aus, dass die Anwendung des Weltrechtsprinzips völkerrechtlich nicht verboten sein darf.[240]

Wegen der Vorrangstellung des Völkerrechts nicht zuletzt in der deutschen Rechtsordnung werden in Schrifttum und Rechtsprechung zur Rechtfertigung des Weltrechtsprinzips häufig Argumente aus dem Völkerrecht herangezogen.[241] Die Hauptargumente für das Weltrechtsprinzip aus dem Völkerrecht lassen sich so formulieren, dass die Bestrafung der in den Anwendungsbereich des Weltrechtsprinzips fallenden Delikte auf Völkerrechtsnormen, namentlich zwischenstaatlichen Abkommen beruhe, in denen sich die BRD im Interesse *internationaler Solidarität bei der Verbrechensbekämpfung* zur Strafverfolgung der Verletzung international geschützter Interessen verpflichtet. Dieses Argument enthält drei Teile. Zuerst müssen die durch Strafrecht geschützten Rechtsgüter international anerkannt sein. Zweitens, die Weltrechtspflege durch Nationalstaaten dient der internationalen Solidarität bei der Verbrechensbekämpfung. Und

---

[238] Siehe nur Wegner, FS Frank, Bd. 1, 1930, S. 102f.; Schönke/Schröder/*Eser*, Rn. 3 vor § 3; Jescheck/Weigend, Lehrbuch des Strafrechts AT, S. 11f.; BGHSt 27, 30; BGHSt 34, 334; BGHSt 45, 64; BGHSt 46, 292; BGH NStZ 1994, 232, 233; BGH NStZ 1999, 236; BVerfG-Kammerbeschluß vom 12. 12. 2000 - 2 BvR 1290/99, in: JZ 2001, 975; OLG Düsseldorf NJW 1979, 59; BayObLG NJW 1998, 392.

[239] Siehe Drost, Niemeyers Zeitschrift für Internationales Recht 43 (1930-1931), S. 126f.; Jescheck, IRuD 1956, S. 83; Rosswog, Das Problem der Vereinbarkeit des aktiven und passiven Personalgrundsatzes mit dem Völkerrecht, S. 36f.; MünchKommStGB/*Ambos*, Rn. 20 vor § 3. Hingegen wird behauptet, dass das Völkerrecht die Kompetenz-Kompetenz nicht beanspruche. Es sei lediglich zu beachten, dass Internationales Strafrecht als innerstaatliches Recht mit internationalen Bezügen den völkerrechtlichen Normen entsprechen muss. Siehe Schultz, GA 1966, S. 194; LK-StGB/*Gribbohm*, Rn. 145 vor § 6 und Schönke/Schröder/*Eser*, Rn. 11 vor § 3.

[240] BGH NStZ 1994, 232, 233; BGHSt 45, 64.

[241] Schönke/Schröder/*Eser*, § 6, Rn. 1; *Lackner*/Kühl, § 6, Rn. 1; Jescheck/Weigend, Lehrbuch des Strafrechts AT, S. 170. Zur diesbezüglichen Rechtsprechung siehe oben Fn. 238.

nicht zuletzt soll es eine völkerrechtliche Grundlage zur Rechtfertigung der Bestrafung eines bestimmten Delikts nach dem Weltrechtsprinzip geben. Um dies klar zu machen, werden im folgenden die Gründe für und wider das Weltrechtsprinzip aus völkerrechtlicher Sicht ausgeführt.

4.1. Der gemeinsame Schutz internationaler Rechtsgüter

Die Strafverfolgung bestimmter Verbrechen nach dem Weltrechtsprinzip dient dazu, den Schutz international anerkannter Rechtsgüter zu gewährleisten. Es wird behauptet, dass die Verletzung der vom Weltrechtsprinzip umfassten Schutzgüter einen Angriff auf die Staatengemeinschaft als solche, also alle Staaten gleichermaßen darstellt. Da solche Verbrechen ein besonders schweres Maß an Gefährlichkeit und Verwerflichkeit enthalten, liegt deren Bekämpfung im Interesse aller Mitglieder der Staatengemeinschaft.[242] Ausgehend vom Gedanken des Schutzes der Staatengemeinschaft werden etliche „Weltrechtsgüter" aufgezählt, die überall in der Welt geschützt werden sollten.

Dem Weltrechtsprinzip liegt außerdem die Vorstellung zugrunde, dass jeder Staat im gemeinsamen Interesse der „Kulturstaaten" zur Bekämpfung kulturfeindlicher Tätigkeiten verpflichtet sei.[243] Als Verletzung der Weltrechtsgüter wurden in der Vergangenheit vor allem Verbrechen gegen die Menschheit, Beeinträchtigung des Völkerwohls und Verletzung der Interessen aller Kulturstaaten angesehen. Als konkrete Beispiele werden aufgezählt:[244] 1. Die Feinde jeder Rechtsordnung, z. B. anarchische Gewalttaten, Seeräuberei, Sklavenhandel und Verbreitung stark ansteckender Seuchen. Sie müssten überall strafrechtlich bekämpft werden, weil „der solidarische Feind den solidarischen Widerstand erzeugen (muss)".[245] 2. Die im Interesse des ungehinderten Völkerverkehrs und des Völkerwohls von allen Kulturstaaten zu schützenden Rechtsgüter, z. B. neutralisierte Kanäle, Telegrafenlinien, Spitäler, Ambulanzen u.s.f. 3. Die Rechtsgüter, die zwar einem Staat zustehen, für deren Schutz sich alle Kulturstaaten jedoch auch interessieren. Als Beispiele des letzten Falls seien die Echtheit des Geldes und der Waren des internationalen Handels angeführt. Obwohl der Gedanke des Schutzes der „Kulturstaaten" bis in die Gegenwart hinein wirksam ist, wurden die früher angeführten Beispiele wegen ihres un-

---

242 Schönke/Schröder/*Eser*, § 6, Rn. 1; MünchKommStGB/*Ambos*, Rn. 47 vor § 3; Doehring, Völkerrecht, Rn. 819; Dahm/Delbrück/*Wolfrum*, Völkerrecht, Bd. I/3, S. 1001; Vogler, FS Maurach, 1972, S. 603f.; Herdegen, ZaöRV 47 (1987), S. 234f.; Werle, JZ 1999, S. 1182.

243 Binding, Handbuch des Strafrechts, Bd. I, S. 378f., 428; LK-StGB/*Gribbohm*, Rn. 135 vor § 3; Schönke/Schröder/*Eser*, Rn. 8 vor § 3; NK-StGB/*Lemke*, Rn. 13 vor § 3; SK-StGB/*Hoyer*, Rn. 13 vor § 3.

244 Binding, Handbuch des Strafrechts, Bd. I, S. 379f.; Meili, Lehrbuch des Internationalen Strafrechts und Strafprozessrechts, S. 85f.

245 Binding, Handbuch des Strafrechts, Bd. I, S. 379.

haltbaren imperialistischen Gedankenguts zum Teil aus dem Anwendungsbereich des Weltrechtsprinzips gestrichen. Dem Begriff der „Kulturstaaten" wird auch vorgeworfen, dass er oft dem Schutz der Interessen imperialistischer Mächte diene.[246] In einem Zeitalter der gleichen Souveränität der Staaten muss die dem Kolonialismus verhaftete Differenzierung von „zivilisierten" und „unzivilisierten" Völkern aufgehoben werden.

Obwohl die Begründung des Weltrechtsprinzips heutzutage besonders darin gesehen wird, dass die Weltrechtsverbrechen Interessen der Staatengemeinschaft verletzen, beruhte es historisch gesehen auf einem anderen Grund. So wurden z. B. Piraterie und Sklaverei als Weltrechtsverbrechen betrachtet, nicht weil sie besonders schwere Rechtsgutsverletzungen waren; vielmehr lag es daran, dass sie häufig grenzüberschreitend stattfanden.[247] Demzufolge ist es allerdings fragwürdig, ob die Interessen, die von solchen Verbrechen verletzt sind, als „international" bezeichnet werden können. Aufgrund dieser Überlegung muss man fragen, welche Interessen als „international" schutzwürdig und -bedürftig anzusehen sind.

Verschiedene Staaten können einander hinsichtlich der Frage widersprechen, ob das von einer Tat verletzte Interesse international anerkannt ist oder sein soll. Diese Frage kann unterschiedlich beantwortet werden. Zuerst könnte der Staat, der die Weltrechtsverbrechen nicht bestraft, das gemeinsame Interesse der Staatengemeinschaft nicht erkannt haben. Der Widerspruch mit den universal gültigen Normen soll allerdings verworfen und sanktioniert werden. Aber die Nicht-Übereinstimmung in der Bestrafung der Weltrechtsverbrechen könnte auch darin begründet sein, dass es sich bei der betreffenden Tat überhaupt nicht um universal anerkannte Interessen handelt. Es liegt in der Natur der Sache, dass verschiedene Völker in Fragen von Rechtsvorstellung und Rechtsordnung nicht immer übereinstimmen.[248] Wegen des eventuellen Widerstreits über die Anerkennung internationaler Rechtsgüter und der damit entstandenen internationalen Konflikte sollte der Umfang der international zu schützenden Rechtsgüter so klein wie möglich sein. Nur diejenigen Güter, die aufgrund des Völkerrechts international schutzwürdig und -bedürftig sind, kommen in Betracht.[249] Aber ungeachtet der Möglichkeit des berechtigten Antagonismus bei der Beurteilung über gemeinsame Interessen muss man sich jedoch mit dem Problem auseinandersetzen, was für international anerkannte schutzwürdige und -bedürftige Interessen kennzeichnend ist.

---

246 MünchKommStGB/*Ambos*, Rn. 49 vor § 3.

247 Dahm/Delbrück/*Wolfrum*, Völkerrecht, Bd. I/3, S. 1000.

248 Zu einer empirischen Untersuchung über unterschiedliche Schwereeinschätzungen von Straftaten und die unterschiedliche Abstufung von Verhaltensweisen nach ihrem Unrechtsgehalt oder dem zu verhängenden Strafmaß nicht zuletzt aufgrund der kulturellen Bedingungen siehe Braun, Migration und interkultureller Konsens, Münster 2002.

249 Oehler, JR 1977, S. 424.

Die in den Anwendungsbereich des Weltrechtsprinzips fallenden Rechtsnormen implizieren die Annahme, dass die von diesen Normen geschützten Interessen nicht nur von allen Staaten anerkannt sind. Das von einer Straftat gefährdete oder verletzte Interesse muss auch der Staatengemeinschaft als solcher zustehen.[250] Es handelt sich dabei um die sog. „internationalen öffentlichen Interessen" oder „Weltrechtsgüter". Hinsichtlich der Weltrechtsgüter fragt sich, ob es tatsächlich solche Interessen und Rechtsgüter gibt, und ggf. wer die Kompetenz zur Bestimmung solcher Interessen und Rechtsgüter besitzt. Die Frage nach der Existenz öffentlicher Interessen bzw. nach deren Inhalt ist sowohl auf der internationalen als auch auf der nationalen Ebene schwer zu beantworten.[251] In der nationalstaatlichen Praxis müssen öffentliche Interessen durch die Gesetzgebung allgemein, durch die Rechtsprechung in konkreten Fällen festgelegt werden. Mit anderen Worten, öffentliche Interessen an sich existieren nicht. Sie lassen sich nur durch Verfahren (Gesetzgebungs- und gerichtliches Verfahren) festlegen.[252] Von diesem Standpunkt aus lässt sich sagen, dass die Fragen nach dem *Ob* und *Wie* von öffentlichen Interessen eng zusammenhängen. Bei der Bestimmung internationaler öffentlicher Interessen muss folglich auch danach gefragt werden, wer nach welcher Regelung berechtigt ist, die universal zu schützenden Interessen festzulegen.

In der Vergangenheit wurde die Frage, wer die Kompetenz zur Festlegung von internationalen öffentlichen Interessen besitzt, in der Regel so beantwortet, dass diese Kompetenz den sachlich besonders betroffenen Staaten, namentlich den Großmächten wegen ihres Machtanspruchs über die meisten Teile des Erdballs zustand. Diese Auffassung wird heutzutage zurecht als hegemoniales Gedankengut abgelehnt. Stattdessen ist vom Prinzip der Repräsentation der Staatengemeinschaft und dem Mehrheitsprinzip auszugehen. Dabei müssen möglichst viele Staaten an der Gestaltung einer universal gültigen Rechtsnorm teilnehmen. Keinem Staat, insbesondere dem von einer Rechtsnorm besonders betroffenen Staat, darf die Möglichkeit zur Gestaltung der Rechtsnormen mit der Auswirkung auf ihn vorenthalten werden. Diesem Gedanken entsprechend spielen in der Gegenwart insbesondere die Vereinten Nationen und andere internationale Foren eine wichtige Rolle bei der Entscheidung über den Schutz von internationalen öffentlichen Interessen.[253] Dieser Behauptung ist aufgrund unseres im vorigen Kapitel erlangten Resultats zuzustimmen. Eine Rechtsnorm kann erst dann eine universale Geltung gegenüber allen Menschen und Staaten

---

250 MünchKommStGB/*Ambos*, Rn. 65, 70 vor § 3: „originär völkerrechtliche Interessen". Von solchen „originär völkerrechtlichen Interessen" unterscheidet MünchKommStGB/*Ambos*, Rn. 47 vor § 3 noch die gemeinsamen Sicherheitsinteressen aller Staaten (z. B. Piraterie als deren Verletzung), die im Grunde genommen nur dem Schutz originärer staatlicher Interessen dienen.

251 MünchKommStGB/*Ambos*, Rn. 49 vor § 3.

252 Siehe Dahm/*Delbrück*/Wolfrum, Völkerrecht, Bd. I/3, S. 627ff.

253 Dahm/*Delbrück*/Wolfrum, Völkerrecht, Bd. I/3, S. 628, 630.

beanspruchen, wenn sie aus einem internationalen und interkulturellen Rechtsdiskurs mit Einbeziehung der Argumente von allen Seiten zustande gekommen ist.

Es ist darauf zu achten, dass es neben den Verbrechen, die Rechtsgüter der gesamten Staatengemeinschaft verletzen, auch solche Delikte gibt, die zwar eine internationale Form und Wirkungen haben, jedoch nur Interessen einzelner Staaten angehen. Demzufolge können die erstgenannten Verbrechen „völkerrechtliche Verbrechen", die letztgenannten „transnationale Verbrechen" genannt werden.[254] Da es sich bei den transnationalen Verbrechen lediglich um nationale Interessen, und zwar um deren Schutz mittels internationaler Zusammenarbeit handelt, kann deren Schutz durch die Weltrechtspflege, die nur die Rechtsgüter der gesamten Staatengemeinschaft schützen, nicht gerechtfertigt werden.

Nach dem Dargestellten haben wir gezeigt, dass erst die Verletzung oder Gefährdung der Rechtsgüter der Staatengemeinschaft als solcher für die Einführung des Weltrechtsprinzips in Betracht kommt. Hingegen wird im Schrifttum vereinzelt die „sachliche Begründung" herangezogen, wonach bestimmte Verbrechen wegen ihres besonders hohen Maßes an Rechtsgutsverletzung dem Anwendungsbereich des Weltrechtsprinzips unterliegen sollten.[255] Aber genauer betrachtet kann nach dieser Argumentation nicht erklärt werden, weshalb etliche Delikte, die einen besonders schweren Eingriff in die grundlegenden Rechtsgüter darstellen, wie z. B. Tötungsdelikte, Raub oder schwere Freiheitsentziehung nicht in den Anwendungsbereich des Weltrechtsprinzips fallen.[256] Daher ist die „sachliche Begründung" zur Rechtfertigung des Weltrechtsprinzips nicht stichhaltig und soll verworfen werden.

Letztlich ist der Begriff „international" auch mehrdeutig. „International" kann sowohl materiell als auch formell verstanden werden. Unter „international" im materiellen Sinne ist insbesondere das Kriterium der international geschützten Rechtsgüter zu verstehen. Wenn von „internationalen Verbrechen" gesprochen wird, handelt es sich in aller Regel um die Verletzung international geschützter Rechtsgüter, nämlich die materielle Dimension des Begriffs „international". Mit dem internationalen Schutz der Rechtsgüter ist aber noch nichts über die formelle Dimension der „Internationalität", also Anwendungsrecht und Gerichtsbarkeit, gesagt. Aus der Feststellung, dass ein Rechtsgut international geschützt ist, kann noch nicht folgen, dass es durch die Weltrechtspflege von Nationalstaaten geschützt werden soll. „Die Bedeutung der von § 6 StGB erfassten Rechtsgüter oder allgemeine politische Interessen der BR Deutschland genügen deshalb für sich allein nicht für die Anwendung des

254 Triffterer, ZfRV 30 (1989), S. 95ff., 103f.; Merkel, Universale Jurisdiktion bei völkerrechtlichen Verbrechen, S. 253f.

255 Siehe nur Zieher, Das sog. Internationale Strafrecht nach der Reform, S. 144ff., 147f., 151f., 155, 156f., 159ff., 163f.; MünchKommStGB/*Ambos*, § 6, Rn. 12.

256 Merkel, Universale Jurisdiktion bei völkerrechtlichen Verbrechen, S. 245.

Weltrechtsprinzips."[257] Dementsprechend können sowohl die Strafverfolgung durch internationale Instanzen als auch die nationale Strafverfolgung in Betracht kommen, die aber aufgrund anderer Prinzipien des Strafanwendungsrechts erfolgen.[258] Die Weltrechtspflege durch Nationalstaat aufgrund des Weltrechtsprinzips ist also nicht die einzige Option zum Schutz internationaler Rechtsgüter. Obwohl der Schutz internationaler Rechtsgüter eine notwendige Voraussetzung für die Anwendung des Weltrechtsprinzips darstellt, kann allein aus der internationalen Schutzwürdigkeit und -bedürftigkeit von Rechtsgütern die Anwendung des Weltrechtsprinzips jedoch nicht zwangsläufig abgeleitet werden. Es bedarf nämlich noch anderer Begründungen für die Weltrechtspflege über Weltrechtsverbrechen durch Nationalstaat.

4.2. Das Prinzip der internationalen Solidarität

In einer immer enger zusammenhängenden Staatengemeinschaft ist die internationale Solidarität unentbehrlich. Staaten müssen einander Hilfe und Unterstützung leisten, um „Erhaltung des Weltfriedens, Achtung der Menschenrechte und Grundfreiheiten in wirtschaftlichen und sozialen Belangen sowie Erfüllung der durch die UNO verhängten Maßnahmen" zu gewährleisten.[259] Dem Gedanken internationaler Solidarität wird bei der Strafverfolgung von Verbrechen auch auf der globalen Ebene Rechnung getragen. Um bestimmten international als strafwürdig angesehenen Verbrechen entgegenzuwirken, muss der Staat mit anderen Staaten bei deren Verfolgung zusammenarbeiten.

Im Schrifttum wird häufig behauptet, dass unter internationaler Solidarität, worauf das Weltrechtsprinzip beruht, die „abstrahierte Solidarität" zu verstehen sei.[260] Demnach hängt die globale Strafverfolgung der Verbrechen gegen bestimmte von der Staatengemeinschaft als schutzwürdig und -bedürftig angesehene Rechtsgüter nicht von Interessen des Tatortstaates ab. Wegen der Verletzung internationaler Interessen sollte die Strafverfolgung durch einen Weltrechtspflegestaat also *treuhändlerisch* erfolgen. Da die Weltrechtspflege durch einen anderen Staat auch das nationale Strafverfolgungsinteresse der tatnahen Staaten verwirkliche, verstoße sie nicht gegen das Völkerrecht.[261] Aber genauer betrachtet, von abstrahierter Solidarität ausgehend steht die Staatengemeinschaft dem Tatortstaat eigentlich nicht solidarisch, sondern misstrauisch gegenüber. Es

---

257 BGH NStZ 1994, 232, 233.

258 Oehler, Internationales Strafrecht, Rn. 880.

259 Graf Vitzthum, in: Graf Vitzthum (Hg.), Völkerrecht, S. 43.

260 Oehler, Internationales Strafrecht, Rn. 147; Zieher, Das sog. Internationale Strafrecht nach der Reform, S. 83; Schönke/Schröder/*Eser*, Rn. 8 vor § 3; Staudinger, NJW 1999, S. 3099.

261 Kreß, ZStW 114 (2002), S. 829, 837.

wird also vermutet, dass diese Verbrechen von etlichen Staaten aus eigenen Interessen nicht bestraft, ja sogar gefördert werden könnten.[262]

Es liegt auf der Hand, dass die „abstrahierte Interpretation" der internationalen Solidarität nationalistisch und hegemonial missbraucht werden könnte. Die unbegrenzte Erweiterung nationaler Strafrechtsanwendung, die zugunsten eigener Interessen die Rechtsvorstellung und berechtigten Interessen anderer Staaten missbilligt, ist mit dem Gedanken internationaler Solidarität nicht vereinbar.[263] Hingegen ist die Zurückhaltung des eigenen Strafrechts geboten, um die hinter dem Scheinargument internationaler Solidarität stehende Kompetenzanmaßung zu vermeiden.

Die internationale Solidarität darf nicht zum Zweck der Verwirklichung eigener nationaler Interessen instrumentalisiert werden. Die wichtigste Voraussetzung zur Förderung internationaler Solidarität besteht darin, dass verschiedene Staaten wirklich gleiche Interessen anstreben. Dies zeigt sich insbesondere darin, dass sich nationalstaatliche Rechtsnormen an der Verwirklichung übereinstimmender Rechtswerte in der Völkergemeinschaft orientieren. Konkret ausgedrückt, die internationale Solidarität zum strafrechtlichen Schutz allgemein anerkannter Rechtsgüter wird insbesondere darin gesehen, dass die anzuwendende nationale Strafrechtsnorm gleichsam einer vergleichbaren ausländischen entspricht.[264] Mit anderen Worten, die internationale Solidarität setzt voraus, dass verschiedene Staaten gemeinsame Interessen erstreben. Bei der internationalen Verbrechensbekämpfung wird die gleiche Besinnung zu einer Tat in der Regel darin gesehen, dass dieselbe Tat in den betreffenden Staaten strafbar ist. Demzufolge soll eine Auslandstat nur dann verurteilt werden, wenn sie sowohl im Inland als auch im Ausland als strafbar anzusehen ist. Die internationale Solidarität bei der Verbrechensverfolgung kann durch das *gegenseitige Strafbarkeitsprinzip* genau so gefördert werden, ohne dass die nationale Strafgewalt unberechtigt erweitert wird.[265]

Obwohl sich die internationale Solidarität als ein zu erstrebendes Ziel ansehen lässt, darf deren Konkretisierung nicht rücksichtslos vorgenommen werden. Selbst wenn ein Interesse von allen Staaten anerkannt und seine Verletzung als strafbar anzusehen ist, soll ein Staat sich nicht uneingeschränkt an Stelle der tatnahen Staaten die Gerichtsbarkeit über Auslandstaten von Ausländern anmaßen. Eine solche Kompetenzanmaßung verletzt die Interessen der

---

262 Merkel, Universale Jurisdiktion bei völkerrechtlichen Verbrechen, S. 261 spricht zutreffend von Solidarität mit den individuellen *Opfern* der Weltrechtsverbrechen oder mit dem Rest der Menschheit, anstatt von Solidarität zwischen den *Staaten*. Ebenso MünchKommStGB/*Ambos*, Rn. 69 vor § 3.

263 Horiuchi, KritV Sonderheft, 2000, S. 84.

264 Rudolf, Territoriale Grenzen der staatlichen Rechtsetzung, S. 29, der entgegen der in dieser Arbeit vertretenen Auffassung jedoch behauptet, dass dadurch die Rolle der territorialen oder personalen Anknüpfung zu tatnahen Staaten in Hintergrund treten könnte.

265 Horiuchi, KritV Sonderheft, 2000, S. 85.

betreffenden Staaten und kann nicht als internationale Solidarität angesehen werden. Das Weltrechtsprinzip, das eine primäre Strafkompetenz des Inlands begründet, lässt das Interesse der tatnahen Staaten an der Strafverfolgung der Straftaten außer Acht. Dadurch kann von der internationalen Solidarität keine Rede sein, vielmehr sind internationale Konflikte angesagt.

Nach dem Dargestellten zielt der Grundsatz der internationalen Solidarität zwar auf Bewahrung international geschützter Interessen durch die gemeinsame Bekämpfung von besonders schweren Verbrechen ab, daraus kann jedoch kein Grund für die Anwendung des Weltrechtsprinzips abgeleitet werden. Im Gegenteil, es spricht sich gerade für andere Prinzipien des Internationalen Strafrechts, welche die primäre Strafkompetenz der tatnahen Staaten beachten. Ausgehend vom Grundsatz der internationalen Solidarität lässt sich nur eine sekundäre Strafkompetenz rechtfertigen, die lediglich bei Unvermögen oder Bereitschaftslosigkeit der tatnahen Staaten zur Bestrafung international geächteter Verbrechen zum Einsatz kommen soll. Eine primäre Strafkompetenz, die auf dem Weltrechtsprinzip beruht, fördert internationale Solidarität gerade nicht. Sie könnte vielmehr internationale Konflikte hervorrufen.

4.3. Die völkerrechtliche Berechtigung zur Bestrafung von Weltrechtsverbrechen nach dem Weltrechtsprinzip

Wie oben bemerkt, können der gemeinsame Schutz internationaler Rechtsgüter und das Prinzip der internationalen Solidarität zwar die gemeinsame strafrechtliche Bekämpfung international geächteter Verbrechen rechtfertigen, sie sagen jedoch nichts aus, wie solche Verbrechen effektiv und sachgerecht zu bekämpfen sind. Von welcher Instanz (internationalem Gericht oder nationalen Gerichten) und welchem Prinzip des Strafanwendungsrechts auszugehen ist, kann allein aus den beiden vorstehenden Grundsätzen nicht abgeleitet werden. Wenn die Anwendung des Weltrechtsprinzips völkerrechtlich gerechtfertigt sein will, muss noch nach anderen Legitimationsgründen gesucht werden. Dies ist insbesondere unabdingbar, weil die Anwendung des Weltrechtsprinzips einen nicht unerheblichen Eingriff in die primäre Strafkompetenz anderer Staaten darstellt. Während die anderen Prinzipien des Strafanwendungsrechts ohne völkerrechtliche Ermächtigung den Umfang des nationalen Strafanspruchs festlegen können, ohne leichtfertig internationale Konflikte hervorzurufen, muss die Bestrafung nach nationalem Recht aufgrund des Weltrechtsprinzips den völkerrechtlichen Bedenken widerstehen können.

Im folgenden werden die im Schrifttum diskutierten völkerrechtlichen Gründe zur Rechtfertigung des Weltrechtsprinzips ausgeführt, um zu klären, ob die Anwendung des Weltrechtsprinzips im Völkerrecht zu rechtfertigen ist.

4.3.1. Die positive und negative Beweisführung zugunsten des Weltrechtsprinzips im Völkerrecht

Die extraterritoriale Wirkung eines nationalen Gesetzes ist nach der überwiegenden Meinung völkerrechtlich nicht kategorisch untersagt.[266] Die nationale Gesetzgebung darf nämlich Sachverhalte in ihren Anwendungsbereich aufnehmen, die außerhalb des Staatsgebiets stattfinden. Dennoch stellt sich die Frage, ob die extraterritoriale Wirkung nationaler Gesetze durch das Völkerrecht ermächtigt sein muss. Oder ist vielmehr jede nationale Gesetzgebung ungeachtet ihres überdehnten Anwendungsbereichs völkerrechtlich insoweit erlaubt, als keine völkerrechtliche Norm sie verbietet? Dementsprechend wird diese Diskussion auch in bezug auf die extraterritoriale Wirkung nationaler Strafgesetze geführt. Es wird darüber gestritten, ob die Weltrechtspflege eine völkerrechtliche Erlaubnisnorm zu deren Anwendung braucht. Oder reicht es aus, dass keine völkerrechtliche Norm die Weltrechtspflege verbietet?[267] Diese Frage kann dahin umformuliert werden, ob der Staat nach dem Völkerrecht im Prinzip frei ist, den Anwendungsbereich seiner Strafgesetze selbst zu entscheiden, es sei denn, das Völkerrecht verbietet solche Erstreckung staatlichen Strafanspruchs. Oder vielmehr bedarf die extraterritoriale Anwendungserstreckung nationaler Strafgesetze einer völkerrechtlichen Ermächtigung? Dabei kann zwischen der *negativen* und *positiven Beweisführung* für die Anwendung des Weltrechtsprinzips unterschieden werden.[268]

Die Lehre der negativen Beweisführung geht von einer umfangreichen Freiheit des Staates bei der Ausgestaltung seines Rechtsanwendungsbereichs aus. Die Kompetenz für die Erweiterung des rechtlichen Anwendungsbereichs auf Auslandssachverhalte stehe folglich dem Nationalstaat zu. Nach der auf die Entscheidung des Ständigen Internationalen Gerichtshofs im *Lotus-Fall* aus dem Jahre 1927[269] zurückzuführenden Auffassung darf der Staat im Prinzip selbst

---

266 Siehe nur LK-StGB/*Gribbohm*, Rn. 125 vor § 3; Schönke/Schröder/*Eser*, Rn. 3 vor § 3; NK-StGB/*Lemke*, Rn. 8 vor § 3; MünchKommStGB/*Ambos*, Rn. 17 vor § 3; BGHSt 39, 269.

267 Schon im Lotus-Fall, siehe Entscheidungen des Ständigen Internationalen Gerichtshofs, Ausgabe in deutscher Übersetzung, Bd. 5, S. 92; Kreß, ZStW 114 (2002), S. 830.

268 Vgl. Glatzel, Völkerrechtliche Grenzen für den Anwendungsbereich des staatlichen Strafgesetzes, S. 103ff. MünchKommStGB/*Ambos*, Rn. 18 vor § 3 behauptet, dass der Streit um die positive oder negative Beweisführung für die extraterritoriale Erstreckung staatlicher Strafgewalt keine große Bedeutung habe. Aber da diese Behauptung sich grundsätzlich auf den „Lotus-Fall" bezieht, in dem der staatliche Strafanspruch aufgrund des durch das Flaggenprinzip erweiterten Territorialitätsprinzips zu begründen ist und dass es sowohl nach der Lehre der positiven Beweisführung als auch nach der Lehre der negativen Beweisführung zum gleichen Ergebnis kommt, ist es nicht bedeutungslos, diese Frage hinsichtlich der Legitimation anderer internationalstrafrechtlicher Prinzipien zu stellen.

269 Entscheidungen des Ständigen Internationalen Gerichtshofs, Ausgabe in deutscher Übersetzung, Bd. 5, S. 73ff. Erläuterungen über den Lotus-Fall siehe Rebbe, Der Lotus-

entscheiden, wie weit sich seine Strafgesetze erstrecken und welcher Prinzipien des Internationalen Strafrechts er sich bedient. Diese umfassende Entscheidungsfreiheit des Staates, die völkerrechtlich als Regelfall angesehen wird, könne nur dann eingeschränkt werden, wenn die Ausdehnung der nationalen Rechtsanwendung auf Auslandssachverhalte völkerrechtlich ausdrücklich verboten ist. Demnach ist der Staat bei der Feststellung des Geltungsbereichs seines Strafrechts völkerrechtlich insoweit frei, als keine Völkerrechtsnorm diese Freiheit einschränkt.[270] Mit anderen Worten, die Zuständigkeit des Staates zur Festlegung des räumlichen Geltungsbereichs seiner Gesetze müsse nicht unter unmittelbare Berufung auf das Völkerrecht begründet werden. Vielmehr reiche es aus, dass diese Zuständigkeit dem Völkerrecht nicht ausdrücklich widerspricht. Das Völkerrecht verleihe Staaten nämlich keine Ermächtigung zur Fixierung des räumlichen Anwendungsbereichs ihrer Gesetze, es setze ihm nur Grenzen.[271] Demzufolge braucht das Völkerrecht die Anwendung des Weltrechtsprinzips auf bestimmte Taten nicht ausdrücklich vorzusehen. Das Nicht-Vorliegen einer Verbotsnorm gegen das Weltrechtsprinzip allein stelle dessen Rechtfertigung dar.

Obwohl die prinzipielle Entscheidungsfreiheit des Staates einen extensiven Rechtsanwendungsbereich mit sich bringt, kann dies jedoch nicht heißen, dass der Staat mit derartiger Entscheidungsfreiheit keiner Beschränkung des Völkerrechts unterläge. Ein Indiz für die völkerrechtliche Unrechtmäßigkeit der Anwendung des Weltrechtsprinzips kann z. B. darin liegen, dass ein entsprechender Völkerrechtvertrag ein anderes Strafanwendungsrechtsprinzip ausdrücklich oder konkludent festlegt. In diesem Fall kann man davon ausgehen, dass die Anwendung des Weltrechtsprinzips hinsichtlich der darin enthaltenen Verbrechen ausgeschlossen ist.[272] Trotz dieser Kenntnisse wird in der Lehre jedoch immer versucht, von der offensichtlichen völkerrechtlichen Einschränkung der Anwendung des Weltrechtsprinzips abzuweichen, um die gegenwärtige Gesetzeslage Deutschlands nicht zu stören. Z. B., trotz der Festlegung anderer Anwendungsrechtsprinzipien in einem völkerrechtlichen Vertrag wird häufig geltend gemacht, dass beim Schutz international schutzbedürftiger Güter wegen der Verschiedenheit der Rechtsordnungen zwischen dem Weltrechtsprinzip und dem Prinzip der stellvertretenden Strafrechtspflege in der Doktrin des Auslands und internationalen Abkommen nicht klar unterschieden werden könne. Letztlich dürfe der Staat wegen der unklaren Rechtslage selbst entscheiden, ob er zum

---

fall vor dem Weltgerichtshof, Leipzig 1932; Herndl, „Lotus-Fall", in: WVR, Bd. 2, S. 431ff. und Kunig/Uerpmann, Jura 1994, S. 186ff.

270 Entscheidungen des Ständigen Internationalen Gerichtshofs, Ausgabe in deutscher Übersetzung, Bd. 5, S. 90f.; Drost, Niemeyers Zeitschrift für Internationales Recht 43 (1930-1931), S. 131; Jescheck, „Strafrecht, Internationales", in: WVR, Bd. 3, S. 397.

271 Rudolf, Territoriale Grenzen der staatlichen Rechtsetzung, S. 17; Schmitz, Das aktive Personalitätsprinzip im Internationalen Strafrecht, S. 130, 321.

272 Dahm/Delbrück/*Wolfrum*, Völkerrecht, Bd. I/3, S. 1001.

wirksamen Schutz internationaler Güter in seiner Strafrechtsordnung vom Weltrechtsprinzip, dem Prinzip der stellvertretenden Strafrechtspflege, oder einem dazwischenliegenden Prinzip Gebrauch macht.[273]

Entgegen der Lehre der negativen Beweisführung wird behauptet, dass zur Anwendung des Weltrechtsprinzips eine positive völkerrechtliche Beweisführung vorhanden sein muss. Es wird behauptet, dass der Staat zur Bestrafung einer Auslandstat nicht berechtigt sei, wenn kein völkerrechtlicher Vertrag oder Gewohnheitsrecht ihn zu solcher Bestrafung eindeutig ermächtigt. Mit anderen Worten, die Ausdehnung nationaler Strafrechtsanwendung auf Sachverhalte, die keinen Zusammenhang mit dem Aburteilstaat aufweisen, sei im Völkerrecht grundsätzlich verboten, es sei denn, eine positive völkerrechtliche Begründung ist für die Anwendung der nationalen Strafgesetze auf die betreffenden Auslandstaten nachzuweisen. Nach diesem „Regel-Ausnahme-Verhältnis" sei der Staat ohne eindeutige völkerrechtliche Maßstäbe nicht berechtigt, seine Strafhoheit auf Auslandstaten auszudehnen.[274] Demzufolge müsse eine völkerrechtliche *Erlaubnisnorm* zur Anwendung des Weltrechtsprinzips nachgewiesen werden.

Ob es zur völkerrechtlichen Begründung des Weltrechtsprinzips einer positiven oder lediglich einer negativen Beweisführung bedarf, hängt letztlich davon ab, welche Wirkung die Anwendung des Weltrechtsprinzips hat und wie weit der freie Spielraum des Staates bei der Entscheidung seines Rechtsanwendungsbereichs reichen kann. Es muss nämlich zur Feststellung der positiven oder negativen Beweisführung zuerst bestimmt werden, welche völkerrechtliche Eigenschaft die extraterritoriale Wirkung nationaler Gesetze besitzt. Dadurch kann dann entschieden werden, ob die Anwendung des Weltrechtsprinzips mit dem im folgenden Abschnitt zu behandelnden Nichteinmischungsgebot unvereinbar ist und deshalb eine positive völkerrechtliche Rechtfertigung braucht.

4.3.2. Das Nichteinmischungsgebot

Das völkerrechtliche Prinzip der souveränen Gleichheit aller Staaten verlangt ungeachtet faktischer Unterschiede zwischen Staaten eine normative Gleichordnung in der Staatengemeinschaft. Es gibt demnach keine Rangordnung

---

273 Oehler, JR 1977, S. 424f.

274 Wegner, FS Frank, Bd. 1, 1930, S. 136f.; Kunig, JuS 1978, S. 595; Merkel, Universale Jurisdiktion bei völkerrechtlichen Verbrechen, S. 242; Kreß, ZStW 114 (2002), S. 832. Nach Bruns, ZaöRV 1 (1929), S. 32ff. kann das Nichtverbotensein einer Tätigkeit des Staates in den rechtsfreien Raum fallen. Dadurch wird keine Verpflichtung anderer Staaten zur Duldung dieser Tätigkeit begründet. „Nur wenn festgestellt wird, dass die Völkerrechtsordnung einen Staat berechtigt, auf bestimmten Gebieten nach freiem Belieben zu handeln, und dadurch die anderen Staaten verpflichtet, diese Tätigkeit als eine rechtmäßige anzuerkennen, kann von einem Recht des Staates gesprochen und können Rechtsfolgen für die anderen Staaten festgestellt werden."

zwischen Staaten im Völkerrecht. Das Völkerrecht ist nämlich kein vertikales Subordinationsrecht, sondern ein horizontales Koexistenz- und Kooperationsrecht.[275] Demzufolge sind die Rechtsbildung und Rechtsdurchsetzung völkerrechtlicher Normen auf Zusammenarbeit und Konsens der gleichberechtigten Staaten angewiesen.

Aus dem Prinzip der souveränen Gleichheit aller Staaten ist das allgemeinvölkerrechtliche *Interventionsverbot* bzw. *Nichteinmischungsgebot*[276] abzuleiten, wonach es Staaten grundsätzlich verboten ist, sich in die inneren und äußeren Angelegenheiten eines anderen Staates und somit in dessen Souveränität einzumischen. Der Zweck des Nichteinmischungsgebots liegt darin, die Pluralität und Handlungsfähigkeit gleichberechtigter Mitglieder der Staatengemeinschaft zu gewährleisten. Nach der herrschenden Meinung im Völkerrecht stellt eine Intervention einen Eingriff eines Staates in die einem anderen Staat zustehenden Rechte dar, ohne dass dieser Eingriff gerechtfertigt werden kann. Entgegen der Mindermeinung, die noch zwischen erlaubter und unerlaubter Intervention unterscheidet, bedeutet jede Intervention einen ungerechtfertigten Eingriff und ist somit verboten.[277] Das allgemein-völkerrechtliche Interventionsverbot bzw. Nichteinmischungsgebot, welches auf dem Völkergewohnheitsrecht beruht, soll von dem Interventionsverbot der UN-Charta, das sich lediglich an die UNO richtet, unterschieden werden.[278] Obwohl das allgemeine Interventionsverbot bzw. Nichteinmischungsgebot in der UN-Charta nicht wörtlich zu finden ist, kann es jedoch aus dem in Art. 2 Ziff. 1 UN-Charta verankerten Prinzip der souveränen Gleichheit der Staaten abgeleitet werden.

Es wurde in zahlreichen Rechtsprechungen nicht zuletzt die Völkerrechtmäßigkeit des Weltrechtsprinzips geprüft.[279] Die völkerrechtlichen Argumente, die

---

275 Zur Koordinationsordnung gleicher und souveräner Staaten vgl. Mosler, ZaöRV 36 (1976), S. 15ff.

276 Obwohl in Schrifttum und Rechtsprechung in bezug auf das Weltrechtsprinzip überwiegend der Begriff des „Nichteinmischungsgebots“ verwendet wird, werden in der vorliegenden Untersuchung die Begriffe „Interventionsverbot“ und „Nichteinmischungsgebot“ entsprechend dem üblichen Gebrauch im Völkerrecht synonym verwendet. Zur näheren Unterscheidung zwischen beiden vgl. Ziegenhain, Extraterritoriale Rechtsanwendung und die Bedeutung des Genuine-Link-Erfordernisses, S. 31ff.; Pappas, Stellvertretende Strafrechtspflege, S. 77f.

277 Dahm/Delbrück/*Wolfrum*, Völkerrecht, Bd. I/3, S. 798; Kimminich/Hobe, Einführung in das Völkerrecht, S. 301.

278 Art. 2 Ziff. 7 UN-Charta: „Aus dieser Charta kann eine Befugnis der Vereinten Nationen zum Eingreifen in Angelegenheiten, die ihrem Wesen nach zur inneren Zuständigkeit eines Staates gehören, oder eine Verpflichtung der Mitglieder, solche Angelegenheiten einer Regelung auf Grund dieser Charta zu unterwerfen, nicht abgeleitet werden; die Anwendung von Zwangsmaßnahmen nach Kapitel VII wird durch diesen Grundsatz nicht berührt.“

279 BGHSt 27, 30; BGHSt 34, 334; BGH NStZ 1994, 232; BGHSt 45, 64; BGHSt 46, 292; BGH NStZ 1999, 236; BGHR StGB § 6 Nr. 1 - Völkermord 2; BVerfG-Kammer-

in bezug auf das Weltrechtsprinzip angeführt werden, kreisen hauptsächlich um das völkerrechtliche *Nichteinmischungsgebot*. Um solche Argumente klar zu machen, sei zunächst der Inhalt des Nichteinmischungsgebots erläutert. Das Vorliegen einer völkerrechtlichen Intervention setzt zwei Bedingungen voraus.[280] Zuerst muss die betreffende Angelegenheit zum *ausschließlich staatlichen Zuständigkeitsbereich* eines Staates (domestic jurisdiction, domaine réservé) gerechnet werden. Die traditionell zur ausschließlich staatlichen Zuständigkeit zählenden Angelegenheiten sind vor allem Entscheidungen über Verfassungs- und Wirtschaftsordnung, Gestaltung des Sozial- und kulturellen Systems sowie Außenpolitik des Staates. Die zweite Voraussetzung für das Vorliegen einer Intervention liegt darin, dass die Intervention mittels Androhung oder Anwendung vom *Zwang* vorgenommen wird. Die Definition des *Zwangs* im Sinne des Nichteinmischungsgebots ist weiter als die militärische Gewalt zu erfassen. Soweit der Zwang mit militärischer Gewalt ausgeübt wird, verstößt er über das Nichteinmischungsgebot hinaus zugleich gegen das völkerrechtliche Gewaltverbot.[281] Nach dem Nichteinmischungsgebot darf „ein Staat weder wirtschaftliche, politische oder sonstige Zwangsmaßnahmen gegen einen anderen Staat anwenden noch ihre Anwendung begünstigen, um von ihm die Unterordnung bei der Ausübung seiner souveränen Rechte zu erlangen".[282]

In den folgenden Abschnitten wird zuerst untersucht, ob die nationale Gesetzgebung mit extraterritorialer Wirkung als Zwang im Sinne des Nichteinmischungsgebots anzusehen ist. Anschließend werden wir die Problematik behandeln, welche Faktoren eine Verknüpfung zwischen einer Straftat und dem Aburteilstaat herstellen können und somit die diesbezüglich strafrechtliche Regelung und Verfolgung zum Zuständigkeitsbereich des Aburteilstaates werden lassen.

4.3.2.1. Die extraterritoriale Wirkung der nationalen Gesetzgebung

Aufgrund der wechselseitigen Achtung territorialer Souveränität darf jeder Staat auf seinem eigenen Territorium die exklusive Hoheitsmacht ausüben. Die Ausübung der Hoheitsmacht auf fremdem Territorium ohne Zustimmung

---

beschluß vom 12. 12. 2000 - 2 BvR 1290/99, in: JZ 2001, 975; OLG Düsseldorf NJW 1979, 59; BayObLG NJW 1998, 392.

280 Fischer, in: Ipsen, Völkerrecht, S. 955ff.; Graf Vitzthum, in: Graf Vitzthum (Hg.), Völkerrecht, S. 41; Dahm/Delbrück/*Wolfrum*, Völkerrecht, Bd. I/3, S. 796f., 801ff. Zum Begriff der Intervention siehe auch Oppermann, „Intervention", in: EPIL, Bd. 2, S. 1436ff.

281 Verdross/Simma, Universelles Völkerrecht, § 490; Bothe, in: Graf Vitzthum (Hg.), Völkerrecht, S. 614f.; Kimminich/Hobe, Einführung in das Völkerrecht, S. 301.

282 Art. 32 Charta der wirtschaftlichen Rechte und Pflichten der Staaten

fremder Staaten stellt grundsätzlich eine völkerrechtswidrige Intervention dar,[283] es sei denn, sie lässt sich völkerrechtlich, namentlich durch einen völkerrechtlichen Vertrag oder eine stillschweigende Duldung des betroffenen Staates rechtfertigen.[284] Aus dem Sinn und Zweck des Prinzips der souveränen Gleichheit aller Staaten kann gefolgert werden, dass die Beschränkung der Hoheitsmachtsausübung auf eigenes Territorium völkerrechtlich die Regel darstellt. Hingegen benötigt die extraterritoriale Ausübung der Hoheitsmacht als Ausnahme des Völkerrechts eine besondere völkerrechtliche Rechtfertigung.

Nach dem Nichteinmischungsgebot wird die Vornahme der Hoheitsmacht bezüglich fremder Angelegenheiten ohne völkerrechtliche Ermächtigung als Einmischung in die inneren Angelegenheiten anderer Staaten betrachtet und ist demnach vom Völkerrecht untersagt. Dabei stellt sich die Frage, ob die Hoheitsausübung eines Staates als eine Zwangsausübung im Sinne des Nichteinmischungsgebots anzusehen ist. Hinsichtlich des Begriffs der Zwangsausübung muss man also fragen, ob eine Gesetzgebung, welche einen in einem anderen Staat stattfindenden Sachverhalt zum Gegenstand hat, Zwang im Sinne des Nichteinmischungsgebots darstellt. Diese Frage handelt nämlich von der sog. *extraterritorialen Wirkung nationaler Gesetzgebung*.

Um die zulässige Reichweite der nationalen Strafgewalt im Völkerrecht festzulegen, soll zuerst eine Unterscheidung zwischen verschiedenen Formen der staatlichen Hoheitsmacht vorgenommen werden. Unter der Ausübung der Hoheitsmacht wird nicht nur *direkte* Ausübung des staatlichen Zwangs (wie z. B. Festnahme, Beschlagnahme usf.) verstanden. Die sonstigen Maßnahmen der öffentlichen Gewalt, woraus eine Wirkung des *indirekten* Zwangs resultiert, können auch zur staatlichen Hoheitsmacht gerechnet werden.[285] Wie die verschiedenen Arten von Ausübung der Hoheitsmacht im Völkerrecht zu bewerten sind und welche von ihnen zur völkerrechtswidrigen Ausübung der Hoheitsmacht gerechnet werden können, wird im folgenden ausgeführt.

In bezug auf die Hoheitsmacht des Staates kann zwischen der Hoheitsmacht zur Erlassung von Rechtsregeln (*jurisdiction to prescribe*), zur Ausübung der Gerichtsbarkeit (*jurisdiction to adjudicate*) sowie zur Durchsetzung von Rechten (*jurisdiction to enforce*) unterschieden werden.[286] Während die Maßnahmen der Strafverfolgung mit Zwangsmittel der Kategorie der *jurisdiction to enforce* zuzuordnen sind, fällt die Regelung der Strafgesetze in die Kategorie der *juris-*

[283] Über die Ausübung der Hoheitsmacht auf fremdem Territorium siehe Vogel, Der räumliche Anwendungsbereich der Verwaltungsrechtsnorm, S. 342ff.

[284] Doehring, Völkerrecht, Rn. 88.

[285] Zu verschiedenen Auffassungen über den Sinn des indirekten staatlichen Zwangs siehe nur Vogel, Der räumliche Anwendungsbereich der Verwaltungsrechtsnorm, S. 342ff.

[286] Oxman, „Jurisdiction of States", in: EPIL, Bd. III, S. 55f.; Merkel, Universale Jurisdiktion bei völkerrechtlichen Verbrechen, S. 238f.; Doehring, Völkerrecht, Rn. 808; MünchKommStGB/*Ambos*, Rn. 4 vor § 3. Im Schrifttum wird teilweise die jurisdiction to adjudicate auch zur jurisdiction to enforce gerechnet. Siehe Seidl-Hohenveldern/Stein, Völkerrecht, Rn. 1359; Verdross/Simma, Universelles Völkerrecht, § 1019.

diction to prescribe. Für die *jurisdiction to enforce* gilt in der Regel das Territorialitätsprinzip, es sei denn, ein Staat überträgt einem anderen Staat seine Hoheitsrechte zur Durchsetzung von Rechtsregeln durch einen völkerrechtlichen Vertrag.[287] Es ist also einem Staat grundsätzlich untersagt, die Hoheitsmacht auf fremdem Territorium durchzusetzen. Selbst wenn einem Staat gemäß Völkerrecht die Kompetenz zur gesetzlichen Regelung in bezug auf extraterritoriale Sachverhalte zusteht, darf er ohne Zustimmung des Staates, auf dessen Territorium die Durchführung der Gesetze zu erfolgen hat, die Beachtung seiner gesetzlichen Regelungen außerhalb des eigenen Territoriums nicht erzwingen.[288]

Hinsichtlich der Hoheitsmacht zur Erlassung von Rechtsregeln ist es dann umstritten, ob sie zur völkerrechtlich verbotenen Ausübung von Zwang zu rechnen ist. Eine nationale Gesetzgebung wirkt sich nicht direkt auf Auslandssachverhalte und somit auf das Ausland aus, wenn und soweit sie nicht auf fremdem Territorium mit Gewalt durchgeführt wird. Die Gesetzgebung stellt nämlich keinen direkten Zwang gegen andere Staaten dar. Aber die Frage, ob eine nationale Gesetzgebung, die Auslandssachverhalte in ihren Anwendungsbereich aufnimmt, einen indirekten Zwang gegen den betreffenden fremden Staat ausübt, hat in der Lehre eine heftige Kontroverse hervorgerufen. Im folgenden werden die Argumente pro und contra angeführt.

Diejenigen, welche die indirekte Zwangswirkung nationaler Gesetzgebung in bezug auf Auslandssachverhalte ablehnen, gehen von einer *realen* Position aus. Demzufolge ist es einem Staat nicht definitiv verboten, seine Gesetze auf Sachverhalte auf fremdem Territorium anzuwenden, soweit er die territoriale Souveränität anderer Staaten nicht verletzt, also die Vornahme von Hoheitsakten zwecks Durchsetzung der Gesetze auf sein eigenes Territorium beschränkt.[289] Auch wenn der Staat Auslandssachverhalte seinem Strafgesetz unterwirft, damit jedoch keine Staatshoheitsakte auf dem Gebiet des Auslandes vornimmt, könne

---

287 Doehring, Völkerrecht, Rn. 808; Kreß, ZStW 114 (2002), S. 830.

288 Hailbronner, in: Graf Vitzthum (Hg.), Völkerrecht, S. 212; Seidl-Hohenveldern/Stein, Völkerrecht, Rn. 1363f.; Dahm, Völkerrecht, Bd. I, S. 250ff.

289 Schon im Lotus-Fall, siehe Entscheidungen des Ständigen Internationalen Gerichtshofs, Ausgabe in deutscher Übersetzung, Bd. 5, S. 90. Vgl. auch Vogel, Der räumliche Anwendungsbereich der Verwaltungsrechtsnorm, S. 102f.; Jescheck/Weigend, Lehrbuch des Strafrechts AT, S. 166; Dahm, Völkerrecht, Bd. I, S. 256ff. MünchKommStGB/*Ambos*, Rn. 18 vor § 3 wirft der Lotus-Entscheidung des Ständigen Internationalen Gerichtshofs vor, dass sie „nicht nur die ausländische Strafrechts*geltung*, sondern auch die *Ausübung* ausländischer Gerichtsbarkeit vom Schutzbereich des Nichteinmischungsgrundsatzes" ausnehme. Dieser Vorwurf beruht jedoch auf einem Missverständnis. Der Ständige Internationale Gerichtshof behauptet lediglich, dass den Staaten eine große Freiheit für „Ausdehnung ihrer Gesetze und Gerichtsbarkeit auf Personen, Vermögen und Handlungen außerhalb ihres Gebietes" gewährt werden solle. Hier ist nämlich nicht die extraterritoriale Ausübung der Gerichtsbarkeit, sondern die Ausübung der Gerichtsbarkeit über extraterritoriale Sachverhalte gemeint. Die Ausübung der staatlichen Gerichtsbarkeit ist nach dem Ständigen Internationalen Gerichtshof also auch territorial beschränkt.

von der Verletzung der Gebietshoheit anderer Staaten keine Rede sein. Selbst wenn die strafrechtlichen Normen zweier Staaten einander widersprechen, wird nach der staatspositivistischen Auffassung die Geltung keiner davon geschwächt. Die Regelungskompetenz eines jeden Staates werde nicht dadurch beeinträchtigt. Daher bestehe auf beiden Seiten auch kein rechtswidriger Eingriff in die fremde Souveränität.[290] Die Skepsis, dass bei der nationalen Gesetzgebung in bezug auf Auslandssachverhalte eine „rechtliche Wirkung" eines Hoheitsaktes auf fremdem Territorium eintreten kann und damit eine unzulässige Ausübung des Hoheitsaktes auf fremdem Hoheitsgebiet vorliegt, wird als unbegründet zurückgewiesen. Demzufolge wird eine solche „Wirkung" nichtkörperlicher Art als eine *Fiktion* angesehen. Die fremde Gebietshoheit könne also nicht durch eine Fiktion verletzt werden.[291]

Gegen die vorstehende Auffassung über die extraterritoriale Wirkung der nationalen Gesetzgebung wird von der Gegenposition eingewendet.[292] Die Gegenmeinung geht davon aus, dass die fremde Souveränität dadurch verletzt wird, dass ein Staat von eigenen oder fremden Angehörigen Gehorsam gegenüber seinen Strafrechtsnormen auf fremdem Territorium verlangt, insbesondere wenn das geforderte Handeln dort nach der lex loci nicht strafbar ist. Demnach stellt das Gesetz mit extraterritorialer Wirkung an sich eine Gefährdung für, seine Vollziehung im Einzelfall einen Eingriff in die Hoheitssphäre fremder Staaten dar, soweit keine völkerrechtliche Erlaubnisnorm vorliegt. Das heißt, obwohl eine nationale Gesetzgebung keine direkte Zwangswirkung auf Menschen im Ausland zur Folge hat, kann sie jedoch durch das Verlangen nach Rechtsgehorsam von Menschen im Ausland, die primär Gesetzen des Aufenthaltsstaates Gehorsam schenken sollen, eine indirekte Zwangswirkung ausüben. Dieser indirekte Zwang richtet sich nicht nur gegen die Menschen, sondern schwächt mittelbar auch die Geltung der Auslandsgesetze ab. Angesichts der Tatsche, dass die gegenwärtige Völkerrechtslehre von der souveränen Gleichheit der Staaten ausgeht, soll einem Staat grundsätzlich keine Kompetenz zugesprochen werden, Angelegenheiten anderer Staaten zu reglementieren. „Es ist immer

290 v. Rohland, Das internationale Strafrecht, S. 43f., 117; Meili, Lehrbuch des Internationalen Strafrechts und Strafprozessrechts, S. 78; Binding, Handbuch des Strafrechts, Bd. I, S. 376; Drost, Niemeyers Zeitschrift für Internationales Recht 43 (1930-1931), S. 127.

291 Vogel, Der räumliche Anwendungsbereich der Verwaltungsrechtsnorm, S. 346.

292 Bruns, ZaöRV 1 (1929), S. 52ff.; Berber, Lehrbuch des Völkerrechts, Bd. I, S. 309; Schroeder, GA 1968, S. 356; Pottmeyer, NStZ 1992, S. 58; Pappas, Stellvertretende Strafrechtspflege, S. 78; MünchKommStGB/*Ambos*, Rn. 19 vor § 3. Nach Jescheck, IRuD 1956, S. 83f. ist es völkerrechtlich äußerst bedenklich, dass eine inländische Strafrechtsnorm beim Widerspruch mit einer fremden Rechtsordnung dennoch einen extraterritorialen Geltungsanspruch erhebt. Obwohl er hier vom aktiven Personalitätsprinzip spricht, kann dies genauso für die Anwendung des Weltrechtsprinzips ungeachtet des Fehlens einer vergleichbaren Norm im Ausland gelten.

gut, keine Rechte zu beanspruchen, deren Ausübung durch andere man als unerträglich empfinden muss."[293]

Wie oben ausgeführt, stellt eine nationale Gesetzgebung mit extraterritorialer Wirkung einen potentiellen, indirekten Zwang gegen andere Staaten dar. Ob jedoch ein Fall der völkerrechtlich verbotenen Einmischung in die fremden Angelegenheiten vorliegt, hängt aber auch davon ab, ob nur der Staat für die Regelung von Sachverhalten, die auf seinem Territorium stattfinden, allein zuständig ist. Oder darf vielmehr ein fremder Staat oder die ganze Staatengemeinschaft auch über diese Angelegenheiten entscheiden? Es handelt sich nämlich um die völkerrechtlichen Gründe, die zwischen dem regelnden Staat oder der Staatengemeinschaft einerseits, und den betreffenden Sachverhalten andererseits eine Verknüpfung herstellen und mithin eine völkerrechtlich legitimierte Zuständigkeit über diese Sachverhalte begründen können. Wie diese Gründe zur Verknüpfung zwischen einem Staat und einem Sachverhalt beschaffen sind, wird im folgenden besprochen.

4.3.2.2. Die Verknüpfung zwischen Straftat und Aburteilstaat

Eine Einmischung in fremde Angelegenheiten verstößt gegen das völkerrechtliche Nichteinmischungsgebot. Das bedeutet jedoch nicht, dass sich die nationale Gesetzgebung kategorisch auf Inlandsachverhalte beschränken müsste. Obwohl das Territorialitätsprinzip den grundlegenden Maßstab dafür darstellt, ob eine Angelegenheit unter der Regelungszuständigkeit eines Staates steht, ist es völkerrechtlich jedoch legitim, eine Angelegenheit zu reglementieren, die einen (nicht nur territorialen) Zusammenhang zum regelnden Staat aufweist. Es gibt nämlich völkerrechtliche Gesichtspunkte, welche die nationale Gesetzgebung bezüglich der Angelegenheiten rechtfertigen können, die auf fremdem Territorium stattfinden. Die Frage, ob eine Angelegenheit zum ausschließlichen Zuständigkeitsbereich eines Staates gehört, muss demnach letztlich nach völkerrechtlichen Maßstäben beurteilt werden. Die Gründe, die eine Erweiterung der Strafrechtsanwendung eines Staates auf den primären Zuständigkeitsbereich eines anderen Staates völkerrechtlich rechtfertigen, können als *völkerrechtliche Rechtfertigungsgründe* bezeichnet werden.[294] Wenn also ein solcher Rechtfertigungsgrund vorliegt, kann die einen Auslandssachverhalt betreffende Gesetzgebung und Verurteilung nicht zur Einmischung in den ausschließlichen Zuständigkeitsbereich eines fremden Staates gezählt werden.

Die völkerrechtlichen Maßstäbe, die als „echte", „substantielle", „sinnvolle" oder „hinreichende" Verknüpfung („genuine links") bezeichnet sind, versuchen einen rechtfertigenden Zusammenhang zwischen dem regelnden Staat und den zu regelnden Sachverhalten herzustellen. Aufgrund eines solchen

---

293 Mayer, JZ 7 (1952), S. 610.
294 Roggemann, NJW 1994, S. 1437; Herdegen, ZaöRV 47 (1987), S. 234.

„echten Anknüpfungspunkts“ bekommt ein Sachverhalt einen Bezug insbesondere zur territorialen oder personalen Hoheitssphäre des regelnden Staates, zu seinen rechtlichen Interessen oder seinem Bestand.[295] Das Völkerrecht verbietet dem Staat, die Anwendung seiner Strafrechtsnormen auf Auslandstaten von Ausländern auszudehnen, wenn kein erheblicher Anknüpfungspunkt zu diesem Staat vorliegt. Die Verletzung dieser völkerrechtlichen Pflicht verstößt einerseits gegen das objektive Völkerrecht, andererseits auch gegen das subjektive Recht eines anderen Staates, also das aus der Personalhoheit abgeleitete Schutzrecht desjenigen Staates, dessen Staatsangehörigkeit der Täter besitzt.[296] Umgekehrt kann behauptet werden, dass allein die extraterritoriale Erweiterung des Geltungsumfangs nationaler Strafgesetzgebung nicht gegen das Nichteinmischungsgebot verstößt, wenn sie durch einen sinnvollen Anknüpfungspunkt gerechtfertigt werden kann.

Ob Sachverhalte, die aus territorialer, personaler oder Staatsschutzsicht keinen Bezug zu einem Staat aufweisen, allein auf Grund des Weltrechtsprinzips in den Zuständigkeitsbereich dieses Staates fallen, ist äußerst fragwürdig. Im Vergleich zu anderen Prinzipien des Internationalen Strafrechts, die durch territorialen, personalen Bezug oder in Hinsicht des Staatsschutzes eine Verknüpfung zwischen der Straftat und dem Aburteilstaat in allen Fällen herstellen können, weisen das Weltrechtsprinzip und das Stellvertretungsprinzip keinen konkreten Bezugspunkt der Tat zum Aburteilstaat auf. Aber da das Stellvertretungsprinzip keine primäre Strafkompetenz begründet und der aburteilende Staat dadurch nicht in Kompetenzkonflikt mit tatnahen Staaten tritt, ist seine Legitimitätsgrundlage nicht so problematisch wie beim Weltrechtsprinzip.

Wegen des Mangels an einem konkreten Anknüpfungspunkt beim Weltrechtsprinzip wird in der Lehre teilweise behauptet, dass der aburteilende Staat aufgrund des Weltrechtsprinzips die Gerichtsbarkeit über Auslandstaten von Ausländern auf ungerechtfertigte Weise beansprucht. Die Interessen und Rechtsordnung des Tatortsstaates werden damit verletzt.[297] Um den Zweifel am Legitimationsdefizit des Weltrechtsprinzips zu beheben, hat der BGH in vielen Urteilen behauptet, dass es über den Wortlaut des § 6 StGB hinaus eines „legitimierenden Anknüpfungspunktes“ im Einzelfall bedürfe. Da durch einen legitimierenden Anknüpfungspunkt ein unmittelbarer Bezug der Straftat zum Inland hergestellt werde, könne die nationale Strafgewalt auf Auslandstaten ausländischer Täter ausgedehnt werden. Fehle es an einer solchen „legitimierenden Verknüpfung“, sei eine Anmaßung der Kompetenz anderer Staaten vorhanden.

---

295 Dahm, Völkerrecht, Bd. I, S. 260f.; Verdross/Simma, Universelles Völkerrecht, § 1183; Gloria, in: Ipsen, Völkerrecht, S. 285f.; Doehring, Völkerrecht, Rn. 1154; Wengler, Völkerrecht, Bd. II, S. 935f.; Jescheck/Weigend, Lehrbuch des Strafrechts AT, S. 167; Kunig, JuS 1978, S. 595; Werle/Jeßberger, JuS 2001, S. 36; Hein, Zuständigkeitskonflikte im internationalen Strafrecht, S. 23ff.

296 Drost, Niemeyers Zeitschrift für Internationales Recht 43 (1930-1931), S. 136, 139.

297 Oehler, JR 1977, S. 424.

Dies bedeutet nichts anderes als eine völkerrechtlich verbotene Einmischung in die fremden Angelegenheiten und wird als Verletzung der Souveränität anderer Staaten erachtet.[298] Nach dem Dargestellten hält der BGH bislang das Weltrechtsprinzip allein für keinen „echten Anknüpfungspunkt" zum Aburteilstaat, weil das abstrakte Weltrechtsprinzip keine konkrete Verknüpfung zum Aburteilstaat herstellen kann.[299] Darüber hinaus führt der BGH noch das Argument für die Erforderlichkeit des legitimierenden Anknüpfungspunktes an, dass die unbeschränkte Anwendung des Weltrechtsprinzips ohne einen legitimierenden Anknüpfungspunkt dazu führen würde, dass die inländische Strafjustiz durch die Verpflichtung zu „weltweiter" Verfolgung von Straftaten „überfordert" würde.[300]

Trotz des Verlangens nach einem legitimierenden Anknüpfungspunkt bei der Anwendung des Weltrechtsprinzips können in der Rechtsprechung jedoch keine eindeutigen völkerrechtlichen Maßstäbe zur Beurteilung sowohl über die Gewichtung solcher Anknüpfungspunkte als auch über das Ausmaß der Normsetzungsbefugnis des nationalen Gesetzgebers herausgearbeitet werden.[301] Es konnten bislang lediglich auf kasuistische Weise z. B. ein ständiger Aufenthalt, freiwillige Einreise ins Inland und dortige Ergreifung, und nicht zuletzt der Einklang mit vielfältigen politischen, militärischen und humanitären Maßnahmen, derer die Völkergemeinschaft sich zur Vermeidung von Menschenrechtsverletzungen bedient, als legitimierende Anknüpfungspunkte zum Inland in Einzelfällen angeführt werden.[302] Hingegen genüge allein der Wohnsitz des Täters, der Aufenthalt des Tatopfers oder Anzeigeerstatters im Inland nicht, um einen legitimierenden Anknüpfungspunkt zu begründen. Dennoch könne die Zusammensetzung der Faktoren, wie z. B. des ständigen Aufenthalts, der Unter-

---

298 BGHSt 27, 30, 32; BGHSt 34, 334, 336; BGHSt 45, 64, 66; BGH NStZ 1994, 232, 233; BGHR StGB § 6 Nr. 1 - Völkermord 2; BGH NStZ 1999, 236; zustimmend Oehler, NStZ 1994, S. 485; Keller, FS Lüderssen, 2002, S. 435; Weber, BtMG, § 29, Rn. 93. In bezug auf Betäubungsmitteldelikte ablehnend Körner, Betäubungsmittelgesetz, Arzneimittelgesetz, § 29 BtMG, Rn. 147, nach dem Anknüpfungspunkte zur Begründung der Strafkompetenz nicht erforderlich seien. Sie ließen allenfalls die Strafverfolgung aufgrund des Weltrechtsprinzips „sachgerecht" erscheinen.

299 Es wird im Schrifttum jedoch teilweise vertreten, dass alle Prinzipien des Internationalen Strafrechts an sich einen sinnvollen echten Anknüpfungspunkt darstellten. Statt vieler Jescheck, „Strafrecht, Internationales", in: WVR, Bd. 3, S. 397.

300 BGH NStZ 1999, 236; BGHR StGB § 6 Nr. 1 - Völkermord 2. Dagegen wird im Schrifttum der Vorwurf erhoben, dass dieser Zweckmäßigkeitserwägung allein durch die Opportunitätsvorschriften von § 153c StPO (allgemein für Auslandstaten) und § 153f StPO (in bezug auf Tatbestände im Völkerstrafgesetzbuch) als eine „prozessuale Korrektur" Rechnung getragen werden könne. Siehe Ambos, NStZ 1999, S. 405; Werle, JZ 1999, S. 1183.

301 Siehe BGHSt 27, 30, 32.

302 BayObLG NJW 1998, 392, 395. Es wird sogar behauptet, dass allein die militärische Intervention Deutschlands im Balkan-Konflikt schon einen legitimierenden Anknüpfungspunkt von dort stattgefundenen Völkermordsfällen zu Deutschland begründen könne. Siehe Staudinger, NJW 1999, S. 3100.

haltung des Lebensmittelpunkts und der Ergreifung im Inland sowie der freiwilligen Einreise ins Inland als legitimierende Anknüpfungspunkte angesehen werden.[303] Am Beispiel der Strafverfolgung von Völkermord im ehemaligen Jugoslawien wird dementsprechend ein ausreichender Anknüpfungspunkt zu Deutschland wegen der unmittelbaren Wechselbeziehung zwischen verbrecherischer Handlung und humanitärer Hilfe seitens Deutschlands bejaht. Vor allem, da die humanitären Einsätze von der UNO ausgingen, könne von eigenen Interessen Deutschlands keine Rede sein. Vielmehr handele es sich dabei um Interessen der gesamten Völkergemeinschaft an der Aufrechterhaltung des Friedens.[304]

In der Lehre wird zum Teil geltend gemacht, dass das Vorliegen eines legitimierenden Anknüpfungspunkts nicht zu strikt beurteilt werden sollte. Dementsprechend könne allein der Aufenthalt und Gewahrsam eines Völkerstrafrechtsverbrechers schon einen legitimierenden Anknüpfungspunkt begründen. Dadurch lasse sich einerseits die Aufforderung universaler Strafverfolgung von Völkerrechtsverbrechen erfüllen. Andererseits könne eine weltweite Strafverfolgung wegen völkerrechtlicher Bestrafungspflicht nach dem Legalitätsprinzip nicht erst durch uferlose Opportunitätserwägungen, sondern schon aufgrund eines konkreten Kriteriums vermieden werden.[305] Obwohl dieser Ansicht nach die Anforderung des legitimierenden Anknüpfungspunkts gelockert werden soll, wird immerhin nicht auf sie verzichtet.

Im Gegensatz zu der Position, die wegen des Nichteinmischungsgebots einen zusätzlichen legitimierenden Anknüpfungspunkt bei der Anwendung des Weltrechtsprinzips erfordert, wird geltend gemacht, dass die Durchsetzung der Weltrechtspflege durch Nationalstaaten nicht gegen das Nichteinmischungsgebot verstoße, wenn die der Staatengemeinschaft originär zustehenden Rechtsgüter verletzt sind.[306] Selbst wenn durch die Strafverfolgung einer Auslandstat

---

303 BGH NStZ 1994, 232, 233; BGHR StGB § 6 Nr. 1 - Völkermord 1; BGHR StGB § 6 Nr. 1 - Völkermord 2; BGHSt 45, 64, 68f.; BGH NStZ 1999, 236; BGHSt 46, 292, 306f. Den zufälligen Aufenthalt als einen legitimierenden Anknüpfungspunkt für nicht ausgeschlossen hält BayObLG NJW 1998, 392, 395. Darüber hinaus behauptet Ambos, NStZ 1999, S. 406, dass um des Menschenrechtsschutzes willen selbst dann der Aufenthalt des Tatopfers oder eines Zeugen im Inland einen legitimierenden Anknüpfungspunkt begründen könne, obwohl er Anknüpfungspunkte für die Anwendung des Weltrechtsprinzips auf Völkerrechtsverbrechen für überflüssig hält.

304 BayObLG NJW 1998, 392, 395; Oehler, NStZ 1994, S. 485.

305 Wirth/Harder, ZRP 2000, S. 147.

306 Ambos, NStZ 1999, S. 405; Werle, JZ 1999, S. 1183; Werle, JZ 2000, S. 759; Lagodny/Nill-Theobald, JR 2000, S. 206; Eser, FS Meyer-Goßner, 2001, S. 8; Eser, FS Trechsel, 2002, S. 228ff.; Werle/Jeßberger, JuS 2001, S. 142; Bungenberg, AVR 39 (2001), S. 186ff.; Kotzur, DÖV 2002, S. 199. Nach MünchKommStGB/*Ambos*, § 6, Rn. 4 bezwecken allerdings nicht alle Tatbestände des § 6 StGB den Schutz internationaler Rechtsgüter. Für die Ausübung der Strafgewalt über Delikte, die mit dem Schutz internationaler Rechtsgüter nichts zu tun haben, bedürfe es allerdings eines legitimierenden Anknüpfungspunktes.

eines Ausländers eine Einmischung in die Souveränität der Staaten vorliegt, die allein mit der Tat oder dem Täter durch einen echten Anknüpfungspunkt in einer Verbindung stehen, könne eine solche Einmischung durch das Weltrechtsprinzip gerechtfertigt werden.

Wegen der nicht unerheblichen Betroffenheit der ganzen Staatengemeinschaft fällt z. B. die Achtung fundamentaler Menschenrechte nicht in die domaine réservé eines bestimmten Nationalstaates. Demzufolge stellt der Eingriff in den Hoheitsbereich eines Nationalstaates zum Schutz grundlegender Menschenrechte keine Einmischung in fremde Angelegenheiten dar. Gegen die Auffassung des BGH, wonach ein zusätzlicher legitimierender Anknüpfungspunkt bei der Anwendung des Weltrechtsprinzips erforderlich sei, wird so eingewendet, dass der BGH dem Souveränitätsprinzip eine übergroße, ja sogar ängstliche Achtung geschenkt habe. Dadurch werde der Menschenrechtsschutz beim Konflikt mit der staatlichen Souveränität zugunsten der Staatsräson geopfert. Dementsprechend wird behauptet, selbst wenn kein echter Anknüpfungspunkt zwischen dem Aburteilstaat und der Tat oder dem Täter bestehe, sei die Weltrechtspflege durch Nationalstaaten nicht unbegründet, soweit die Voraussetzungen für die Anwendung des Weltrechtsprinzips vorliegen. Das Erfordernis eines legitimierenden Anknüpfungspunkts sei weder aus der Gesetzesreglung des § 6 StGB noch aus dem Völkerrecht zwingend abzuleiten.[307] Es wird deshalb in der Lehre immer gefordert, dass die Rechtsprechung die bisherige Auffassung für einen zusätzlichen legitimierenden Anknüpfungspunkt bei der Anwendung des Weltrechtsprinzips aufgeben sollte.

Im Schrifttum wird bezüglich der Völkerstraftaten überwiegend die Ansicht vertreten, dass die Anwendung des nationalen Strafrechts auf völkerstrafrechtliche Verbrechen wegen der besonderen Schwere des Unrechtsgehalts auf einen zusätzlichen Anknüpfungspunkt verzichten könnte, weil die verletzten Rechtsgüter von der Staatengemeinschaft als besonders schutzwürdig und deren Verletzung als delictum iuris gentium angesehen werden. Demnach dürfen alle Staaten diese Straftaten überall in der Welt strafrechtlich verfolgen, weil das Weltrechtsprinzip als Mittel der Durchsetzung von Interessen der Staatengemeinschaft selbst als ein Anknüpfungspunkt anzusehen sei.[308] Wegen der Gewichtigkeit des Menschenrechtsschutzes gegenüber staatlicher Souveränität sei die innerstaatliche Strafverfolgung von Völkerstraftaten auf Grund des Weltrechtsprinzips gerechtfertigt. Die universale Strafverfolgung von Völkerstraftaten wird folglich als eine Bestätigung des Universalitätsanspruchs der

---

[307] Dahm/Delbrück/*Wolfrum*, Völkerrecht, Bd. I/3, S. 1000ff.; Schönke/Schröder/*Eser*, § 6, Rn. 1; Eser, FS BGH Wissenschaft, Bd. IV, 2000, S. 27.

[308] Siehe Dahm/Delbrück/*Wolfrum*, Völkerrecht, Bd. I/3, S. 999f.; Doehring, Völkerrecht, Rn. 820; MünchKommStGB/*Ambos*, Rn. 47 vor § 3; MünchKommStGB/*Kreß*, § 220a/ § 6 VStGB, Rn. 112; Werle, JZ 1999, S. 1183; Lüder, NJW 2000, S. 270; Ambos, NStZ 2001, S. 630; Zimmermann, ZRP 2002, S. 100; Satzger, NStZ 2002, S. 131; BVerfG-Kammerbeschluß vom 12. 12. 2000 - 2 BvR 1290/99, in: JZ 2001, 975, 979.

Menschenwürde und der fundamentalen Menschenrechte angesehen. Die nationale Strafgerichtsbarkeit übernimmt demnach eine zentrale Rolle als „Hüterin der elementaren internationalen Menschenrechte mit den klassischen Mitteln des Rechtsstaates".[309] Soweit der nationale Gesetzgeber betreffend die völkerrechtlichen Straftatbestände nicht völkerrechtsfortbildend, sondern nur völkerrechtskonkretisierend unternimmt, verstoße das Fehlen eines echten Anknüpfungspunktes zum Inland nicht gegen das völkerrechtliche Nichteinmischungsgebot.[310] Demnach würde die Lehre echter Anknüpfungspunkte hinsichtlich des Weltrechtsprinzips gleichsam aufgehoben.

In einem späteren Urteil hat der BGH seine frühere Auffassung dahingehend geändert, dass immerhin bei Fällen des § 6 Nr. 9 StGB ein zusätzlicher legitimierender Anknüpfungspunkt für die Weltrechtspflege nicht erforderlich sei. Wenn die Bundesrepublik Deutschland zwecks Erfüllung einer völkerrechtlichen Pflicht zur Strafverfolgung bestimmter Verbrechen, die ihr aufgrund eines völkerrechtlichen Abkommens auferlegt wird, vom Weltrechtsprinzip Gebrauch macht, könne die Bestrafung eines Ausländers wegen einer Auslandstat an einem Ausländer nach deutschem Strafrecht nicht als Einmischung in innere Angelegenheiten anderer Staaten angesehen werden.[311] Zumal wenn der fremde Staat, dessen primärer Strafverfolgungszuständigkeit die Tat unterliegt, selbst eine Vertragspartei des internationalen Abkommens ist, könne vom Verstoß gegen das Nichteinmischungsprinzip keine Rede sein. Der betreffende Staat habe nämlich seine Souveränität freiwillig eingeschränkt.[312] Außerdem wird das Argument herangezogen, dass die Nichtverfolgung von Weltrechtsverbrechen das legitime Interesse des Wohnortstaates, nicht zum Aufenthaltsort von Verbrechern zu werden, verletzen könne. Unter Berufung auf „Rechtsbewährungsprinzip" solle das Rechtsbewusstsein des Aufenthaltsstaates nicht dadurch erschüttert werden, dass die Verletzung völkerrechtlich anerkannter und im Gerichtsstaat geltender Strafrechtsnormen unbestraft bleibe.[313]

Seitdem das deutsche Völkerstrafgesetzbuch (VStGB) am 26. 6. 2002[314] in Kraft getreten ist, wurde der Streit um legitimierende Anknüpfungspunkte hinsichtlich der darin enthaltenen Tatbestände durch die ausdrückliche Vorgabe des deutschen Gesetzgebers gesetzlich beigelegt. Gemäß § 1 VStGB gilt dieses Gesetz „für alle in ihm bezeichneten Straftaten gegen das Völkerrecht, für die in ihm bezeichneten Verbrechen auch dann, wenn die Tat im Ausland begangen wurde und keinen Bezug zum Inland aufweist". Hingegen ist es nicht klar, wie sich die Rechtsprechung bezüglich der Frage der legitimierenden Anknüpfungspunkte zu § 6 StGB verhält. Jedenfalls ist festzustellen, dass immerhin bei

[309] Kotzur, DÖV 2002, S. 197, 200.
[310] Satzger, NStZ 2002, S. 131f.; dagegen Gloria, in: Ipsen, Völkerrecht, S. 286f.
[311] BGHSt 46, 292, 306; zustimmend Hilgendorf, JR 2002, S. 82ff.
[312] Hilgendorf, JR 2002, S. 83.
[313] BayObLG NJW 1998, 392, 395.
[314] BGBl. 2002 I, S. 2254.

völkerrechtlich strafbaren Verbrechen nach der Behauptung des deutschen Gesetzgebers, dass das völkerrechtliche Verbotensein der betreffenden Verbrechen eine Ermächtigung zur Bestrafung für alle Staaten darstelle, auf einen Bezug zum Inland verzichtet wird. Diese Behauptung erregt jedoch den Zweifel, ob jede Form völkerrechtlicher Verbotsnormen bezüglich der Völkerstraftaten die Weltrechtspflege durch Nationalstaaten rechtfertigen kann. Es ist also notwendig, auf die Gründe und Formen der völkerrechtlichen Ermächtigung zur Weltrechtspflege durch Nationalstaaten einzugehen.

4.3.3. Gründe und Formen der Strafbefugnis bezüglich Weltrechtsverbrechen

Ein Staat ist prinzipiell für die Regelung eines Sachverhalts zuständig, wenn eine echte Verknüpfung zwischen dem Staat und diesem Sachverhalt besteht. Ausnahmsweise dürfen andere Staaten, die keinen echten Anknüpfungspunkt zu dem Sachverhalt aufweisen, auch Zuständigkeit über den Sachverhalt besitzen, wenn eine andere völkerrechtliche Norm dies legitimiert. Eine solche völkerrechtliche Norm kann nämlich einen Staat ermächtigen, die ursprünglich fremden Angelegenheiten unter seinen Rechtsanwendungsbereich zu bringen. Es wird im Schrifttum teilweise behauptet, dass durch eine Abwägung der Staateninteressen entschieden werden könnte, ob eine Ausdehnung staatlicher Strafgewalt völkerrechtlich erlaubt ist.[315] M. E. kann die Lösung dieses Problems nicht in der Abwägung der Interessen liegen. Der mit seinen Strafgesetzen extraterritoriale Sachverhalte regelnde Staat hat durch seine Intention zur Anwendungsbereichserweiterung seiner Gesetze natürlich ein Interesse gezeigt. Aber ob dieses Interesse berechtigt ist, hat nichts mit seiner Quantität zu tun. Das heißt, ob eine extraterritoriale Ausdehnung der Strafrechtsanwendung legitim ist, kann nicht durch die Abwägung der widerstreitenden Interessen entschieden werden. Vielmehr kann sie nur mit Heranziehung einer ermächtigenden Völkerrechtsnorm gerechtfertigt werden.

Aufgrund dieser Kenntnisse muss hinsichtlich des Weltrechtsprinzips herausgefunden werden, ob eine völkerrechtliche Norm vorliegt, welche bestimmte Sachverhalte als die Staatengemeinschaft im ganzen berührend qualifiziert, also keine Angelegenheit, welche bestimmten Staaten eigen ist. Daraufhin ist jeder Staat ermächtigt, die betreffenden Sachverhalte unabhängig von Tatort, Staatsangehörigkeit von Täter und Opfer sowie Tatortrecht in seine Strafgesetze

---

[315] Rosswog, Das Problem der Vereinbarkeit des aktiven und passiven Personalgrundsatzes mit dem Völkerrecht, S. 131f., 164ff.; Ziegenhain, Extraterritoriale Rechtsanwendung und die Bedeutung des Genuine-Link-Erfordernisses, S. 36ff.; Pappas, Stellvertretende Strafrechtspflege, S. 79ff.; MünchKommStGB/*Ambos*, Rn. 23 vor § 3. Bungenberg, AVR 39 (2001), S. 195 behauptet sogar, dass überwiegende Interessen einen legitimierenden Anknüpfungspunkt überflüssig machen könnten.

aufzunehmen und die betreffenden Verbrechen nach nationalen Strafgesetzen zu bestrafen. In bezug auf solche völkerrechtlichen Normen, welche die Anwendung des Weltrechtsprinzips rechtfertigen, muss man zuerst aus normtheoretischer Sicht nach ihrer Eigenschaft fragen. Im folgenden wird die völkerrechtliche Rechtfertigung des Weltrechtsprinzips anhand der Unterscheidung zwischen völkerrechtlicher Verpflichtung und Berechtigung, sowie der völkerrechtlichen Strafbefugnisse aufgrund des allgemeinen Völkerrechts und der Völkerrechtsverträge abgehandelt. Anschließend werden wir uns mit der Problematik befassen, ob aus der Notwendigkeit der Bestrafung von Weltrechtsverbrechen die Weltrechtspflege durch Nationalstaaten hergeleitet werden kann. Oder gibt es noch andere Möglichkeiten außer der Weltrechtspflege durch Nationalstaaten, welche die strafrechtliche Bekämpfung internationaler Verbrechen ebenso sicherstellen können?

4.3.3.1. Völkervertragsrechtliche Verpflichtung zur Ausübung der Weltrechtspflege?

Dem Staat können aufgrund seiner Rechtsordnung etliche Schutzpflichten für bestimmte Rechtsgüter auferlegt werden. Gegebenenfalls ist der Staat sogar verpflichtet, mit dem Erlass von Straftatbeständen bestimmte Verhalten strafrechtlich zu ahnden. Solchen *internen Strafpflichten* stehen *externe Strafpflichten* gegenüber, die vom Völkerrecht, also außerhalb der nationalen Rechtsordnung, dem Staat auferlegt sind, um gemeinsame Interessen der Staatengemeinschaft zu schützen.[316] Es wird im Schrifttum behauptet, dass die staatliche Kompetenz zur strafrechtlichen Ahndung durch völkerrechtliche Pflichten erweitert werden könnte. Da diese erweiterte Kompetenz über den Bereich der eigentlichen Angelegenheiten hinaus geht, lässt sie sich nicht als *originäre*, sondern als *übertragene* Strafkompetenz verstehen.[317] Die Auffassung, dass ein Staat durch eine völkerrechtliche Pflicht bestimmte Verbrechen bestrafen soll und darf, erscheint auf den ersten Blick problemlos. Genauer betrachtet, muss man sich jedoch fragen, ob eine solche Transformation von Pflicht in Berechtigung möglich ist. Es handelt sich nämlich um die völkerrechtliche Grundlage der Pflicht und Berechtigung zur Bestrafung.

Eine völkerrechtliche Pflicht wird von einem Staat vorwiegend durch Völkerrechtsverträge übernommen. Dementsprechend kann der Staat sich durch völkerrechtliche Verträge auch dazu verpflichten, bestimmte Verbrechen zu bestrafen.[318] Diese völkerrechtliche Pflicht kann dadurch verletzt werden, dass

316 Schmidt, Externe Strafpflichten, S. 1f.
317 Dahm/Delbrück/*Wolfrum*, Völkerrecht, Bd. I/3, S. 999.
318 Jescheck, IRuD 1956, S. 88. In der Lehre wird sogar behauptet, dass allein das völkerrechtliche Verbot bestimmter Verhaltensweisen ohne Bestrafungspflicht der Staaten auch deren Bestrafung begründen könne, weil das Verbot zu ihrer effektiven Durchsetzung

der Staat entweder keine entsprechenden Straftatbestände und somit keine entsprechende Strafdrohung in der eigenen Rechtsordnung vorsieht, oder dass der Staat seine Strafhoheit darüber nicht ausübt. In der Lehre wird oft behauptet, dass der Staat, der sich durch einen völkerrechtlichen Vertrag zur Strafverfolgung eines bestimmten Delikts verpflichtet, auch berechtigt sei, Staatsangehörige eines Nicht-Vertragsparteistaates nach dem Weltrechtsprinzip zu bestrafen.[319] Dies liege daran, dass die Strafverfolgungskompetenz eines Staates nicht auf dem Völkerrecht beruhe, sondern in der Staatssouveränität begründet sei. Der Staat habe nämlich einen großen Entscheidungsspielraum für die Gestaltung seines Strafrechtsanwendungsbereichs. Die Inanspruchnahme des Weltrechtsprinzips sei solange legitim, als die Intervention in die Souveränität anderer Staaten oder andere spezielle Fälle des Verbotes des Weltrechtsprinzips nach dem Völkerrecht nicht vorliegen. Die nationale Strafverfolgung nach dem Weltrechtsprinzip, die durch Völkerrechtsabkommen begründet ist, enthalte folglich nicht nur eine Verpflichtung, sondern auch eine Ermächtigung zur Bestrafung von Weltrechtsverbrechen, einerlei, ob sie Staatsangehörige eines Vertragsstaates sind oder ob sie auf dessen Territorium gehandelt haben. Das Weltrechtsprinzip wird demnach nicht nur als eine Pflicht, sondern auch als eine Berechtigung zur Bestrafung verstanden.

Die oben angeführte Argumentation ist in vielerlei Hinsicht problematisch. Zuerst bedeutet der Abschluss eines Abkommens mit anderen Staaten lediglich, dass Vertragsstaaten sich durch gemeinsame Strafverfolgungspflicht und internationale Zusammenarbeit die Bekämpfung der betreffenden Verbrechen zum Ziel gesetzt haben. Die jeweiligen Staaten erstreben jedoch *ihre eigenen Interessen*, obwohl dies durch zwischenstaatliche Zusammenarbeit verwirklicht werden soll. Mit anderen Worten, das sind nichts anderes als „die Resultaten des rational-egoistischen Verhaltens jedes einzelnen von ihnen".[320] Von gemeinsamen Interessen der Staatengemeinschaft als solcher kann dabei keine Rede sein. Darüber hinaus ist es den Vertragsstaaten durchaus möglich, durch Kündigung des Vertrags sich der Strafverfolgungspflicht zu entziehen. Demzufolge ist ein zwischenstaatliches Abkommen nicht in der Lage, die universale Weltrechtspflege zu begründen.

Neben der vorstehenden Kritik ist die oben dargestellte Argumentation insoweit nicht schlüssig, als dass, wenn dem Staat ein so großer Spielraum bei der Gestaltung seines Strafanwendungsrechts zusteht, man nicht mit großem Aufwand internationale Abkommen als Rechtfertigung heranzuziehen braucht. Außerdem ist die Transformation der Verpflichtung durch einen Völkerrechtsvertrag in die Berechtigung gegenüber Staatsangehörigen von Nicht-Vertragsparteien auch nicht überzeugend. Es ist unverständlich, warum die Nicht-Ver-

---

auch strafrechtlicher Sanktion bedürfe. Siehe Jescheck, Die Verantwortlichkeit der Staatsorgane nach Völkerstrafrecht, S. 368ff.; Ambos, NStZ 1999, S. 228f.

319 Dahm/Delbrück/*Wolfrum*, Völkerrecht, Bd. I/3, S. 1005; Doehring, Völkerrecht, Rn. 820.

320 Merkel, Universale Jurisdiktion bei völkerrechtlichen Verbrechen, S. 246, 249ff.

tragsparteien die Wirkung eines von ihnen nicht unterzeichneten völkerrechtlichen Vertrags dulden sollten.

Der universale Geltungsanspruch aufgrund eines völkerrechtlichen Vertrags scheitert nämlich daran, dass völkerrechtliche Verträge nur Vertragsparteien untereinander berechtigen oder verpflichten können. Ein völkerrechtlicher Vertrag gilt grundsätzlich nur inter partes. Die Wirkung inter partes von Völkerrechtsverträgen beruht auf dem Konsensprinzip, dem Souveränitätsprinzip und dem Prinzip der Staatengleichheit. Dass ein völkerrechtlicher Vertrag ohne Einwilligung eines Staates für ihn nicht gilt, wird auch in Art. 34 „Wiener Übereinkommen über das Recht der Verträge" (WVK) bestätigt.[321] Die Drittwirkung zugunsten oder zu Lasten von Drittstaaten kann gemäß Art. 34, 35 WVK nur insoweit vorliegen, als die Drittstaaten ihre Zustimmung abgeben.[322]

Nach dem Gesagten darf ein Staat unter Berufung auf einen völkerrechtlichen Vertrag allenfalls nur gegenüber den Staatsangehörigen der Vertragsstaaten das Weltrechtsprinzip anwenden.[323] Dies ist der Grund dafür, warum in etlichen gerichtlichen Urteilen immer mit großem Aufwand angeführt ist, dass der Tatortstaat oder der Heimatstaat des Täters dem betreffenden völkerrechtlichen Abkommen beigetreten ist und die Tat gleichfalls unter Strafe stellt.[324] Diese Argumentation ist deshalb auffällig und contra legem, weil die Strafbarkeit der betreffenden Weltrechtsverbrechen im Tatortstaat oder Heimatstaat des Täters und der Beitritt der betreffenden Staaten für dieses Abkommen in § 6 StGB nicht vorgesehen sind. Darüber hinaus ist dieser Begründungsversuch für das Weltrechtsprinzip auch in anderer Hinsicht problematisch. Wenn sich der Geltungsumfang der Strafrechtsnormen nur auf eine bestimmte Personengruppe (hier Staatsangehörige der Vertragsstaaten) bezieht, ist es fraglich, ob dieser Fall per definitionem noch zum Weltrechtsprinzip zählen könnte. Mit anderen Worten, da das Weltrechtsprinzip von einer universalen Gültigkeit ausgeht, kann sich seine Anwendung nicht lediglich auf bestimmte Personen beschränken.

Bei der Diskussion über die Weltrechtspflege soll zwischen „Völkerrechtsverbrechen" und „völkerrechtsvertragsgestütztem Verbrechen" unterschieden werden. Während die Strafbarkeit eines Völkerrechtsverbrechens unmittelbar

---

321 Dahm/*Delbrück*/Wolfrum, Völkerrecht, Bd. I/3, S. 613; Verdross/Simma, Universelles Völkerrecht, § 757; Seidl-Hohenveldern/Stein, Völkerrecht, Rn. 323. Art. 34 WVK: „Ein Vertrag begründet für einen Drittstaat ohne dessen Zustimmung weder Pflichten noch Rechte."

322 Art. 35 WVK: „Ein Drittstaat wird durch eine Vertragsbestimmung verpflichtet, wenn die Vertragsparteien beabsichtigen, durch die Vertragsbestimmung eine Verpflichtung zu begründen, und der Drittstaat diese Verpflichtung ausdrücklich in Schriftform annimmt." Art. 35 WVK verlangt in bezug auf die Drittwirkung zugunsten Drittstaaten hingegen nur eine vermutliche Zustimmung, die nicht durch das Gegenteil widerlegt ist.

323 Kunig, JuS 1978, S. 595 Fn. 20; Merkel, Universale Jurisdiktion bei völkerrechtlichen Verbrechen, S. 247; Keller, FS Lüderssen, 2002, S. 429f.

324 Zum Völkermord siehe BayObLG NJW 1998, 392, 393f.; BGHSt 46, 292, 297. Zu Betäubungsmitteldelikten BGHSt 27, 30, 33.

auf dem universell geltenden Völkerrecht beruhen sollte und damit die universale Strafverfolgung erfordert wird, stellt ein völkerrechtsvertragsgestütztes Verbrechen eine Tat dar, die von einer Staatengruppe durch völkerrechtliche Verträge zum Zweck koordinierter Strafverfolgung vereinbart ist. Dem völkerrechtsvertragsgestützten Verbrechen fehlt das wesentliche Merkmal für die universale Gültigkeit, nämlich ein Weltgemeinschaftsinteresse beziehungsweise die Betroffenheit der Staatengemeinschaft insgesamt (Verletzungswirkung *erga omnes*).[325] Ob Verbrechen wie z. B. Betäubungsmittelhandel oder Geldfälschung usf., zu deren Bestrafung die Vertragsparteien etlicher völkerrechtlicher Abkommen verpflichtet sind, mit der Bezeichnung „völkerrechtliche Verbrechen" versehen werden kann, ist äußerst fraglich. Angesichts der Tatsache, dass die Zuständigkeit für deren Bestrafung nicht auf allgemein akzeptierten Rechtsprinzipien, sondern lediglich auf der in den betreffenden Abkommen vorgesehenen Berechtigung oder Verpflichtung beruht, sollten solche Verbrechen nicht als „völkerrechtliche Verbrechen" bezeichnet werden. Sie sind vielmehr lediglich völkerrechtsvertragsgestützte Verbrechen.[326] Völkerrechtsnormen können somit zwar Pflichten begründen, es kann jedoch nicht behauptet werden, dass jede völkerrechtliche Pflicht universal, also gegenüber allen verbindlich wäre. Vor allem die Folgerung der universalen Berechtigung aus einer auf einem Völkerrechtsvertrag gestützten Pflicht verkennt die Eigenschaft und Wirkung des Völkerrechtsvertrags und ist deshalb unhaltbar.

Da eine sich auf völkerrechtlichen Vertrag berufende Strafrechtsnorm nicht für Staatsangehörige von Nicht-Vertragsparteien gelten kann, wird diese eingeschränkte Wirkung von Völkerrechtsverträgen im Schrifttum teilweise als die Ursache für „Lücken" des völkerrechtlichen Schutzes universaler Rechtsgüter angesehen.[327] Um diese „Lücken" zu füllen, wird im Schrifttum die Lehre der Verträge mit Wirkung erga omnes aufgestellt. Demnach sind bestimmte Völkerrechtsverträge zu Lasten Dritter ohne oder sogar gegen deren Willen ausnahmsweise anerkannt, um essentielle Gemeinschaftsinteressen (internationale öffentliche Interessen, international public or community interests) zu sichern.[328] Das heißt, das Interesse der Staatengemeinschaft überwiegt den Willen einzelner Staaten. Skeptisch gegenüber dieser Behauptung stellen sich aber die Fragen, weshalb das Interesse der Staatengemeinschaft durch einen Vertrag mit beschränkter Anzahl von Vertragsparteien festgestellt werden kann. Wie kann aus einem Völkerrechtsvertrag als partikularer Völkerrechtsquelle eine universale Verbindlichkeit hergeleitet werden?

---

325 Bungenberg, AVR 39 (2001), S. 191f.; Kreß, ZStW 114 (2002), S. 829, 836.

326 Seidl-Hohenveldern/Stein, Völkerrecht, Rn. 1381.

327 Dahm/Delbrück/*Wolfrum*, Völkerrecht, Bd. I/3, S. 997.

328 Dahm/*Delbrück*/Wolfrum, Völkerrecht, Bd. I/3, S. 619f.; Schröder, in: Graf Vitzthum (Hg.), Völkerrecht, S. 557f.; Verdross/Simma, Universelles Völkerrecht, § 1263; Heintschel von Heinegg, in: Ipsen, Völkerrecht, S. 162f.; Frowein, „Obligations erga omnes", in: EPIL, Bd. 3, S. 757ff.

Die Drittwirkung erga omnes kann unterschiedlich begründet werden. Zuerst kann sie sich auf die Durchsetzung eines anerkannten internationalen öffentlichen Interesses, also auf das Völkergewohnheitsrecht berufen. Oder sie kann nicht zuletzt auf dem Vertragsrecht basieren. Demnach muss ein Vertrag mit erga omnes-Wirkung zwei Voraussetzungen erfüllen.[329] Erstens, die Vertragsparteien müssen ihre Absicht klar zum Ausdruck bringen, dass sie allgemeine Rechte und Pflichten im allgemeinen Interesse in bezug auf bestimmte Region, einen bestimmten Staat oder Territorium usw. begründen wollen. Zweitens, es muss unter den Vertragsparteien der Staat oder die Staaten sein, welche die Gebietshoheit über dem vom Vertrag betroffenen Bereich innehaben. Oder zumindest muss der die Gebietshoheit des betroffenen Bereichs besitzende Staat den Regelungen des Vertrags entweder zustimmen oder zumindest keinen Widerspruch kundgeben.

Eine solche auf dem Völkerrechtsvertrag beruhende Wirkung erga omnes stellt genauer betrachtet keine echte Wirkung erga omnes dar. Sie wird widerlegt, wenn ein betroffener Staat dem Vertrag ausdrücklich widerspricht. Will ein völkerrechtlicher Vertrag eine Geltung über Vertragsparteien hinaus, also Wirkung erga omnes erlangen, muss er Bestandteil des allgemeinen Völkerrechts werden. Es wird dementsprechend in der Lehre behauptet, dass als Grundlage derartiger allgemein-völkerrechtlicher Normen wohl eine „harte Staatenpraxis" in Betracht komme, die durch staatliche Gesetzgebung und Rechtsprechung in Verbindung mit den dieser Praxis zugrundliegenden Prinzipien praktiziert wird. Demzufolge könnte die erga omnes-Geltung durch Staatenpraxis und entsprechende Rechtsüberzeugung zustande kommen, die sich an einer großen Zahl der Vertragsparteien eines Völkerrechtsvertrags ablesen lassen.[330] Nach dem Dargestellten stellt die Geltung erga omnes eines Völkerrechtsvertrags keine neue Rechtsquelle des Völkerrechts neben Völkerrechtsvertrag oder Völkergewohnheitsrecht dar. Obwohl der Regelungsinhalt in einem Völkerrechtsvertrag festgelegt ist, beruht die Geltung erga omnes nicht auf dem Vertrag als solchem, sondern auf dem Völkergewohnheitsrecht.

Angesichts der Legitimationsprobleme der Anwendung des Weltrechtsprinzips auf Völkermord aufgrund des Völkerrechtsvertrags hat das Bundesverfas-

---

329 Dahm/*Delbrück*/Wolfrum, Völkerrecht, Bd. I/3, S. 623f.; Heintschel von Heinegg, in: Ipsen, Völkerrecht, S. 134.

330 Verdross/Simma, Universelles Völkerrecht, § 771; Dahm/*Delbrück*/Wolfrum, Völkerrecht, Bd. I/3, S. 625f.; Kreß, ZStW 114 (2002), S. 833. Gegen die Auffassung, dass aus der Staatenpraxis als dem Faktischen die Völkerrechtsnorm als das Normative abzuleiten sei, behauptet Bruns, ZaöRV 1 (1929), S. 2f., 7f.: Auch wenn zwischen einzelnen Staaten etliche Verträge mit ähnlichem Inhalt geschlossen wurden, „so kann durch eine Abstraktion aus diesen Verträgen nicht auf die Existenz eines Instituts des gemeinen Völkerrechts geschlossen werden". In ein System des gemeinen Völkerrechts „gehören einzelne Verträge nicht, sondern nur Rechtsgrundsätze, Rechtsinstitute und Rechtssätze von allgemeiner Geltung". Ebenso Graf Vitzthum, in: Graf Vitzthum (Hg.), Völkerrecht, S. 66.

sungsgericht in bezug auf eine Entscheidung des BGH[331] behauptet, dass das Verbot des Völkermords nicht nur auf einem völkerrechtlichen Vertrag, also der Völkermordkonvention, sondern auch auf Völkergewohnheitsrecht beruhe. Die Geltung des Verbots sei nämlich aus zweierlei Rechtsquellen hervorgegangen. „Die Inkorporation einer gewohnheitsrechtlichen Norm in einen Vertrag ändert nichts an deren gleichzeitiger gewohnheitsrechtlicher Geltung."[332] Das heißt, da der Vertragsinhalt schon ein Teil des geltenden allgemeinen Völkerrechts geworden ist, dient der betreffende Vertrag lediglich dazu, „den Rechtszustand klarzustellen oder auch dem bestehenden Rechtszustand einen neuen, klärenden Geltungsgrund hinzuzufügen".[333]

Außer dem Argument der Wirkung erga omnes des Völkermordverbots behauptet das Bundesverfassungsgericht vor allem, dass das Völkermordverbot, das sowohl auf dem Völkervertragsrecht als auch auf dem Völkergewohnheitsrecht beruhe, ein völkerrechtliches *ius cogens* sei. Das ius cogens als Norm des allgemeinen Völkerrechts gehört zum *ordre public* der Staatengemeinschaft. Es ist von der gesamten Staatengemeinschaft anerkannt und besitzt eine zwingende Verbindlichkeit, wovon nicht abgewichen werden darf, es sei denn, es wird von einer späteren Völkerrechtsnorm derselben Rechtsnatur geändert.[334] Mit anderen Worten, solchen Völkerrechtsnormen als ius cogens kommt die Wirkung erga omnes zu.[335] Das heißt, die Geltung des ius cogens würde nicht durch Völkerrechtsverträge mit abweichendem Inhalt eingebüßt, es ist vielmehr an alle Mitglieder der Staatengemeinschaft gerichtet.

---

331 BGHSt 45, 64.

332 BVerfG-Kammerbeschluß vom 12. 12. 2000 - 2 BvR 1290/99, in: JZ 2001, 975, 976.

333 Doehring, ZaöRV 36 (1976), S. 78.

334 Siehe Art. 34 Wiener Übereinkommen über das Recht der Verträge (WVK): „Ein Vertrag ist nichtig, wenn er im Zeitpunkt seines Abschlusses im Widerspruch zu einer zwingenden Norm des allgemeinen Völkerrechts steht. Im Sinne dieses Übereinkommens ist eine zwingende Norm des allgemeinen Völkerrechts eine Norm, die von der internationalen Staatengemeinschaft in ihrer Gesamtheit angenommen und anerkannt wird als eine Norm, von der nicht abgewichen werden darf und die nur durch eine spätere Norm des allgemeinen Völkerrechts derselben Rechtsnatur geändert werden kann." Zum ius cogens siehe zudem Frowein, FS Mosler, 1983, S. 241ff.; Kadelbach, Zwingendes Völkerrecht, passim; Frowein, „Jus Cogens", in: EPIL, Bd. 3, S. 65ff.; Berber, Lehrbuch des Völkerrechts, Bd. I, S. 472ff.; Verdross/Simma, Universelles Völkerrecht, §§ 524, 526; Dahm/*Delbrück*/Wolfrum, Völkerrecht, Bd. I/3, S. 707ff.; Heintschel von Heinegg, in: Ipsen, Völkerrecht, S. 156ff.; Doehring, Völkerrecht, Rn. 298ff.

335 BVerfG-Kammerbeschluß vom 12. 12. 2000 - 2 BvR 1290/99, in: JZ 2001, 975, 976; Doehring, Völkerrecht, Rn. 988. Die Pflichten, die sich aus einer ius cogens-Norm ergeben, sind immer erga omnes-Pflichten; hingegen sind nicht alle Rechtsnormen, die erga omnes-Pflichten begründen, zwingendes Völkerrecht. Siehe Kimminich/Hobe, Einführung in das Völkerrecht, S. 171; Kadelbach, Zwingendes Völkerrecht, S. 178. Frowein, „Jus Cogens", in: EPIL, Bd. 3, S. 67 behauptet zurückhaltend, dass die Verletzung des ius cogens „in most cases" zur Verletzung einer Pflicht erga omnes zähle.

Das Argument des ius cogens vom Bundesverfassungsgericht ist m. E. jedoch verfehlt. Die Rechtsfolgen eines Verstoßes gegen das ius cogens bestehen darin, dass die widersprechenden Verträge von der ganzen Staatengemeinschaft nicht anerkannt und ungültig sind, und dass die Staaten, die gegen das betreffende ius cogens verstoßen, bestimmte Haftung dafür tragen sollen.[336] Demnach bedeutet nicht jede Verletzung einer zwingenden Rechtsnorm durch einen Staat ohne weiteres die Strafbarkeit seiner Staatsangehörigen. Staatliche Verantwortung und Verantwortung des Individuums müssen auseinander gehalten werden. Außerdem entspringt die Verpflichtung von Staaten, Völkermord zu ahnden, nicht deren Natur als ius cogens. Die Bezeichnung „ius cogens" sagt nur etwas über die zwingende Eigenschaft einer Norm aus und hat nichts mit deren Entstehung und Begründung zu tun.[337] Mit anderen Worten, aus dem Verbot des Völkermords als ius cogens ist allenfalls abzuleiten, dass der Völkermord nicht von Einzelstaaten legitimiert werden darf. Warum und von wem der Völkermord bestraft werden soll und ob es eine unmittelbare Strafbarkeit des Individuums begründen kann, lässt sich nicht auf Grund des ius cogens beantworten.

Wie oben bemerkt, kann eine universale Pflicht aller Staaten durch eine allgemein-völkerrechtliche Norm mit Wirkung erga omnes begründet werden. Aber selbst wenn eine völkerrechtliche Pflicht erga omnes durch allgemeines Völkerrecht begründet ist, muss man immer noch fragen, welchen Inhalt die betreffende Pflicht genau enthält. Wenn die völkerrechtliche Pflicht erga omnes lediglich besagt, dass jeder Staat zur Strafverfolgung eines bestimmten Verbrechens verpflichtet ist, damit es nicht straffrei bleibt, kann es nicht zwangsläufig auf die Einführung des Weltrechtsprinzips hinauslaufen. Wenn also ein tatnaher Staat willens und in der Lage ist, das Verbrechen zu bestrafen, kann die Auslieferung des Täters an diesen Staat auch die betreffende Pflicht erga omnes erfüllen. Mit anderen Worten, die Erfüllung einer völkerrechtlichen Pflicht erga omnes zur Bestrafung bestimmter Verbrechen muss nicht die Weltrechtspflege durch inländisches Gericht bedeuten; die Veranlassung zur Bestrafung des Täters durch ein ausländisches oder internationales Gericht kann die Pflicht erga omnes genauso erfüllen. Darauf werden wir im nächsten Abschnitt noch näher eingehen.

4.3.3.2. Die Regelungen des Strafanwendungsrechts in Völkerrechtsverträgen

Obwohl ein völkerrechtlicher Vertrag, dessen Inhalt sich auf allgemeines Völkerrecht berufen kann, die Wirkung erga omnes beanspruchen darf, muss man jedoch genauer hinschauen, was für eine Pflicht oder Berechtigung mit Wirkung

[336] Verdross/Simma, Universelles Völkerrecht, § 529; Frowein, „Jus Cogens", in: EPIL, Bd. 3, S. 67f.

[337] Kadelbach, JZ 2001, S. 982.

erga omnes gemeint ist. Hinsichtlich des Strafanwendungsrechts muss also gefragt werden, ob es sich bei der universalen Pflicht oder Berechtigung wirklich um die Weltrechtspflege durch jeden Staat handelt. Eine universale Pflicht oder Berechtigung zur Bestrafung ist nicht mit der Weltrechtspflege durch jeden Nationalstaat gleichzusetzen. Um alle Staaten zur Bekämpfung international geächteter Verbrechen zu verpflichten oder zu ermächtigen, stehen vielfältige Prinzipien des Strafanwendungsrechts zur Verfügung.[338] Da es wegen der Ambiguität der Vertragssprache, der zahlreichen Auslegungsmöglichkeiten sowie der Andersartigkeit der Rechtsordnungen regelmäßig zu internationalen Konflikten zwischen Staaten kommen könnte, müssen die betreffenden Verträge zur Vermeindung internationaler Konflikte nicht nur die Schutzbedürftigkeit von Rechtgütern bestimmen, sondern auch die Einführung des Weltrechtsprinzips ausdrücklich vorsehen. Die Weltrechtspflege durch Nationalstaaten, also die Anwendung des Weltrechtsprinzips, kann selbst aus dem Schutz international anerkannter Rechtsgüter und einer universal verbindlichen Strafverfolgungspflicht nicht gefolgert werden.[339] Es gibt nämlich andere Alternativen im Strafanwendungsrecht, die den Zweck zur Bekämpfung international geächteter Verbrechen ebenso erfüllen können. Das heißt, selbst wenn eine völkerrechtliche Verpflichtung zur Bestrafung eines bestimmten Verbrechens universal gilt, bedeutet dies nicht zwangsläufig, dass jeder Staat berechtigt ist, die Kompetenz zur Bestrafung solcher Straftat zu erlangen, gleichgültig wo und von wem die Tat begangen wird. Die universale Geltung einer Strafrechtsnorm bedeutet nämlich nicht die universale Kompetenz eines Staates für jede Tat. Es wäre „jedenfalls (...) ein chaotisches internationales Strafanwendungsrecht die Folge, wenn dem Begriff des internationalen Delikts überall das Weltrechtspflegeprinzip des staatlichen Strafanwendungsrechts folgen würde".[340]

Obgleich in zahlreichen völkerrechtlichen Verträgen gelegentlich die Verpflichtung zur Bestrafung bestimmter Verbrechen vorgesehen ist, muss man dennoch genauer auf die Vertragsbedingungen hinsichtlich der Strafrechtsanwendungsprinzipien schauen. Eine Pflicht zur Bestrafung führt nicht zwangsläufig zur Erfüllung dieser Pflicht mit allen Mitteln. Die Anwendung des Weltrechtsprinzips geht weit über den Inhalt und Zweck der zwischenstaatlichen Abkommen hinaus, wenn in diesen Abkommen lediglich andere Prinzipien des Internationalen Strafrechts vorgesehen sind.[341] In den letzten Jahrzehnten wurde das Weltrechtsprinzip nur im Apartheits-UN-Abkommen gebraucht, das jedoch

---

338 Oehler, „Criminal Law, International", in: EPIL, Bd. I, S. 879.

339 Oehler, JR 1977, S. 424; Oehler, FS Carstens, 1984, S. 443; Oehler, Internationales Strafrecht, Rn. 889.

340 Oehler, NStZ 1994, S. 485.

341 Oehler, Internationales Strafrecht, Rn. 889. Hingegen behauptet MünchKommStGB/ *Ambos*, Rn. 50 vor § 3, dass die Anwendung des Weltrechtsprinzips auf ein bestimmtes Verbrechen überhaupt nicht vertraglich explizit festgelegt zu sein brauche. Dass andere internationalstrafrechtliche Prinzipien in den betreffenden Abkommen ausdrücklich vorgesehen sind, würde der Rechtfertigung des Weltrechtsprinzips nicht schaden.

von keiner der großen Westmächte und hauptsächlich nur von afrikanischen und Oststaaten unterschrieben und ratifiziert wurde. Das Abkommen selbst ist nämlich eher politischer Ideologie verhaftet.[342] Die Ansicht, dass aufgrund einer Bestrafungsbestimmung in einem internationalen Abkommen die Anwendung des Weltrechtsprinzips zu rechtfertigen sei, vernachlässigt die Tatsache, dass in dem herangezogenen Abkommen das Weltrechtsprinzip regelmäßig nicht vorgesehen ist und die Interpretation zugunsten des Weltrechtsprinzips dem Abkommen in der Tat widersprechen könnte.

Für internationale Verbrechen wird in der Gegenwart vorwiegend das Prinzip der stellvertretenden Strafrechtspflege verwendet. Das Prinzip der stellvertretenden Strafrechtspflege wird in vielen völkerrechtlichen Verträgen so formuliert, dass der Staat entweder den Täter an einen anderen Staat ausliefern, der in der Regel von der Tat besonders betroffen ist, oder ihn selbst bestrafen muss („aut dedere aut judicare"). Der Sinn und Zweck des Grundsatzes „aut dedere aut judicare" wird im Schrifttum jedoch teilweise zugunsten der Weltrechtpflege so gedeutet, dass es unentschieden sei, welcher der beiden alternativen Verpflichtungen, also entweder den Täter selbst zu ahnden oder ihn einem anderen Staat auszuliefern, der Vorrang zukommt. Demzufolge könne die primäre Pflicht zur Auslieferung völkergewohnheitsrechtlich nicht bestätigt werden. Daraufhin sei aus diesem Grundsatz auch das Weltrechtsprinzip abzuleiten.[343] Diese Umdeutung oder Missdeutung des Grundsatzes „aut dedere aut judicare" widerspricht jedoch seinem Sinn und Zweck. Dieser Grundsatz sollte sowohl zur Lückenlosigkeit der Strafverfolgung als auch zum Verfolgungsinteressenausgleich der Staaten dienen. Aufgrund einer sinngemäßen Interpretation soll der Grundsatze „aut dedere aut judicare" das Stellvertretungsprinzip bedeuten. Demnach soll der Ergreifungsstaat zuerst versuchen, den Täter an einen betroffenen Staat auszuliefern. Nur wenn dies nicht gelingt, darf er den Täter dann selbst bestrafen.

Außer der Umdeutung des Grundsatzes „aut dedere aut judicare" wird im Schrifttum häufig auch eine Interpretation internationaler Abkommen zugunsten des Weltrechtsprinzips verwendet. Demnach könnte man sich trotz des Fehlens des Weltrechtsprinzips in internationalen Abkommen auf eine in zahlreichen Abkommen enthaltene Klausel berufen, die etwa besagt, dass die Verträge eine Strafgerichtsbarkeit nicht ausschlössen, die *nach nationalem Recht* ausgeübt werde.[344] Demnach sei das Weltrechtsprinzip als Teil des nationalen Rechts auf Grund der betreffenden Verträge legitimiert. Abgesehen davon, dass die Begründung universaler Strafrechtsnormen und ihre Durchsetzung durch lediglich zwischen Vertragsparteien gültige Vertragsbedingungen schon problematisch ist, stellt dieses Argument m. E. eine Art Petitio Principii dar. Sucht das Weltrechts-

---

342 Oehler, FS Carstens, 1984, S. 442.

343 Dahm/Delbrück/*Wolfrum*, Völkerrecht, Bd. I/3, S. 1010f.

344 Statt vieler siehe nur LK-StGB/*Gribbohm*, § 6, Rn. 12; MünchKommStGB/*Ambos*, § 6, Rn. 11, 14; Zieher, Das sog. Internationale Strafrecht nach der Reform, S. 151, 154.

prinzip als nationales Recht also nach einer völkerrechtlichen Rechtfertigung, ist es dann absurd, dass die Rechtfertigung des nationalen Rechts durch Umdeutung der Verträge wieder auf nationales Recht zurückverwiesen wird. Der Verweis auf die Gerichtsbarkeit im nationalen Recht in einer derartigen Vertragsklausel kann nur bedeuten, dass lediglich die nach dem Völkerrecht rechtmäßigen Regelungen des nationalen Rechts zu verwenden sind.[345] Da die Legitimität des Weltrechtsprinzips erst durch eine völkerrechtliche Norm zu beweisen ist, kann der Verweis auf nationales Recht keine Rechtfertigung liefern. Alles in allem kann dieses Argument also zur völkerrechtlichen Rechtfertigung des Weltrechtsprinzips überhaupt nicht beitragen.

Nach dem Dargestellten kann selbst ein völkerrechtlicher Vertrag, der unter Berufung auf allgemeines Völkerrecht die Wirkung erga omnes besitzt, die Anwendung des Weltrechtsprinzips nicht definitiv rechtfertigen. Eine universal gültige Strafverfolgungspflicht führt nicht zwangsläufig zur Anwendung des Weltrechtsprinzips. Das Weltrechtsprinzip kann demzufolge nur dann gerechtfertigt werden, wenn es ausdrücklich durch allgemeines Völkerrecht vorgesehen ist.

4.4. Exkurs: Völkerstrafrecht

Wie oben dargestellt, soll die universale Bestrafung von Weltrechtsverbrechen dem Schutz international anerkannter Rechtsgüter dienen. Darüber hinaus liegt der Bestrafungsgrund von Weltrechtsverbrechen insbesondere darin, dass die gesamte Staatengemeinschaft von solchen Verbrechen berührt wird. Dadurch wird eine Gemeinsamkeit zwischen Weltrechtsverbrechen nach dem Weltrechtsprinzip und Völkerrechtsverbrechen hinsichtlich der Gründe ihrer Strafwürdigkeit aufgewiesen.[346] Da außerdem immer geltend gemacht wird, dass die Anwendung des Weltrechtsprinzips auf dem Völkerrecht beruht, ist es daher dienlich, das Völkerstrafrecht, insbesondere dessen Anwendungsrecht, im Rahmen des Vergleichs mit Weltrechtsverbrechen und dem Weltrechtsprinzip zu erläutern.

Der Begriff des „Internationalen Strafrechts" wird oft mit dem des Völkerstrafrechts verwechselt. Während Internationales Strafrecht, wie oben dargestellt, zum *innerstaatlichen Recht* zählt, umfasst das Völkerstrafrecht alle Normen, die eine direkte Strafbarkeit nach dem *Völkerrecht* begründen. Demnach bildet das

---

[345] MünchKommStGB/*Ambos*, § 6, Rn. 11 hat auch zugegeben, dass trotz einer solchen Klausel völkerrechtliche Schranken (etwa der Nichteinmischungsgrundsatz) beachtet werden müssen. Das heißt, trotz einer solchen Klausel könnte die Anwendung des Weltrechtsprinzips dennoch völkerrechtswidrig sein.

[346] Zum Zusammenhang zwischen Völkerstrafrecht, internationalem Strafrecht und Europäischem Strafrecht siehe Eisele, JA 2000, S. 424ff.

Völkerstrafrecht einen Gegenstand des Völkerrechts.[347] Internationales Strafrecht als Strafanwendungsrecht hat nicht unmittelbar mit den materiellen Strafrechtnormen zu tun. Hingegen sind im Völkerstrafrecht auch materielle Strafrechtsnormen verankert, die auf völkerrechtlichen Quellen beruhen. Das Völkerstrafrecht ist demnach „die Gesamtheit aller Normen strafrechtlicher Natur, die dem Völkerrecht angehören".[348] Die Rechtsquellen des Völkerstrafrechts bilden nicht nur völkerrechtliche Verträge, sondern auch Völkergewohnheitsrecht und allgemeine Rechtsgrundsätze.[349]

Es ist völkerrechtlich allgemein anerkannt, dass der Staat durch seine Rechtsordnung über seine eigenen Angelegenheiten grundsätzlich selbst entscheiden darf. Da das Strafrecht innerhalb der gesamten Rechtsordnung die überlebenswichtigsten Angelegenheiten des Staates und seiner Bürger regelt, liegt es in der Natur der Sache, dass der Staat sein eigenes Strafrecht gestalten darf. Diese grundlegende Aussage muss jedoch in einem Globalisierungszeitalter insoweit korrigiert werden, als es bestimmte Verbrechen gibt, die zwar in einem Staat begangen werden, jedoch nicht von diesem Staat nach Belieben entkriminalisiert werden dürfen. Vielmehr müssen solche Verbrechen unabhängig vom Willen des betreffenden Staates nach dem Völkerrecht geahndet werden können. Die Entwicklung des Völkerstrafrechts dient also dazu, „ein ethisches Verhaltensminimum"[350] von der Rückbindung an eine nationale Rechtsordnung zu lösen und Verstöße gegen den „humanitären Mindeststandard"[351] strafrechtlich zu unterbinden. Mit anderen Worten, die Völkerstraftaten sind wegen ihres schwerwiegenden Unrechtsgehalts und der Betroffenheit der ganzen Staatengemeinschaft international geächtet und sollen deshalb unbedingt bestraft werden.[352]

Die Tatbestände des Völkerstrafrechts werden in aller Regel von „einer großen Mehrheit der Staaten" als verbindlich anerkannt.[353] Unter dem Oberbegriff des Völkerstrafrechts stehen namentlich die Tatbestände von Völkermord, Verbrechen gegen die Menschlichkeit, Kriegsverbrechen und Verbrechen der

---

347 Jescheck, Die Verantwortlichkeit der Staatsorgane nach Völkerstrafrecht, S. 8f., 160; Triffterer, Dogmatische Untersuchungen zur Entwicklung des materiellen Völkerstrafrechts seit Nürnberg, S. 21, 173f.; Ahlbrecht, Geschichte der völkerrechtlichen Strafgerichtsbarkeit im 20. Jahrhundert, S. 9; Werle, Völkerstrafrecht, Rn. 71f.

348 Jescheck, Die Verantwortlichkeit der Staatsorgane nach Völkerstrafrecht, S. 9; Ambos, Der Allgemeine Teil des Völkerstrafrechts, S. 40.

349 Triffterer, Dogmatische Untersuchungen zur Entwicklung des materiellen Völkerstrafrechts seit Nürnberg, S. 35ff.; Bassiouni. The Sources and Content of International Criminal Law: A Theoretical Framework, S. 4; Ambos, Der Allgemeine Teil des Völkerstrafrechts, S. 41ff.

350 Herdegen, ZaöRV 47 (1987), S. 222; siehe auch Jescheck, „Völkerstrafrecht", in: WVR, Bd. 3, S. 781.

351 Ambos, NStZ 1999, S. 230.

352 Werle, Völkerstrafrecht, Rn. 174.

353 Jescheck, „International Crimes", in: EPIL, Bd. 2, S. 1120.

Aggression. Die geschützten Rechtsgüter des Völkerstrafrechts sind der Frieden, die Sicherheit und das Wohl der Welt, die als die höchsten Güter der Völkergemeinschaft anzusehen sind.[354] Nach *Triffterer* kann noch zwischen dem *universellen* und dem *regionalen Völkerstrafrecht* unterschieden werden. Demzufolge fehlt dem regionalen Völkerstrafrecht zwar die Anerkennung einer großen Mehrheit der Staaten, es sei dennoch als Strafrecht einer regional begrenzten Staatengemeinschaft, somit auch als echtes Völkerstrafrecht anzusehen.[355] Da die Besprechung des Völkerstrafrechts zum Zweck der Erklärung der Rechtfertigung des Weltrechtsprinzips dient, das einen universellen Geltungsanspruch erhebt, wird im folgenden lediglich das universelle Völkerstrafrecht behandelt.

4.4.1. Völkerrechtsverbrechen und völkerrechtliche Delikte

Dem Gedanken der Staatssouveränität entsprechend können Rechtsnormen traditionell in zwei Gebiete eingeteilt werden. Die einen stellen innerstaatliches Recht dar. Die rechtlichen Beziehungen zwischen Bürger und Bürger bzw. zwischen Bürger und Staat innerhalb eines Staates werden durch innerstaatliches Recht geregelt. Auf Grund der Staatssouveränität darf ein Staat in der Regel unabhängig von anderen Staaten seine inneren rechtlichen Beziehungen selbst gestalten. Im Vergleich zum innerstaatlichen Recht bestehen im Völkerrecht die Rechtsnormen, die in erster Linie die rechtlichen Beziehungen zwischen souveränen Staaten regeln.

Aufgrund des Grundsatzes der *Mediatisierung des Einzelmenschen* kann das Individuum den Status des völkerrechtlichen Subjekts in der Regel nicht besitzen. Völkerrechtliche Rechte und Pflichten stehen üblicherweise lediglich Staaten zu.[356] Nach dieser älteren Lehre seien völkerrechtliche Rechte von Individuen nur „Reflexwirkungen konkreter, objektives Völkerrecht schaffender

---

354 Vgl. Präambel Abs. 3 IStGH-Statut: „...in der Erkenntnis, dass solche schweren Verbrechen den Frieden, die Sicherheit und das Wohl der Welt bedrohen..."; Werle, Völkerstrafrecht, Rn. 76. Da für die vorliegende Arbeit vor allem die Frage des Strafanwendungsrechts und der Gerichtsbarkeit des Völkerstrafrechts bedeutsam sind, kann nicht auf Details des Völkerstrafrechts eingegangen werden. Zur näheren Erläuterung des Völkerstrafrechts siehe Jescheck, Die Verantwortlichkeit der Staatsorgane nach Völkerstrafrecht, Bonn 1952; Dahm, Zur Problematik des Völkerstrafrechts, Göttingen 1956; Triffterer, Dogmatische Untersuchungen zur Entwicklung des materiellen Völkerstrafrechts seit Nürnberg, Freiburg i. Br. 1966; Hankel/Stuby (Hg.), Strafgerichte gegen Menschheitsverbrechen, Hamburg 1995; Ahlbrecht, Geschichte der völkerrechtlichen Strafgerichtsbarkeit im 20. Jahrhundert, Baden-Baden 1999; Schmidt, Externe Strafpflichten, Frankfurt a. M. 2002; Werle, Völkerstrafrecht, Tübingen 2003; König, Die völkerrechtliche Legitimation der Strafgewalt internationaler Strafjustiz, Baden-Baden 2003.

355 Triffterer, FS Jescheck, 1985, S. 1502.

356 Zur historischen Entwicklung des Völkerrechtssubjekts siehe Epping, in: Ipsen, Völkerrecht, S. 51ff.

Staatenvereinbarungen", während völkerrechtliche Pflichten von Individuen auf „Ausübung einer auf einer Staatenvereinbarung beruhenden völkerrechtlichen Befugnis" basierten.[357] Entgegen dieser traditionellen Auffassung im Völkerrecht kommt dem Individuum heutzutage in etlichen Gebieten auch der Status des Völkerrechtssubjekts zu.[358] Das Individuum besitzt z. B. hinsichtlich der Menschenrechte auch einen völkerrechtlichen Rechtsstatus. Um ein Beispiel zu nennen, wird dem Individuum gemäß Art. 34 „Europäische Konvention zum Schutze der Menschenrechte und Grundfreiheiten" das Recht auf Individualbeschwerde beim Europäischen Gerichtshof für Menschenrechte gewährt, um gegen den Heimatstaat wegen der Menschenrechtsverletzung zu klagen.

Für eine unmittelbare individuelle Verpflichtung aufgrund des Völkerrechts ist das Völkerstrafrecht ein typisches Beispiel. Dabei wird das Individuum nach individueller Schuld aufgrund völkerrechtlicher Strafrechtsnormen unmittelbar zur Verantwortung gezogen. Völkerstraftaten werden dem Individuum unmittelbar zugerechnet, ohne dass wie früher dem Staat die Verantwortung zugeschoben würde. In dieser Hinsicht unterscheiden sich Völkerrechtsverbrechen (international crimes) des Individuums von völkerrechtlichen Delikten (international delicts) der Staaten oder der internationalen Organisationen wegen völkerrechtswidrigen Handelns. Sie haben nämlich unterschiedliche haftende Subjekte und Rechtsfolgen.[359] Während die internationale Verantwortlichkeit wegen völkerrechtlicher Delikte Staaten oder internationalen Organisationen zugerechnet wird, ist das Rechtssubjekt des Völkerstrafrechts das Individuum. Bei den Rechtsfolgen wegen der Zuwiderhandlung von Staaten sowie internationalen Organisationen handelt es sich um Ausgleich bzw. Wiedergutmachung der Unrechtsfolgen. Hingegen ist im Völkerstrafrecht die Kriminalstrafe als Rechtsfolge vorgesehen.[360] Ausgehend von dieser klaren Grenzziehung zwischen Völkerstraftat und völkerrechtlichem Delikt gibt es völkerrechtliche Verbotsnormen, die sowohl an Staaten als auch an Individuen adressiert sind.

---

357 Leibholz, ZaöVR I, I. Teil, 1929, S. 84.

358 Berber, Lehrbuch des Völkerrechts, Bd. I, S. 169ff.; Dahm/*Delbrück*/Wolfrum, Völkerrecht, Bd. I/3, S. 259ff.; Heilbronner, in: Graf Vitzthum (Hg.), Völkerrecht, S. 169ff.; Verdross/Simma, Universelles Völkerrecht, §§ 423ff.; Doehring, Völkerrecht, Rn. 243ff.; Kimminich/Hobe, Einführung in das Völkerrecht, S. 155ff.; Seidl-Hohenveldern/Stein, Völkerrecht, Rn. 927.

359 Dahm, Zur Problematik des Völkerstrafrechts, S. 48f.; Jescheck, „Völkerstrafrecht", in: WVR, Bd. 3, S. 781; Triffterer, Dogmatische Untersuchungen zur Entwicklung des materiellen Völkerstrafrechts seit Nürnberg, S. 180ff.; Triffterer, GS Zipf, 1999, S. 505ff.; Verdross/Simma, Universelles Völkerrecht, § 1263; Kimminich/Hobe, Einführung in das Völkerrecht, S. 240ff.; Schröder, in: Graf Vitzthum (Hg.), Völkerrecht, S. 565. Vgl. auch Art. 25 I IStGH-Statut: „Der Gerichtshof hat aufgrund dieses Statuts Gerichtsbarkeit über natürliche Personen."

360 Die Verneinung der Strafbarkeit des Staates ist auf die Maxime „societas delinquere non potest" zurückzuführen, wonach der Staat als Personenverband nicht schuldhaft einen Straftatbestand verwirklichen kann. Siehe Jescheck, Die Verantwortlichkeit der Staatsorgane nach Völkerstrafrecht, S. 7f.

Für Verstöße gegen derartige Völkerrechtnormen tragen Staaten und Individuen jeweils die Haftung nach dem Deliktsrecht sowie die strafrechtliche Haftung unmittelbar nach dem Völkerrecht.[361]

4.4.2. Die Unmittelbarkeit der Anwendung des Völkerstrafrechts

Obgleich das Völkerstrafrecht definitorisch von der inländischen Strafrechtsordnung unterschieden werden kann, muss sich jedoch die Frage stellen, ob das Völkerstrafrecht auf eine *Vermittlung nationaler Strafgesetze* angewiesen ist, wenn es konkret angewendet wird. Diese Frage kann auch so umformuliert werden, ob sich die *Unmittelbarkeit* der Anwendung völkerrechtlicher Strafrechtsnormen als ein notwendiges Kriterium des Völkerstrafrechts ansehen lässt. Es wird von der Mehrheitsmeinung geltend gemacht, dass bestimmte Verbrechen aufgrund des Völkerrechts unmittelbar verboten und strafbar seien. Die Bestrafung dieser sog. „delicta juris gentium", welche die international geschützten Rechtsgüter verletzen, brauche keine Vermittlung nationaler Strafgesetze. Die völkerstrafrechtliche Strafbarkeit natürlicher Personen ergebe sich nämlich unmittelbar aus dem Völkerrecht. Das Individuum ist demzufolge der unmittelbare Adressat der betreffenden Völkerrechtsnormen und insoweit das unmittelbare Völkerrechtssubjekt. Während die Bestrafung nach dem Weltrechtsprinzip immer der Anwendung eines *nationalen* Straftatbestands bedürfe, beruhe die Strafbarkeit nach dem Völkerstrafrecht unmittelbar auf *Völkerrechtsnormen.* [362] Obwohl die gleichen Tatbestände völkerstrafrechtlicher Normen häufig auch in Gestalt innerstaatlicher Strafrechtsnormen vorkommen, solle diese Transformation jedoch nicht als eine Voraussetzung für die Anwendung der völkerrechtlichen Strafrechtsnormen angesehen werden. Die Normen des Völkerstrafrechts könnten also unmittelbar von den zuständigen Gerichten, seien es internationale Gerichte, seien es nationale Gerichte, angewendet werden, auch wenn es keine vergleichbaren innerstaatlichen Strafrechtsnormen gibt.

Die Gegenmeinung behauptet hingegen, dass die unmittelbare Anwendung völkerrechtlicher Normen keine notwendige Bedingung für das Völkerstrafrecht sei. Da es in Tatbeständen des Völkerstrafrechts in der Regel an einer konkreten

---

[361] Triffterer, ZfRV 30 (1989), S. 109.

[362] Jescheck, „Völkerstrafrecht", in: WVR, Bd. 3, S. 781; Triffterer, Dogmatische Untersuchungen zur Entwicklung des materiellen Völkerstrafrechts seit Nürnberg, S. 180ff.; Triffterer, FS Jescheck, 1985, S. 1499; Triffterer, GS Zipf, 1999, S. 500ff.; Merkel, Universale Jurisdiktion bei völkerrechtlichen Verbrechen, S. 268f.; Ambos, Der Allgemeine Teil des Völkerstrafrechts, S. 40; Seidl-Hohenveldern/Stein, Völkerrecht, Rn. 929ff.; Ipsen, in: Ipsen, Völkerrecht, S. 576ff.; Doehring, Völkerrecht, Rn. 703. Nach Dahm, Zur Problematik des Völkerstrafrechts, S. 47 wird der Begriff des Völkerstrafrechts so definiert, dass es „den Begriff und die Tatbestände des Verbrechens gegen die internationale Ordnung und die sich daran anknüpfenden Rechtsfolgen als einen Teil des Völkerrechts böte".

Strafbewehrung fehlt, wird die Vermittelung durch nationale Strafgesetze für unabdingbar gehalten. Das Völkerstrafrecht allein leide also unter Undurchsetzbarkeit, wenn es keine Vermittlung durch nationales Recht hat. Es sei daher irrelevant, ob das Völkerstrafrecht sich unmittelbar auf autonome völkerrechtliche Normen berufen kann oder nicht. Die Vermittlung durch nationale Straftatbestände beeinträchtige nicht die Eigenschaft derselben Tatbestände als des Völkerstrafrechts.[363] Diese Auffassung wird insbesondere durch die Überlegung gestärkt, dass das deutsche Strafrecht im Vergleich zum angelsächsischen Strafrecht von einem strengen Gesetzlichkeitsprinzip (Art. 103 II GG und § 1 StGB) ausgeht. Demzufolge ist die innerstaatliche Bestrafung ohne nationale Straftatbestände unmöglich.[364] Dies hat zur Folge, dass Befürworter der Bestrafung von Völkerstraftaten nicht zuletzt durch nationale Gerichte (dezentrale Bekämpfung von Völkerrechtsverbrechen) zum Verzicht auf die Unmittelbarkeit der Anwendung vom Völkerstrafrecht neigen.

Die Ansicht, die eine Vermittlung des Völkerstrafrechts durch nationale Gesetzgebung für nicht ausgeschlossen hält, könnte jedoch leicht Gefahr laufen, dass ohne klare Grenze zwischen dem Völkerrecht und dem innerstaatlichen Recht nationale mit internationalen Interessen, eigene mit international anerkannten Wertvorstellungen verwechselt werden könnten. Wenn es also keine klare strafrechtliche Regelung über ein bestimmtes Verhalten im Völkerrecht gibt, darf der Staat nicht im Namen des Völkerstrafrechts, sondern lediglich unter Berufung auf sein nationales Strafgesetz dieses Verhalten bestrafen. Die Aberkennung der Rechtfertigung für die Bestrafung aufgrund des Völkerstrafrechts hat zur Folge, dass die Bestrafung der Auslandstaten von Ausländern durch den Nationalstaat nach seinem eigenen Strafrecht einer stärkeren völkerrechtlichen Rechtfertigung bedarf. Dementsprechend wird die ungerechtfertigte Durchsetzung eigener Strafgewalt und Interessen gegen den Willen anderer Staaten ohne Vorwand der Durchsetzung des Völkerstrafrechts erschwert.

4.4.3. Strafanwendungsrecht und Gerichtsbarkeit im Völkerstrafrecht

Obwohl das Völkerstrafrecht und damit die völkerrechtliche Strafbarkeit in der Staatengemeinschaft allgemein anerkannt sind, bleibt jedoch immer noch die Frage zu beantworten, wer und in welchem Umfang die *völkerrechtliche Strafgerichtsbarkeit* über völkerrechtliche Verbrechen ausüben darf. Soll jeder Staat allein solche Völkerstrafrechtsnormen auf die betreffenden Straftaten anwenden? Oder ist ein für völkerrechtliche Verbrechen zuständiges internationales Strafgericht unerlässlich? Mit anderen Worten, sollen und dürfen völkerrechtliche Verbrechen *dezentral* (*indirekt* durch nationale Strafgerichte) oder *zentral* (*direkt*

---

363 Dahm/Delbrück/*Wolfrum*, Völkerrecht, Bd. I/3, S. 994; Schmidt, Externe Strafpflichten, S. 4.

364 Jescheck/Weigend, Lehrbuch des Strafrechts AT, S. 119, 123.

durch internationale Strafgerichte) bekämpft werden?[365] Darüber hinaus stellt sich die Frage, ob das Gericht, sei es ein internationales, sei es ein nationales Gericht, gemäß den Völkerstrafrechtsnormen unabhängig von Tatort, Staatsangehörigkeit von Täter und Opfer, also nach dem Weltrechtsprinzip den Täter aburteilen darf. Im folgenden werden die Strafverfolgung von Völkerstraftaten durch internationale Gerichte, insbesondere den Ständigen Internationalen Strafgerichtshof, und die Prinzipien des Strafanwendungsrechts im Völkerstrafrecht besprochen. Mit dem Ergebnis der Diskussion wird versucht, die Frage zu beantworten, ob ein nationales Gericht geeignet ist, über Völkerstraftaten zu urteilen, und welche Strafrechtsanwendungsprinzipien dabei völkerrechtlich legitim sind.

Traditionell wird die Strafhoheit als Teil staatlicher Jurisdiktion angesehen, so dass eine Verletzung des Völkerrechts mit der Folge von Strafe nur durch ein nationales Gericht verurteilt werden konnte. Bis zum Ende des Zweiten Weltkriegs gab es kein Völkerstrafrecht und somit keine internationalen Strafgerichte.[366] Dieser Zustand hat sich durch die Umstände geändert, dass die Gerichtshöfe von Nürnberg und Tokyo, die Kriegsverbrechertribunale für das ehemalige Jugoslawien und für Ruanda errichtet wurden. Die Völkerstrafgerichtsbarkeit hat sich darüber hinaus dadurch bewährt, dass ein Ständiger Internationaler Strafgerichtshof durch das am 17. 7. 1998 erarbeitete, am 1. 7. 2002 in Kraft getretene „Römische Statut des Internationalen Strafgerichtshofs“ (IStGH-Statut)[367] errichtet wurde.

Die Legitimationsgrundlage des Völkerstrafrechts liegt im *Konsens* der Völkergemeinschaft. Bestimmte Handlungstypen werden universal von allen Völkern als die ganze Staatengemeinschaft bedrohende Verbrechen angesehen und unter Strafe gestellt. Trotz des Universalisierungsprozesses des Völkerstrafrechts ist jedoch darauf hinzuweisen, dass bei strafrechtlichen Regelungen zwischen Völkern in der Welt immer noch *Dissens* besteht. Zwischen dem Völkerstrafrecht, das einen universalen Geltungsanspruch erhebt und möglicherweise den Strafrechtsordnungen einzelner Staaten widerspricht, und der

---

365 Ipsen, in: Ipsen, Völkerrecht, S. 577; Triffterer, GS Zipf, 1999, S. 515ff.; Triffterer, in: Triffterer (Hg.), Commentary on the Rome Statute, Preliminary Remarks vor Art. 1, Rn. 49ff.; Bassiouni. The Sources and Content of International Criminal Law: A Theoretical Framework, S. 13f., 110ff.

366 Doehring, Völkerrecht, Rn. 1148. Zu Geschichte und Begriff der internationalen Strafgerichte siehe Frencz, „International Criminal Court“, in: EPIL, Bd. 2, S. 1123ff.

367 BGBl. 2000 II, S. 1394. Nach Art. 126 IStGH-Statut tritt das Statut „am ersten Tag des Monats in Kraft, der auf den sechzigsten Tag nach Hinterlegung der sechzigsten Ratifikations-, Annahme-, Genehmigungs- oder Beitrittsurkunde beim Generalsekretär der Vereinten Nationen folgt“. Diese Bedingung wurde am 11. April 2002 durch Hinterlegung der Ratifikationsurkunden von 10 Staaten erfüllt. Bis Ende Januar 2005 haben das Statut schon 139 Staaten unterzeichnet, 97 Staaten ratifiziert. Zu Entstehungsgeschichte und Verhandlungsverlauf des Römischen Statuts siehe Roggemann, Die Internationalen Strafgerichtshöfe, Ergänzungsband, S. 5ff.

exklusiven Gebietshoheit des Staates verbirgt sich sozusagen ein *vorgegebener Konflikt.*[368] Obwohl der Dissens zwischen einem Staat und der Staatengemeinschaft, ob bestimmte Verbrechen verfolgt und bestraft werden sollen, häufig nicht am Dissens der Wertvorstellungen liegt, sondern sich aus machtpolitischen Gründen ergibt,[369] kann nicht geleugnet werden, dass immerhin die Möglichkeit des Widerstreits zwischen verschiedenen Rechtsvorstellungen von Völkern hinsichtlich einer den allgemeinen Geltungsanspruch erhebenden Rechtsnorm nicht auszuschließen ist. Um diesen vorgegebenen Konflikt zwischen dem universalen Geltungsanspruch des Völkerstrafrechts und den partikularen Wertvorstellungen einzelner Staaten zu lösen, kann man lediglich versuchen, einen Ausgleich zu halten, um nicht in die imperialistische Machtanmaßung durch vermeintliche universale Normen einerseits, und in den Missbrauch partikularer Wertordnungen andererseits zu fallen.

Wegen des nicht auszuschließenden Dissenses der Rechtsvorstellungen unter den Völkern sollte das Völkerstrafrecht sich auf die schwersten Verbrechen gegen die fundamentalen Güter der Menschheit konzentrieren, um den Frieden zwischen Nationen und Kulturen nicht zu beeinträchtigen. Diesem Gedanken entsprechend ist die Zuständigkeit des Internationalen Strafgerichtshofs nach Art. 5 Abs. 1 IStGH-Statut auf vier Deliktsarten, nämlich Völkermord, Verbrechen gegen die Menschlichkeit, Kriegsverbrechen und Verbrechen der Aggression beschränkt,[370] die in Präambel und Art. 5 Abs. 1 IStGH-Statut als den Frieden, die Sicherheit und das Wohl der Welt bedrohend und die internationale Gemeinschaft als solche berührend bezeichnet werden.

Im Vergleich zu den früheren internationalen Strafgerichten, die *ad hoc* errichtet wurden und Strafrechtsnormen nur auf Sachverhalte in bestimmter Zeit und bestimmten Gebieten anwandten,[371] ist der Internationale Strafgerichtshof für alle zukünftigen Straftaten zuständig, wenn sie seiner Gerichtsbarkeit unterliegen. Der Internationale Strafgerichtshof unterscheidet sich außerdem von den beiden Internationalen Strafgerichtshöfen für das ehemalige Jugoslawien und für Ruanda durch die völkerrechtliche Grundlage. Während die letztgenannten Strafgerichtshöfe aufgrund einer Resolution des UN-Sicherheitsrats unter Berufung auf Kapitel VII der UN-Charta errichtet wurden,[372] beruht der Internationale Strafgerichtshof auf einem völkerrechtlichen Vertrag. Dieser Unterschied zeigt sich daran, dass alle Mitgliedsstaaten der Vereinten Nationen verpflichtet sind, mit den zwei internationalen Strafgerichthöfen ad hoc zusam-

---

368 Ipsen, in: Ipsen, Völkerrecht, S. 577.

369 Ambos/Steiner, JuS 2001, S. 10, 12.

370 Zimmermann, in: Triffterer (Hg.), Commentary on the Rome Statute, Art. 5, Rn.1ff.

371 Kimminich/Hobe, Einführung in das Völkerrecht, S. 244.

372 Art. 39 UN-Charta: „Der Sicherheitsrat stellt fest, ob eine Bedrohung oder ein Bruch des Friedens oder eine Angriffshandlung vorliegt; er gibt Empfehlungen ab oder beschließt, welche Maßnahmen auf Grund der Artikel 41 und 42 zu treffen sind, um den Weltfrieden und die internationale Sicherheit zu wahren oder wiederherzustellen."

menzuarbeiten, während die Verpflichtung zur Zusammenarbeit mit dem Internationalen Strafgerichtshof nur für die Vertragsparteien des Statuts besteht.[373] Das heißt, das IStGH-Statut hat lediglich die Geltung inter partes, es ist in der Regel nicht auf Taten anzuwenden, die in keinem Zusammenhang mit den Vertragsparteien stehen.

Die Vertragsparteien des IStGH-Statuts bringen in der Präambel zum Ausdruck, dass die vier schweren Verbrechen „nicht unbestraft bleiben dürfen" und „ihre wirksame Verfolgung durch Maßnahmen auf einzelstaatlicher Ebene und durch verstärkte internationale Zusammenarbeit gewährleistet werden muss". Darüber hinaus wird bekräftigt, dass „es die Pflicht eines jedes Staates ist, seine Strafgerichtsbarkeit über die für internationale Verbrechen Verantwortlichen auszuüben". Trotz dieser Bekräftigung zur Bekämpfung völkerrechtlicher Verbrechen steht in der Präambel des Statuts jedoch ausdrücklich, „dass dieses Statut nicht so auszulegen ist, als ermächtige es einen Vertragsstaat, in einen bewaffneten Konflikt oder in die inneren Angelegenheiten eines Staates einzugreifen". Angesichts der oben genannten ambivalenten Regelungen im IStGH-Statut ist schwer zu sagen, ob und gegebenenfalls wie eine Ermächtigung oder Verpflichtung in bezug auf nationalstaatliches Strafanwendungsrecht vorgesehen ist. Es ist deshalb sinnvoll, zuerst einen Blick auf das Strafanwendungsrecht des IStGH-Statuts zu werfen, um daraus Schlussfolgerungen für das Strafanwendungsrecht auf der nationalen Ebene zu ziehen.

Der Internationale Strafgerichtshof ist dazu errichtet worden, nicht nur Opfer von besonders verwerflichen Verbrechen, sondern auch die Völkergemeinschaft mit ihrem Wertbewusstsein zu schützen. Dennoch spielt der Internationale Strafgerichtshof gegenüber nationalen Gerichten keine gleichberechtigte, sondern allenfalls eine ergänzende Rolle. Nach Art. 12 IStGH-Statut[374] wird die Gerichtsbarkeit des Internationalen Strafgerichtshofs von den Staaten anerkannt, die entweder Vertragsparteien sind (Abs. 1), oder trotz des Nicht-Beitritts des Statuts jedoch seine Gerichtsbarkeit ad hoc anerkennen (Abs. 3). Neben den o.g. Voraussetzungen lässt sich die Gerichtsbarkeit des Internationalen Strafgerichtshofs erst begründen, wenn ein diesbezügliches Verbrechen entweder auf dem Territorium eines der o.g. Staaten oder an Bord eines Schiffes oder Luftfahrzeugs, das in einem der o.g. Staaten registriert sind, begangen wurde (Abs. 2, Buchs. a). Oder der Beschuldigte muss die Staatsangehörigkeit eines der o.g. Staaten besitzen (Abs. 2, Buchs. b). Die Gerichtsbarkeit des Internationalen Strafgerichtshofs kann über die erläuterten Voraussetzungen hinaus auch begründet werden, indem der Sicherheitsrat der Vereinten Nationen unter Berufung auf Kapitel VII der UN-Charta (Art. 41 UN-Charta: Friedliche Sanktionsmaßnahmen) dem Internationalen Strafgerichtshof Verbrechen zur Verfolgung zuweisen (Art. 13, Buchs. b). Die Vorschriften zur Ausübung der Gerichtsbarkeit

---

[373] Dahm/Delbrück/*Wolfrum*, Völkerrecht, Bd. I/3, S. 1146.

[374] Zur Entstehungsgeschichte des Art. 12 IStGH-Statut siehe Williams, in: Triffterer (Hg.), Commentary on the Rome Statute, Art. 12, Rn. 1ff.

des IStGH sind ein Produkt von Kompromissen. Um die Akzeptanz des Statuts bei möglichst vielen Staaten zu erzielen, wird auf andere umstrittene Prinzipien, wie z. B. das Weltrechtsprinzip, verzichtet.[375] Letztendlich wird im IStGH-Statut außer dem Mechanismus der Zuweisung der Gerichtsbarkeit durch den UN-Sicherheitsrat nur dem Territorialitätsprinzip einschließlich Flaggenprinzip und dem aktiven Personalitätsprinzip, die in der Praxis des Völkerrechts weitgehend akzeptiert sind, Rechnung getragen.

Selbst wenn der IStGH die Gerichtsbarkeit über einen bestimmten Sachverhalt besitzt, muss er sie nicht unbedingt ausüben. Nach Abs. 10 Präambel und Art. 1 S. 2 IStGH-Statut soll der IStGH im Gegensatz zu den *ad hoc* Tribunalen für das ehemalige Jugoslawien und für Ruanda nationale Strafgerichtsbarkeit nicht *ersetzen*, sondern nur *ergänzen.*[376] Dementsprechend ist zur politisch sensiblen, juristisch komplexen Frage der Gerichtsbarkeit des IStGH das *Komplementaritätsprinzip* in Art. 17 IStGH-Statut verankert, wonach das „Nebeneinander“ und eine „gegenseitige Ergänzung“ der nationalen und internationalen Gerichtsbarkeit festgeschrieben sind, damit trotz der vielfältigen Auffassungen über die IStGH-Gerichtsbarkeit ein Konsens bei der Mehrheit der Staaten zustande kommen kann.[377] Die Gerichtsbarkeit des IStGH kann folglich nur unter den folgenden Bedingungen ausgeübt werden: wenn erstens der Staat, dem die primäre Gerichtsbarkeit über entsprechende Völkerrechtsverbrechen zukommt, *nicht willens* oder *nicht in der Lage* ist, die Ermittlung oder Strafverfolgung ernsthaft durchzuführen (Art. 17, Abs. 1, Buchst. a). Zweitens, es kommt trotz der Aufnahme der Ermittlung eines Staates zum Ergebnis der Nicht-Strafverfolgung, das auf mangelnden Willen oder Unvermögen des Staates zur Bestrafung zurückzuführen ist (Art. 17, Abs. 1, Buchst. b). Drittens, der Täter wurde noch nicht von einem nationalen Gericht strafrechtlich verurteilt (Art. 17, Abs. 1, Buchst. c). Viertens, die Sache muss schwerwiegend genug sein, um weitere Maßnahmen des Internationalen Strafgerichtshofs zu rechtfertigen (Art. 17, Abs. 1, Buchst. d).

Die Zurückhaltung des IStGH in bezug auf die Kompetenzfrage ist für manche „nicht überzeugend zu begründen“ und wird als „ein unbefriedigendes Ergebnis“ bewertet.[378] Das Bundesverfassungsgericht hat die Zuständigkeitsregelungen des IStGH-Statuts sogar als einen Widerspruch zum Gedanken des

---

375 Roggemann, Die Internationalen Strafgerichtshöfe, Ergänzungsband, S. 22; Williams, in: Triffterer (Hg.), Commentary on the Rome Statute, Art. 12, Rn. 18.

376 Bergsmo, in: Triffterer (Hg.), Commentary on the Rome Statute, Preamble, Rn. 22; Triffterer, in: Triffterer (Hg.), Commentary on the Rome Statute, Art. 1, Rn. 20; Williams, in: Triffterer (Hg.), Commentary on the Rome Statute, Art. 17, Rn. 31.

377 Siehe Williams, in: Triffterer (Hg.), Commentary on the Rome Statute, Art. 17, Rn. 2, 31; Triffterer, GS Zipf, 1999, S. 527ff.

378 Statt vieler Dahm/Delbrück/*Wolfrum*, Völkerrecht, Bd. I/3, S. 1005, 1152; Ambos, NJW 1998, S. 3746. Nach Werle, Völkerstrafrecht, Rn. 172 waren für die Ablehnung des Weltrechtsprinzips im IStGH-Statut „nicht rechtliche, sondern politische Motive“ ausschlaggebend.

Weltrechtsprinzips bezeichnet.[379] Es behauptet, dass der Versuch, das Weltrechtsprinzip ins IStGH-Statut hineinzubringen, nur wegen des Arguments pacta tertiis[380], also des Ausschlusses der Drittwirkung des Vertrags gescheitert sei. Die Geltung des Weltrechtsprinzips für die Tatbestände im IStGH-Statut werde nach wie vor nicht berührt.[381] In der Lehre wird teilweise sogar behauptet, dass es sich bei der konkreten Gestaltung des Subsidiaritätsprinzips im IStGH-Statut nicht um eine Rechtsfrage, sondern lediglich um eine Frage der Zweckmäßigkeit handele. Es dürften nämlich Weltrechtspflegemaßnahmen zum Zweck der effektiven globalen Bekämpfung von Weltrechtsverbrechen ohne Anfrage an tatnahe Staaten verhängt werden.[382] Dieser Ansicht nach sollte das völkerrechtliche Prinzip pacta tertiis bezüglich der Bestrafung von Völkerstraftaten nicht gelten. Ungeachtet der ausdrücklichen Bestimmung des Verzichts auf das Weltrechtsprinzip im IStGH-Statut wird sozusagen eine dem Wortlaut widersprechende und somit gegen den Willen der Vertragsparteien verstoßende Auslegung befürwortet.

Die Argumentation gegen die Strafrechtsanwendungsprinzipien des IStGH-Statuts ist m. E. deshalb fragwürdig, weil sie einen Widerspruch in sich darstellt. Die Gegner der Strafrechtsanwendungsprinzipien des IStGH-Statuts machen geltend, dass die Weltrechtspflege über Völkerrechtsverbrechen unabhängig von den ausdrücklichen Bestimmungen des Völkerrechts dennoch gerechtfertigt sei. Aber wenn die Weltrechtspflege auf die völkerrechtliche Ermächtigung verzichten könnte und letztlich nur auf seiner Universalität an sich beruhe, warum wird im Schrifttum immer nach einer völkerrechtlichen Rechtfertigung für die Weltrechtspflege gesucht? Außerdem ist es schwer zu erklären, warum das IStGH-Statut, das mit einem weiten Konsens der Staatengemeinschaft eine größere Legitimationsbasis als ein nationalstaatliches Gesetz besitzt, dem Internationalen Strafgerichtshof ohne Zustimmung eines Nationalstaates die Strafverfolgungszuständigkeit nicht zuweisen darf, während ein inländisches Strafrecht nach Belieben entscheiden darf, welche Straftaten der inländischen Gerichtsbarkeit nach dem Weltrechtsprinzip unterliegen sollten.

Trotz der Errichtung internationaler Strafgerichte werden völkerrechtliche Verbrechen in erster Linie noch durch Nationalstaaten verfolgt und verurteilt. Es wird behauptet, dass es bei der Durchsetzung des Völkerstrafrechts unerheblich sei, ob die Ahndung von Völkerstraftaten *zentral* durch ein internationales Strafgericht oder *dezentral* durch nationale Gerichte erfolge. Die völkerrechtliche Eigenschaft solcher Delikte gehe nicht durch die Strafverfolgung durch Nationalstaaten verloren.[383] Darüber hinaus wird sogar behauptet, dass die

---

379 BVerfG-Kammerbeschluß vom 12. 12. 2000 - 2 BvR 1290/99, in: JZ 2001, 975, 980.

380 Vgl. Art. 34 WVK (Wiener Übereinkommen über das Recht der Verträge): „Ein Vertrag begründet für einen Drittstaat ohne dessen Zustimmung weder Pflichten noch Rechte."

381 BVerfG-Kammerbeschluß vom 12. 12. 2000 - 2 BvR 1290/99, in: JZ 2001, 975, 980.

382 Kreß, ZStW 114 (2002), S. 846f.

383 Dahm/Delbrück/*Wolfrum*, Völkerrecht, Bd. I/3, S. 998.

zentrale Strafverfolgung von Völkerstraftaten entweder durch *ad hoc*-Tribunale oder durch den neuerlich errichteten Internationalen Strafgerichtshof in der Geschichte eher Ausnahme darstelle. Hingegen sei die dezentrale Strafverfolgung völkerrechtlicher Verbrechen als das Fundament des Völkerstrafrechts anzusehen. Daraufhin sollte die dezentrale Strafverfolgung von Völkerstraftaten nicht nur erlaubt, sondern gar Pflicht aller Staaten sein.[384]

Es trifft zwar zu, dass international geschützte Rechtsgüter in erster Linie durch die nationale Strafverfolgung unter Schutz genommen werden. Aber es könnte dazu führen, dass das nationale Strafrecht unter dem Vorwand des Schutzes universaler Rechtsgüter seinen Anwendungsbereich unberechtigterweise ohne völkerrechtliche Grundlage erweitern könnte. Es besteht also die Gefahr, dass strafrechtliche Tatbestände, die in einer nationalen Strafrechtsordnung verankert sind und den vermeintlichen Schutz universaler Rechtsgüter bezwecken, nicht von echten völkerstrafrechtlichen Tatbeständen unterschieden werden könnten. Die nationalstaatliche Strafverfolgung etlicher Verbrechen ohne irgendeinen Zusammenhang zwischen der Tat und dem Aburteilstaat könnte dann unter dem Verdacht stehen, entweder die eigene Wertvorstellung anderen Staaten aufzuzwingen oder sich die Strafkompetenz der eigentlich betroffenen Staaten anzumaßen.[385]

Wegen dieses Bedenkens der Kompetenzanmaßung durch Nationalstaat muss man bei der Gestaltung des Starfanwendungsrechts besonders vorsichtig sein. Am Beispiel des Völkerstrafrechts lässt sich erkennen, dass die allgemeingültige Vorwerfbarkeit völkerrechtlicher Verbrechen nicht zwangsläufig zum Weltrechtsprinzip, sei es durch ein nationales Gericht, oder ein internationales Gericht, führt. Die universale Geltung einer Strafrechtsnorm läuft nicht notwendig auf die universale Strafverfolgung durch jeden Nationalstaat hinaus. Vielmehr sollte die primäre Strafkompetenz einem tatnahen Staat zustehen. Nur wenn die Ausübung dieser primären Strafkompetenz nicht erfolgt, darf ein internationales Gericht oder ein Gericht eines anderen Staates eine ergänzende Strafkompetenz ausüben, damit die international geächteten Verbrechen nicht straffrei bleiben.

4.5. Zwischenergebnis

Wie oben dargestellt, ist aus dem Schutz internationaler Rechtsgüter und dem Prinzip der internationalen Solidarität die Einführung des Weltrechtsprinzips nicht zwangsläufig abzuleiten. Sie besagen lediglich, dass es bestimmte Rechtsgüter und Rechtsnormen gibt, deren Verletzung international als verwerflich

384 Kadelbach, JZ 2001, S. 982; Jescheck, „Völkerstrafrecht“, in: WVR, Bd. 3, S. 781.

385 Ähnlich Merkel, ARSP 82 (1996), S. 184, der angesichts dieses Bedenkens behauptet, dass Völkerrechtsverbrechen von einem internationalen Strafgerichtshof bestraft werden sollten.

angesehen wird und deshalb nicht straffrei bleiben soll. Wie solche Verbrechen zu bekämpfen ist, kann also aus den beiden Prinzipien nicht abgeleitet werden.

Es ist darauf hinzuweisen, dass selbst bei der Bejahung der Strafwürdigkeit internationaler Verbrechen sich mehrere Alternativen für deren Strafverfolgung anbieten. Es kann entweder ein nationales Strafgericht (dezentrale Verbrechensbekämpfung) oder ein internationales Strafgericht (zentrale Verbrechensbekämpfung) zur Strafverfolgung solcher völkerrechtlichen Verbrechen auf den Plan gerufen werden, wobei es zu beachten ist, dass das Weltrechtsprinzip unter den Prinzipien des Strafanwendungsrechts nicht die einzige Alternative darstellt. Unabhängig von den Ad-hoc-Tribunalen, deren Jurisdiktionsbefugnis sich der Natur nach nur auf Verbrechen in bestimmten Regionen beschränkt, ist selbst im Römischen Statut, das wegen des umfangreichen Konsenses der Staatengemeinschaft eine weitreichendere völkerrechtliche Legitimität als ein einfaches innerstaatliches Strafgesetz besitzt, das Weltrechtsprinzip auch nicht vorgesehen. Alles in allem kann man sagen, dass die universale Gültigkeit von Strafrechtsnormen nichts mit der universalen Strafverfolgung durch jeden Nationalstaat zu tun hat.

Da das Weltrechtsprinzip unabhängig von Tatort, Tatortrecht sowie Nationalität von Täter und Opfer, also ohne einen sinnvollen Anknüpfungspunkt zwischen Tat, Täter, Opfer und Aburteilstaat einen universalen Geltungsanspruch erhebt, weist es einen kompetenzanmaßenden Charakter auf. Wegen des Zwangscharakters des Strafrechts kann die Anwendung des Weltrechtsprinzips einen mittelbaren Zwang extraterritorial ausüben und damit eine völkerrechtlich verbotene Intervention darstellen, wenn es keine völkerrechtlichen Rechtfertigungsgründe dafür gibt. Dabei ist zu beachten, dass eine durch internationales Abkommen auferlegte völkerrechtliche Pflicht zur Bestrafung eines bestimmten Delikts die Anwendung des Weltrechtsprinzips auf das betreffende Delikt nicht rechtfertigen kann. Es liegt daran, dass ein völkerrechtlicher Vertrag in der Regel keine Drittwirkung und damit auch keine universale Verbindlichkeit haben kann, es sei denn, dass er eine völkerrechtlich legitimierte Pflicht erga omnes enthält. Aber im Grunde genommen beruht die universale Gültigkeit des Weltrechtsprinzips bezüglich eines bestimmten Delikts in diesem Fall nicht auf dem Vertrag an sich, sondern auf einer von diesem Vertrag verkörperten allgemein-völkerrechtlichen Norm. Mit anderen Worten, die Anwendung des Weltrechtsprinzips auf ein bestimmtes Verbrechen ist nur dann völkerrechtlich gerechtfertigt, wenn nicht nur die Strafbarkeit dieses Verbrechens, sondern auch die Anwendung des Weltrechtsprinzips darauf ausdrücklich im allgemeinen Völkerrecht vorgesehen sind.

5. Die verfassungsrechtlichen und straftheoretischen Überlegungen zum universalen Geltungsanspruch nationaler Strafrechtsnormen

Die universale Geltung einer Rechtsnorm setzt voraus, dass der Inhalt dieser Norm allgemeingültig ist. Mit der Implikation einer spezifischen Kulturvorstellung kann eine Rechtsnorm diese notwendige Voraussetzung nicht erfüllen. Allerdings bedeutet die universale Gültigkeit einer Rechtsnorm noch nicht, dass diese Norm universal, also von jedem Staat in der Völkergemeinschaft durchgeführt werden darf und soll. Die Universalität von Rechtsnormen muss von der Universalität ihrer Durchführung getrennt werden. Wenn eine inländische Strafrechtsnorm unter Berufung auf ihre Universalität auf Auslandstaten von Ausländern angewendet wird, muss man besonders vorsichtig sein. Der Staat darf sein Rechtssystem den anderen Staaten nicht so aufzwingen, dass sich der Anwendungsbereich seines Rechts rücksichtslos auf Verhalten von Ausländern im Ausland ausdehnt. Dies bedeutet nicht nur einen völkerrechtswidrigen Übergriff in die Souveränität anderer Staaten, sondern zugleich einen Widerspruch zu rechtsstaatlichen Grundsätzen.[386] Dementsprechend muss Internationales Strafrecht neben der Beachtung völkerrechtlicher Normen in einem demokratischen Verfassungsstaat auch Prinzipien des demokratischen Rechtsstaates entsprechen.

In diesem Kapitel wird zuerst darauf eingegangen, ob die Anwendung des Weltrechtsprinzips den demokratischen und rechtstaatlichen Anforderungen gerecht werden kann. Es ist aber darauf hinzuweisen, dass die eventuelle Rechtmäßigkeit des Weltrechtsprinzips sowohl nach dem Völkerrecht als auch nach den demokratischen rechtsstaatlichen Prinzipien jedoch noch nicht bedeutet, dass das Weltrechtsprinzip unter anderen rechtmäßigen Prinzipien des Internationalen Strafrechts die beste Option zur Bekämpfung internationaler Verbrechen wäre. Es ist ratsam, aus straftheoretischer Sicht noch darüber nachzudenken, ob die Bestrafung von Ausländern wegen Auslandstaten aufgrund der „universal gültigen" Strafrechtsnormen durch einen beliebigen Staat dem Sinn und Zweck der Strafe gerecht wird.

5.1. Die verfassungsrechtlichen Bedenken gegen das Weltrechtsprinzip

Da Internationales Strafrecht und somit das Weltrechtsprinzip zum innerstaatlichen Recht zählt, muss die Anwendung des Weltrechtsprinzips mit den verfassungsrechtlichen Prinzipien in Einklang stehen. Im folgenden werden sowohl das Demokratieprinzip als auch das Gesetzlichkeitsprinzip sowie das Schuld-

---

386 Germann, SchwZSt 69 (1954), S. 245, 248.

prinzip herangezogen, um zu überprüfen, ob die Anwendung des Weltrechtsprinzips den Grundsätzen des demokratischen Verfassungsstaates entspricht.

5.1.1. Das Demokratieprinzip

In einem demokratischen Rechtsstaat wird verlangt, dass jede Tätigkeit von Staatsorganen und deren Amtseinsetzung vom Volkswillen getragen ist. Gemäß Art. 20 Abs. 1 S. 1 GG geht alle Staatsgewalt vom Volke aus. Das Volk ist sozusagen Herrscher über sich selbst.[387] Die Demokratie als Staats- und Regierungsform beruht auf der *Selbstbestimmung* und *Selbstregierung* des Individuums und des Volkes. Die dem Demokratieprinzip zugrundeliegende subjektive Freiheit verlangt die Autonomie des Individuums, das als eigener Gesetzgeber die Freiheit von Fremdbestimmung im Denken und Handeln genießen soll. Geleitet von dieser Idee muss die politische Ordnung von denjenigen erzeugt werden, die ihr unterworfen sind.[388] Nach diesem Verständnis der Demokratie muss der Herrscher und Beherrschte in derselben Person vereinigt sein. Man soll nur den Normen gehorchen, an deren Setzung man beteiligt war.

Entgegen der oben dargestellten Auffassung, wonach das Ziel des Demokratieprinzips hauptsächlich in der Autonomie und Selbstbestimmung des Individuums und des Volkes liegt, wird im Schrifttum teilweise behauptet, dass die Demokratie primär zur Richtigkeit staatlicher Entscheidung, also zur sachlich-gerechten Abwägung aller durch Grundrechte geschützten Interessen beiträgt. Die Selbstbestimmung des Volkes stellt lediglich in zweiter Linie das Ziel des Demokratieprinzips dar.[389] Da die Richtigkeit und Gerechtigkeit von Gesetzen erst durch die Beteiligung von Bürgern an staatlichen Entscheidungen, die Öffentlichkeit des Parlamentsverfahrens und die Freiheit des öffentlichen Meinungsbildungsprozesses zu gewährleisten sind, wird die Demokratie als ein geeignetes Mittel zum Zweck der Richtigkeit und Gerechtigkeit des staatlichen Handelns angesehen.

Ob das Demokratieprinzip auf Selbstbestimmung oder Wahrheitssuche abzielt, kann vorerst dahin gestellt bleiben. Es ist jedenfalls nicht zu leugnen, dass vor der Anwendung des inländischen Strafgesetzes nach dem Weltrechtsprinzip der ausländische Täter keine Möglichkeit hat, sich an der Gestaltung der anzuwendenden inländischen Strafrechtsnormen zu beteiligen. Das Weltrechtsprinzip ist also sowohl aus Sicht der Selbstbestimmung als auch in Hinsicht der Wahrheitssuche nicht unproblematisch. Obwohl die Straftatbestände in Verbindung mit § 6 StGB oder § 1 VStGB in Deutschland durch ein demokratisches Verfahren zustande gekommen sind, bleibt dem Ausländer jedoch das Mitspra-

---

387 Böckenförde, Demokratie als Verfassungsprinzip, in: HdbStR, Bd. 1, § 22, Rn. 9; Leibholz, Strukturprobleme der modernen Demokratie, S. 143.

388 Böckenförde, Demokratie als Verfassungsprinzip, in: HdbStR, Bd. 1, § 22, Rn. 36.

389 Bleckmann, Staatrecht I, Rn. 270ff.

cherecht bei der Gesetzgebung versperrt. Wenn diese Strafrechtsnormen doch letztendlich Anwendung auf Auslandstaten von Ausländern finden, die sich nicht am Meinungs- und Willensbildungsprozess in bezug auf diese Normen beteiligt haben, würde sich das Problem des demokratischen Legitimitätsdefizits dieser Strafrechtsnormen ergeben.

Genauer besehen trifft dieses Bedenken jedoch nicht den Kern des Problems. Die anderen Prinzipien, außer dem aktiven Personalitätsprinzip, leiden genauso unter diesem demokratischen Defizit.[390] Das eigentliche Problem liegt vielmehr darin, dass eine angeblich universal gültige Strafrechtsnorm einseitig und willkürlich von einem Staat erlassen werden könnte und dennoch Gesetzesgehorsam von Angehörigen anderer Staaten verlangt. Es ist widersinnig, dass andere Staaten von dem Meinungs- und Willensbildungsprozess der Gestaltung universal gültiger Rechtsnormen ausgeschlossen werden, und deren Staatsangehörige dennoch solche Rechtsnormen beachten sollten. Demnach soll dieses Legitimitätsproblem des Weltrechtsprinzips nicht im Kontext des inländischen Demokratieprinzips, sondern in der Diskussion über das völkerrechtliche Prinzip der Staatengleichheit verankert sein. Wie oben angeführt, ist es nach diesem Prinzip völkerrechtlich verboten, eine Rechtsnorm ohne Zustimmung der betroffenen Staaten zu erzeugen und ihnen aufzuzwingen, es sei denn, sie beruht auf dem allgemeinen Völkerrecht, das einen Konsens der Staatengemeinschaft impliziert.

5.1.2. Das Gesetzlichkeitsprinzip

Im verfassungsrechtlichen Bereich kann sich hinsichtlich des Weltrechtsprinzips noch das Bedenken wegen des Verstoßes gegen das strafrechtliche Gesetzlichkeitsprinzip (nullum crimen, nulla poena sine lege) erheben. Nach dem in Art. 103 II GG und § 1 StGB verankerten Gesetzlichkeitsprinzip darf eine Tat nur dann bestraft werden, wenn deren Strafbarkeit gesetzlich bestimmt war, bevor die Tat begangen wurde.[391] Demnach ergibt sich die Frage, ob das inländische Gesetz die Strafbarkeit einer Auslandstat von einem Ausländer begründen kann.

---

[390] Ähnlich Keller, FS Lüderssen, 2002, S. 427f., der bei der Begründung des Schuldvorwurfs keine praktische demokratische Wahlbeteiligung verlangt, weil damit z. B. das im Internationalen Strafrecht grundlegende Territorialitätsprinzip auch seine Legitimationsgrundlage verlieren würde. Ihm zufolge muss der Täter dennoch an der effektiven sozialen Ordnung beteiligt sein. Nur durch den Selbstwiderspruch, der sich aus der vom Täter mitkonstruierten Rechtsnorm und seinem Normbruch ergibt, könne die Schuld begründet werden.

[391] Zum strafrechtlichen Gesetzlichkeitsprinzip siehe Roxin, Strafrecht AT I, S. 95ff.; Jescheck/Weigend, Lehrbuch des Strafrechts AT, S. 128ff.; Jakobs, Strafrecht AT, 4/1ff.; Hassemer, Einführung in die Grundlagen des Strafrechts, S. 251ff. Zur historischen Entwicklung des strafrechtlichen Gesetzlichkeitsprinzips siehe Schreiber, Gesetz und Richter, Frankfurt a. M. 1976; Jescheck/Weigend, Lehrbuch des Strafrechts AT, S. 131ff.

Mit anderen Worten, man muss sich also fragen, ob ein inländisches Strafgesetz bei der Anwendung des Weltrechtsprinzips auch den Anforderungen des Gesetzlichkeitsprinzips gerecht werden kann, vor allem wenn es keine identische Strafrechtsnorm im Ausland gibt.[392] Hierbei handelt es sich um die Frage, ob das die Strafbarkeit eines Handelns begründende „Gesetz“ im Sinne des Gesetzlichkeitsprinzips nur inländisches Gesetz bedeutet. Es fragt sich also, ob allein durch ein inländisches Gesetz die Strafbarkeit einer bestimmten Handlung begründet werden kann, selbst wenn sie im Ausland unternommen wird und dort nicht strafbar ist.

Um die oben gestellte Frage zu beantworten, muss zunächst auf den Sinn und Zweck des Gesetzlichkeitsprinzips eingegangen werden. Das Gesetzlichkeitsprinzip verlangt auf der innerstaatlichen Ebene nach einer Bindung von Exekutive und Judikative an abstrakt formulierte Gesetze. Da die Strafe den stärksten Eingriff des Staates in Freiheit und Eigentum von Bürgern darstellt und darüber hinaus in ihr ein erheblicher sozial-ethischer Vorwurf enthalten ist, soll im Vergleich zu anderen Rechtsgebieten der Grundsatz des Vorrangs und Vorbehalts des Gesetzes im Strafrecht am striktesten bewahrt werden.[393] Da das Gesetzlichkeitsprinzip einen fundamentalen Grundsatz des Rechtsstaates darstellt, findet sich derselbe Inhalt des Gesetzlichkeitsprinzips nicht nur im inländischen Recht, sondern auch in zahlreichen völkerrechtlichen Verträgen. Es ist z. B. in Art. 7 II der (Europäischen) „Konvention zum Schutze der Menschenrechte und Grundfreiheiten“ vom 4. 11. 1950[394], Art. 11 II der „Allgemeinen Erklärung der Menschenrechte“ vom 10. 12. 1948[395], und Art. 15 I des „Internationalen Pakts über bürgerliche und politische Rechte“ vom 19. 12. 1966[396] anerkannt.

Das Gesetzlichkeitsprinzip ist aus dem rechtsstaatlichen Gebot der *Rechtssicherheit* abgeleitet, wonach die Betroffenen ihre Normunterworfenheit und die Rechtslage konkret erkennen können sollen, um ihr Verhalten danach auszurichten. Das Individuum genießt insofern Freiheit der Handlungen, als das Gesetz sie nicht verbietet. Die Freiheit ist also insoweit gewährleistet, als Gesetze vorhin schon klar bestimmt waren.[397] Dieser im politischen Liberalismus verwurzelte Grundgedanke zielt darauf ab, dass erstens die Kompetenz der Normierung von Strafrechtsnormen beim Gesetzgeber, also beim Parlament bleiben soll. Zweitens, das Gesetzlichkeitsprinzip soll um der Bürgerfreiheit willen Vertrauensschutz, Voraussehbarkeit und Berechenbarkeit des Strafrechts

392 Siehe Jescheck, IRuD 1956, S. 84; Bruns, ZaöRV 1 (1929), S. 56.
393 Jescheck/Weigend, Lehrbuch des Strafrechts AT, S. 26.
394 BGBl. 2002 II, S. 1055.
395 Siehe Sartorius II, Nr. 19.
396 BGBl. 1973 II, S. 1534.
397 BVerfGE 87, 263.

gewährleisten.[398] Der erste Sinngehalt des Gesetzlichkeitsprinzips, dass die Kompetenz der Normsetzung nicht der Exekutive und der Judikative, sondern der Legislative zustehen soll, dient auch dazu, dass der Inhalt der Rechtsnormen nicht erst bei ihrer Anwendung von Exekutive und Judikative im nachhinein bestimmt wird. Mit anderen Worten, die Normsetzung und Normanwendung dürfen nicht gleichzeitig stattfinden, andernfalls können die Normunterworfenen vor ihrer Tätigkeit nicht voraussehen, welche Rechtsfolge ihre Tätigkeit mit sich bringt. Nach dem Dargestellten steht vor allem der Gedanke der Voraussehbarkeit und Berechenbarkeit des Strafrechts beim Gesetzlichkeitsprinzip im Vordergrund.

Aus der Garantiefunktion des Strafgesetzes für Bürgerfreiheit können hinsichtlich des Gesetzlichkeitsprinzips vier Gebote abgeleitet werden.[399] Zuerst dürfen die Strafbegründung und Strafschärfung nicht auf Gewohnheitsrecht, sondern lediglich auf positiven Gesetzen beruhen (nullum crimen sine lege scripta). Zweitens, die analoge Anwendung der Strafgesetze zu Lasten des Angeklagten ist verboten (nullum crimen sine lege stricta). Drittens, Strafgesetze dürfen nicht rückwirkend auf Sachverhalte, die sich vor dem Inkrafttreten der Strafgesetze ereigneten, angewendet werden (nullum crimen sine lege praevia). Schließlich müssen Strafgesetze so bestimmt gefasst sein, dass man ihren Inhalt und ihre Grenzen möglichst genau erkennen kann (nullum crimen sine lege certa).

Will ein nationales Gesetz universal gelten, muss man sich mit dem Problem befassen, ob es den Anforderungen der Vorhersehbarkeit und Berechenbarkeit von Gesetzen genügt. Nach dem strafrechtlichen Gesetzlichkeitsprinzip soll niemand für sein Verhalten bestraft werden, das nach dem Strafrecht zur Tatzeit nicht strafbar war. Aber ob ein Verhalten strafbar war, wenn es zur Tatzeit am Tatort nicht unter Strafe gestellt wurde, ist nicht leicht zu beantworten. Nach dem Sinn und Zweck des Grundsatzes „nullum crimen sine lege" soll die Strafbarkeit eines Delikts vor der Tatbegehung *erkennbar* sein. Da das Bewusstsein von Recht und Unrecht grundsätzlich von der Umwelt abhängt, soll das Strafgesetz des Tatorts, das der Strafbarkeit einer Tat zugrunde liegt, im Vordergrund stehen.[400] Wenn die Strafe gerechtfertigt werden muss und Nicht-Staatsbürger den gleichen Schutz gegen willkürlichen Staatseingriff genießen können sollen, müssen dann der Grundgedanke des Vertrauensschutzes, der Voraussehbarkeit und der Berechenbarkeit des Strafrechts auch auf die globale Ebene übertragen werden. Das innerstaatlich erlassene Strafgesetz allein kann den Vertrauensschutz, die Voraussehbarkeit und die Berechenbarkeit von

---

398 Maunz/Zippelius, Deutsches Staatsrecht, S. 97f., 364; Roxin, Strafrecht AT I, S. 102; Jescheck/Weigend, Lehrbuch des Strafrechts AT, S. 128.

399 Jescheck/Weigend, Lehrbuch des Strafrechts AT, S. 128, 133ff.; Roxin, Strafrecht AT I, S. 97ff.

400 Germann, SchwZSt 69 (1954), S. 240.

Gesetzen gegenüber Menschen anderer Rechtskulturen nicht gewährleisten.[401] Das Begründungsdefizit ist besonders enorm, wenn eine durch nationales Strafgesetz verbotene Handlung am Tatort oder im Heimatstaat des „Täters“ nicht strafbar ist. Demzufolge ist das Weltrechtsprinzip, das die Strafbarkeit am Tatort und die Verletzung eigener berechtigter Staatsinteressen nicht voraussetzt, im Vergleich zu anderen internationalstrafrechtlichen Prinzipien besonders problematisch. Mit anderen Worten, in den Fällen, in denen andere Strafrechtsanwendungsprinzipien zur Anwendung kommen, hat der Täter immerhin die Möglichkeit, zu wissen, dass seine Tat entweder Interessen des verfolgenden Staates verletzt und somit vom verletzten Staat bestraft werden könnte, oder dass sein Verhalten wegen der Tatortstrafbarkeit seiner Tat sowieso zu bestrafen ist. Daher wird die Funktion der Voraussehbarkeit und Berechenbarkeit des Strafgesetzes bei der Anwendung der anderen Strafrechtsanwendungsprinzipien nicht so sehr wie beim Weltrechtsprinzip beeinträchtigt.

Nach dem Gesagten verstößt die Anwendung des Weltrechtsprinzips zwar nicht unmittelbar gegen das strafrechtliche Gesetzlichkeitsprinzip, wenn die angewendeten inländischen Strafrechtsnormen vor der Tat schon klar bestimmt waren. Aber nach dem Hintergrundsgedanken des strafrechtlichen Gesetzlichkeitsprinzips, dass jedermann die Strafbarkeit eines Verhaltens voraussehen können soll, ist das Weltrechtsprinzip insbesondere fragwürdig, wenn es sich dabei um Delikte handelt, die nicht universal von jedem Staat unter Strafe gestellt oder mit gleichem Strafmaß geahndet werden.

5.1.3. Das Schuldprinzip

In den Fällen, in denen eine Auslandstat von einem Ausländer in Betracht kommt, könnte die Überlegung im Schuldbereich eine Rolle spielen. Da es sich bei der Anwendung des Weltrechtsprinzips um die Bestrafung der Auslandstaten von Ausländern handelt, soll darüber nachgedacht werden, wie dieser Umstand auf die Beurteilung der Schuld ausländischer Täter Einfluss ausübt. Da verschiedene Rechtsordnungen nicht immer übereinstimmen, könnte bei der strafrechtlichen Bewertung einer Auslandstat von einem Ausländer der Fall eintreten, dass das Rechtmäßigkeitsurteil des Handelns nach ausländischem Recht in Widerspruch mit der strafrechtlichen Bewertung nach inländischem Recht gerät. Da Menschen sich regelmäßig an der Rechtsordnung orientieren, in deren Wirkungsgebiet sie sich befinden, würde in ihrem Bewusstsein kein Unrechtsgefühl wegen der Rechtswidrigkeit ihres Verhaltens nach ausländischem Recht entstehen.[402] Konkret kommt hier das Fehlen des Bewusstseins der

[401] So schon behauptet v. Bar, Gesetz und Schuld im Strafrecht, Bd. 1: Das Strafgesetz, S. 104f.

[402] Speziell über den Verbotsirrtum bei Ausländern siehe Laubenthal/Baier, GA 2000, S. 205ff.

Rechtswidrigkeit bei Ausländern in Betracht. Im folgenden wird zuerst das Schuldprinzip, insbesondere die Thematik des Verbotsirrtums im allgemeinen besprochen. Anschließend wird daraus eine Schlussfolgerung für das Problem des Unrechtsbewusstseins ausländischer Täter bezüglich der Auslandstaten, also insbesondere für Fälle der Anwendung des Weltrechtsprinzips gezogen.

Nach dem Schuldprinzip setzt Strafe immer Schuld voraus.[403] „Mit dem Unwerturteil der Schuld wird dem Täter vorgeworfen, dass er sich nicht rechtmäßig verhalten, dass er sich für das Unrecht entschieden hat, obwohl er sich rechtmäßig verhalten, sich für das Recht hätte entscheiden können."[404] Konkret enthält das Schuldprinzip die folgenden Elemente.[405] Zuerst kann einem Täter seine Tat persönlich nicht zum Vorwurf gemacht werden, wenn er ohne Schuld handelt. Im geltenden deutschen Strafrecht ist also die Erfolgshaftung ausgeschlossen. Zweitens, aufgrund des Schuldprinzips darf die Strafe das Maß der Schuld nicht überschreiten. Schließlich wird dem Täter strafrechtlich vorgeworfen, nicht weil er wegen der mangelhaften Lebensführung an seinem Charakterfehler schuld wäre (Lebensführungsschuld), sondern weil er in einer konkreten Situation den Anforderungen der Rechtsordnung nicht entsprochen hat, obwohl er dazu in der Lage gewesen wäre (Tatschuld). Mit anderen Worten, der Täter ist für eine rechtswidrige Tat dadurch verantwortlich, dass ein anderer an seiner Stelle nach den Erfahrungen hätte anders handeln „können". Oder genauer gesagt, ihm wird deshalb Schuld gesprochen, weil ihm ein anderes Verhalten hätte zugemutet werden können.

Das Schuldprinzip dient einerseits dazu, den übermäßigen Eingriff des Staates durch das Strafrecht zu unterbinden. Andererseits wird durch die Schuld ein sozial-ethisches Werturteil über die Tat gerechtfertigt. Nach der *normativen Schuldauffassung* ist die „Schuld" zwar ein psychologischer Sachverhalt (Schuldsachverhalt), der jedoch von der maßgebenden strafrechtlichen Wertung als pflichtwidrig und vorwerfbar zu bewerten ist (Schuldwerturteil). Die Schuld ist, kurz gesagt, Vorwerfbarkeit der Willensbildung.[406] Die Schuld als Voraussetzung der Strafe liegt nur dann vor, wenn der Täter vor der Tat die Verbotsnorm wusste oder hätte wissen können. Das setzt aber voraus, dass die Strafbarkeit vor der Tat schon gesetzlich festgestellt war (Gesetzlichkeitsprinzip). Nach dem auf dem Rechtsstaatsprinzip beruhenden Schuldprinzip muss der Täter die Möglichkeit haben, Rechtsnormen gekannt und sich an ihnen orientiert zu haben.[407] Nach dem Gesagten muss der Täter vor der Tat gewusst haben, dass

---

403 Zum Schuldprinzip im allgemeinen siehe Roxin, Strafrecht AT I, S. 59ff.; Jescheck/Weigend, Lehrbuch des Strafrechts AT, S. 23ff.; Hassemer, Einführung in die Grundlagen des Strafrechts, S. 230ff.

404 BGHSt 2, 194, 200. Zur Rechtsprechung des BGH bezüglich des Schuldprinzips siehe Neumann, FS BGH Wissenschaft, Bd. IV, 2000, S. 83ff.

405 Jescheck/Weigend, Lehrbuch des Strafrechts AT, S. 23, 404.

406 Jescheck/Weigend, Lehrbuch des Strafrechts AT, S. 24, 420f.

407 Roxin, Strafrecht AT I, S. 104.

seine Tat von der Rechtsordnung verboten ist. Hat er ohne dieses Wissen gehandelt, befand er sich in einem Verbotsirrtum.

Unter Verzicht auf die frühere Rechtsprechung des Reichsgerichts, wonach der Irrtum über die Rechtswidrigkeit des unrechtstatbestandsmäßigen Handelns unbeachtlich war, hat der BGH in einer Entscheidung[408] den Verbotsirrtum anerkannt. Diese Auffassung wurde später auch in § 17 StGB aufgenommen. Nach § 17 StGB handelt der Täter mit unvermeidbarem Verbotsirrtum ohne Schuld, hingegen genießt der vermeidbare Verbotsirrtum eine Strafmilderung gemäß § 49 Abs. 1 StGB.[409] Das Kriterium der Vermeidbarkeit des Verbotsirrtums besteht darin, ob der Täter „bei gehöriger Anspannung des Gewissens" das Unrechtmäßige seines Tuns hätte erkennen können.[410] Mit anderen Worten, es kommt darauf an, ob der Täter die Sorgfalt erbracht hat, zu der er den Umständen nach verpflichtet war und die ihm zur Verbotskenntnis verholfen hätte. Der Verbotirrtum kann aus zweierlei Gründen eintreten.[411] Zum einen kann er auf schlichter Unkenntnis der Verbotsnorm beruhen (direkter Verbotsirrtum). Zum anderen kann er sich aus Fehlvorstellungen über den Geltungsbereich des Verbots ergeben (indirekter Verbotsirrtum). Das heißt, der Täter nimmt irrig an, dass im konkreten Fall eine höhere rechtfertigende Gegennorm eingreifen könnte, oder dass er die rechtliche Grenze eines anerkannten Rechtfertigungsgrundes verkennt oder an einen in der Rechtsordnung nicht existierenden Rechtfertigungsgrund glaubt.

Da das Unrechtsbewusstsein sich nach der h. M. nach dem Rechtsgut richtet, liegt ein Verbotsirrtum nur dann vor, wenn der Täter die vom verwirklichten Straftatbestand umfasste spezifische Rechtsgutsverletzung bei der Tatbegehung nicht als Unrecht erkannte.[412] Demnach führt der Umstand, dass der Täter in Unkenntnis der Strafbarkeit seiner Tat und des anzuwendenden Strafgesetzes gehandelt hat, nicht zwangsläufig zur Annahme eines Verbotsirrtums.[413] Das Unrechtsbewusstsein ist allein schon vorhanden, wenn der Täter weiß, dass „sein Verhalten den Erfordernissen der Gemeinschaftsordnung widerspricht und deswegen rechtlich verboten ist". Mit solcher Kenntnis der „materiellen Rechtswidrigkeit" ist gemeint, dass „der Täter glaubt, eine straf-, zivil- oder öffentlich-rechtliche Norm zu verletzen".[414]

---

[408] BGHSt 2, 194ff.

[409] Zum Verbotsirrtum siehe Roxin, Strafrecht AT I, S. 793ff.; Jescheck/Weigend, Lehrbuch des Strafrechts AT, S. 452ff.; Jakobs, Strafrecht AT, 19/1ff.

[410] Siehe nur BGHSt 2, 194, 201.

[411] BGHSt 4, 1, 3; Jescheck/Weigend, Lehrbuch des Strafrechts AT, S. 456f.

[412] BGHSt 10, 35, 41; BGHSt 15, 377ff.; BGH NStZ 1996, 232, 236f.; BGH StV 2000, S. 423; Schönke/Schröder/*Cramer*, § 17, Rn. 4; Jescheck/Weigend, Lehrbuch des Strafrechts AT, S. 453f.

[413] Jescheck/Weigend, Lehrbuch des Strafrechts AT, S. 453ff.; Zieher, Das sog. Internationale Strafrecht nach der Reform, S. 69; BGHSt 15, 377, 382ff.; BGHSt 11, 263, 266.

[414] Jescheck/Weigend, Lehrbuch des Strafrechts AT, S. 454.

Nach der h. M. wird ein Irrtum über die Anwendbarkeit einer Strafrechtsordnung für eine konkrete Tat nicht als Verbotsirrtum im Sinne des § 17 StGB angesehen, weil sich die Regelungen des Internationalen Strafrechts nicht auf Verhaltensnormen und mithin das Unrecht der Handlung bezögen. Die Regelungen des Internationalen Strafrechts gehörten also nicht zu den Merkmalen der gesetzlichen Tatbestände, sie werden (oder die auf ihnen beruhende Geltung des deutschen Strafrechts) als objektive Strafbarkeitsbedingungen angesehen.[415]

Entgegen der h. M. wird im Schrifttum teilweise die Auffassung vertreten, dass der Täter den Anwendungsbereich des seine Tat erfassenden fremden Strafgesetzes subjektiv zur Kenntnis genommen haben muss. Er muss nämlich den für seinen Rechtskreis fremden Normbefehl und darüber hinaus seine Unterwerfung unter die fremde Strafgewalt gekannt und gewusst haben. Obwohl es nicht erforderlich ist, dass ein Ausländer den genauen Inhalt der Strafrechtsnormen des fremden Staates kennt, muss er jedoch immerhin im klaren sein, dass er dem Geltungsbereich des seine Tat erfassenden Strafrechts unterliegt. Andernfalls liegt ein Verbotsirrtum wegen des Irrtums über die Strafgewalt vor.[416] Da das Unrechtsurteil jeder Handlung nur unter Berücksichtigung einer bestimmten Rechtsordnung erfolgen kann, und das Unrecht kein Substanz-, sondern ein Relationsbegriff ist, sind deshalb die Normen, die den Anwendungsbereich der einschlägigen Rechtsordnung bestimmen, *unrechtsrelevant*. Das Unrechtsbewusstsein ist also immer *relativ* zu einer Rechtsordnung, in der das betreffende Verbot enthalten ist. Demzufolge kann ein Irrtum über den Geltungsbereich einer bestimmten Rechtsordnung auch einen Verbotsirrtum darstellen.[417] Obwohl sich ein kulturfremder Täter in einem Verbotsirrtum gemäß § 17 StGB befinden könnte, wenn er ein deutsches Strafrechtsverbot nicht kennt, kann dieses Ergebnis nicht pauschal auf alle Fälle der Auslandstaten von Ausländern geschlossen werden. Ob ein Verbotsirrtum bei der Auslandstat eines Ausländers vorliegt, muss im Einzelfall geklärt werden.[418]

---

415 BGHSt 27, 30, 34; LK-StGB/*Gribbohm*, Rn. 415 vor § 3; Schönke/Schröder/*Eser*, Rn. 61 vor § 3; Tröndle/Fischer, Rn. 30 vor § 3; *Lackner*/Kühl, § 9, Rn. 1; Lehrbuch des Strafrechts AT, S. 180; Henrich, Das passive Personalitätsprinzip im deutschen Strafrecht, S. 156f.

416 Germann, SchwZSt 69 (1954), S. 243; Oehler, FS Grützner, 1970, S. 116; spezifisch zum Schutzprinzip siehe Oehler, Internationales Strafrecht, Rn. 592; Neumann, StV 2000, S. 425ff.; Neumann, FS Müller-Dietz, 2001, S. 589ff.; die frühere Meinung modifizierend Eser, FS BGH Wissenschaft, Bd. IV, 2000, S. 21. Nach Jakobs, Strafrecht AT, 5/13 hänge das Erfordernis des Vorsatzes des Täters hinsichtlich des Anwendungsbereichs des fremden Strafgesetzes davon ab, ob der Anwendungsbereich des fremden Strafgesetzes für die Bestimmung der Strafbarkeit und des geschützten Rechtsguts relevant sei. Dagegen BGHSt 27, 30, 34; Wengler, JZ 1977, S. 259.

417 Neumann, StV 2000, S. 426; Neumann, FS Müller-Dietz, 2001, S. 605ff.

418 Der Verbotsirrtum bei völkerstrafrechtlichen Verbrechen ist nach Art. 32 II i. V. m. Art. 33 IStGH-Statut hingegen grundsätzlich ausgeschlossen. Der Verbotsirrtum bei solchen Verbrechen ist zwar nach deutschem Recht im Einzelfall nicht von vornherein ausge-

Bezüglich des Verbotsirrtums bei Ausländern wird im Schrifttum zu bedenken gegeben, dass die starke Betonung individueller Schuld die Abschreckungswirkung der Rechtsordnung bei den eigenen Bürgern abschwächen und mithin die Rechtsordnung destabilisieren könnte.[419] Dieser Vorwurf trifft auf das Weltrechtsprinzip jedoch nicht zu. Da es beim Weltrechtsprinzip lediglich um Auslandstaten von Ausländern geht, hat die Berücksichtigung fremder Rechtsvorstellungen nicht wie beim Urteil über Inlandstaten von Ausländern eine erhebliche psychische Auswirkung auf die Gesellschaft. Die Abweichung fremder Rechtsordnungen von der unseren ist nämlich nicht ungewöhnlich und illegitim. Daher würde unsere Gesellschafts- und Rechtsordnung durch Achtung fremder Rechtsordnungen nicht ins Wanken geraten.

Der Verbotsirrtum spielt bei der Rechtfertigung des Weltrechtsprinzips im Grunde genommen eine geringere Rolle, weil die Kenntnis des Täters über das Vorliegen einer ausländischen Strafrechtsnorm die universale Anerkennung dieser Norm nicht ersetzen kann. „Es geht nicht um Kenntnis, sondern um Legitimität der Norm."[420] Aber obwohl das Fehlen des Unrechtsbewusstseins einzelner Täter die Thematik des Geltungsbereichs des Strafrechts nicht direkt betrifft, ist seine Behandlung im Fall des Weltrechtsprinzips deshalb relevant, weil die Bestrafung der Auslandstaten von Ausländern nach dem Weltrechtsprinzip von der rechtlichen Bewertung des Handelns nach fremden Rechtsordnungen absieht. Wegen der Außerachtlassung fremder Rechtsordnungen bei der Anwendung des Weltrechtsprinzips könnte es gelegentlich zum Widerspruch der Unrechtsurteile nach verschiedenen Rechtsordnungen kommen. Dieses Problem könnte zwar mit der Lösung des Verbotsirrtums von Fall zu Fall bewältigt werden, aber es wäre angebracht, an den Ursprung des Problems, nämlich das problematische Weltrechtsprinzip vom Grunde auf heranzugehen. Demzufolge sollte man versuchen, das Weltrechtsprinzip zu modifizieren oder ganz abzuschaffen, wenn es andere internationalstrafrechtliche Prinzipien gibt, die einerseits unerwünschte Lücken bei der internationalen Verbrechensbekämpfung füllen, andererseits den Widerstreit zwischen verschiedenen Rechtsordnungen bei der Anwendung eigenen Strafrechts sowie den eventuell bei Ausländern entstehenden Verbotsirrtum vermeiden können.

---

schlossen, die Berufung darauf ist in der Tat jedoch sehr schwer zu begründen. Vgl. BR-Drucks. 29/02, S. 35.

419 Doehring, Inwieweit ist das Heimatrecht des Fremden für den Aufenthaltsstaat beachtlich?, S. 70f.

420 Keller, FS Lüderssen, 2002, S. 430, 432.

5.2. Straftheoretische Überlegungen

Die Konzeption des Internationalen Strafrechts hängt nicht zuletzt vom Wesen der Strafe und der Aufgabe des Strafrechts ab.[421] Die Antwort darauf, wozu ein Täter bestraft wird und was den Sinn und Zweck der Strafe ausmacht, kann uns wohl einen Aufschluss über den legitimen Anwendungsbereich des Strafrechts geben. Hinsichtlich des Weltrechtsprinzips bedeutet dies konkret, dass nach dem Sinn und Zweck der Strafe zu beurteilen ist, ob die inländische Bestrafung von Ausländern wegen ihrer Auslandstaten gerechtfertigt und zweckmäßig ist. Dabei können unterschiedliche Straftheorien, vor allem Vergeltungstheorie, Theorie der Spezialprävention und Theorie der Generalprävention sowie Vereinigungstheorie herangezogen werden. Durch die Erläuterung von Sinn und Zweck der Strafe kann dann klar gemacht werden, wo unsere nationale Strafgewalt eingeschränkt werden soll.

Nach der *Vergeltungstheorie* als einer absoluten Straftheorie ist der Sinn der Strafe von ihrer gesellschaftlichen Wirkung losgelöst. Ihr Zweck liegt *allein* in der Vergeltung für eine üble schuldhafte Tat. Dabei soll das Übel einer Straftat durch das Übel der Strafe ausgeglichen werden.[422] Nach *Kant* darf die Strafe „niemals bloß als Mittel, ein anderes Gut zu befördern, für den Verbrecher selbst, oder für die bürgerliche Gesellschaft, sondern muss jederzeit nur darum wider ihn verhängt werden, weil er verbrochen hat“.[423] Mit dem sog. Inselbeispiel bekräftigt er seine Theorie anschaulich: „Selbst, wenn sich die bürgerliche Gesellschaft mit aller Glieder Einstimmung auflösete (z. B. das eine Insel bewohnende Volk beschlösse, auseinander zu gehen, und sich in alle Welt zu zerstreuen), müsste der letzte im Gefängnis befindliche Mörder vorher hingerichtet werden, damit jedermann das widerfahre, was seine Taten wert sind...“[424]

Orientiert sich das Strafrecht lediglich am Vergeltungsgedanken, wird es leicht zu einer weiten Ausdehnung des räumlichen Geltungsbereichs des Strafrechts führen. Wenn hingegen eine vom Vergeltungsgedanken nicht belastete Straftheorie angenommen wird, die den Maßstab der sozialen Unerlässlichkeit als die Voraussetzung der Strafbarkeit annimmt, dann kann auf viele Strafbestimmungen verzichtet werden.[425] Dadurch wird nicht zuletzt der Umfang

---

421 Rudolf, Territoriale Grenzen der staatlichen Rechtsetzung, S. 7; Vogler, FS Maurach, 1972, S. 601ff.; Schmitz, Das aktive Personalitätsprinzip im Internationalen Strafrecht, S. 92ff.

422 Allgemein zur Vergeltungstheorie siehe Neumann, in: Neumann/Schroth, Neuere Theorien von Kriminalität und Strafe, S. 11ff.; Jescheck/Weigend, Lehrbuch des Strafrechts AT, S. 70f.; Roxin, Strafrecht AT I, S. 41ff.; Jakobs, Strafrecht AT, 1/17ff.; Hassemer, Einführung in die Grundlagen des Strafrechts, S. 282ff.; Köhler, Strafrecht AT, S. 43.

423 Kant, Die Metaphysik der Sitten, in: Werke in sechs Bänden, hg. v. Weischedel, Bd. IV, Darmstadt 1998, S. 453.

424 Kant, Die Metaphysik der Sitten, in: Werke in sechs Bänden, hg. v. Weischedel, Bd. IV, Darmstadt 1998, S. 455.

425 Roxin, Strafzweck und Strafrechtsreform, S. 88.

innerstaatlicher Strafgewalt auch neu bestimmt.[426] Bezüglich der Vergeltungstheorie liegt das spezifische Problem der Bestrafung von Ausländern wegen Auslandstaten darin, dass es der Vergeltungstheorie gleichgültig ist, ob ein Verbrecher von Tatortstaat, Heimatstaat des Täters oder irgendeinem Staat bestraft wird. Die Folgen der Strafe müssten nämlich nicht berücksichtigt werden. Dabei stellt sich die Frage, ob die Weltrechtspflege über internationale Verbrechen durch jeden Staat von ihren Folgen absehen darf. Da die Bestrafung internationaler Verbrechen ihre Zwecke nicht nur in der Vergeltung sieht, sondern auch auf Frieden, Sicherheit und Wohl der Welt gerichtet ist,[427] kann sie allein durch den Vergeltungszweck nicht gerechtfertigt werden. Das Weltrechtsprinzip, das unter Berufung auf gerechte Bestrafung der die fundamentalen Rechtsgüter der Völkergemeinschaft verletzenden Verbrechen die Straflosigkeit solcher Verbrechen nicht duldet und daher von Tatort, Nationalität von Täter und Opfer sowie Tatortrecht absieht, kann zwar den Zweck der Vergeltung erfüllen. Aber da es wegen seines konfliktträchtigen Charakters den Weltfrieden nicht stiften, sondern im Gegenteil internationale Konflikte hervorrufen würde, wird es dem speziellen Sinn und Zweck der Bestrafung internationaler Verbrechen nicht gerecht.

Bezüglich der Vergeltungstheorie kann sich bei der Bestrafung von Völkerrechtsverbrechen eine andere Frage stellen. Es fragt sich nämlich, ob das Unrecht von Völkerstraftaten im gerechten Maß vergolten werden kann. Zur Frage des gerechten Schuldausgleichs wird in bezug auf Völkerstraftaten der Einwand gegen die Vergeltungstheorie erhoben, dass das erlittene Unrecht bei massenhaften Völkerrechtsverbrechen nicht auszugleichen sei.[428] Außerdem würde ein tatvergeltendes Strafrecht die wesentlichen Ursachen für den Entstehungskontext der Völkerrechtsverbrechen nicht *behandeln*, sondern eher *perpetuieren*.[429] Trotz dieser Bedenken ist jedoch festzustellen, dass Völkerrechtsverbrechen als die schwerste Verachtung der Menschheit nicht straffrei bleiben sollten. Allerdings muss man sich fragen, ob es angebracht ist, Völkerrechtsverbrechen ungeachtet der Strafkompetenz eines tatnahen Staates oder eines internationalen Gerichts durch einen beliebigen Staat aufgrund des Weltrechtsprinzips zu bestrafen.

Im Gegensatz zu absoluten Theorien, die Strafe als Selbstzweck betrachten, gehen relative Theorien von Zwecken aus, die über die Strafe als solche hinausgehen. Dabei kann wieder zwischen der Spezialpräventionstheorie und der

---

426 Vogler, Geburtstagsgabe Grützner, 1970, S. 154.

427 Vgl. Präambel Abs. 3 IStGH-Statut.

428 Jäger, KritV 1993, S. 270; Ambos/Steiner, JuS 2001, S. 12; Möller, Völkerstrafrecht und Internationaler Strafgerichtshof, S. 455. Dagegen behauptet Werle, ZStW 109 (1997), S. 821; derselbe, Völkerstrafrecht, Rn. 85, dass der Gedanke des Schuldausgleichs als einer der Strafzwecke des Völkerstrafrechts in Betracht kommen könnte. Ganz auf dem Unrechts-Ausgleichs-Gedanken besteht Naucke, Die strafjuristische Privilegierung staatsverstärkter Kriminalität, S. 32f.

429 Möller, Völkerstrafrecht und Internationaler Strafgerichtshof, S. 455.

Generalpräventionstheorie unterschieden werden. Nach der *Spezialpräventionstheorie* ist die Strafe darauf gerichtet, auf individuelle Täter einzuwirken.[430] Die Strafe ist nämlich als *Abschreckung* der nicht besserungsbedürftigen Täter und Besserung (Resozialisierung) der besserungsfähigen und besserungsbedürftigen Täter sowie Unschädlichmachung der nicht besserungsfähigen Täter zu konzipieren.[431] Hinsichtlich der Resozialisierung kann der Strafzweck keinesfalls erreicht werden, wenn die unserer Kultur und Bräuchen gegenüberstehenden „Kulturfremden" nach unserem nationalen Strafrecht bestraft werden und die Strafe bei uns verbüßen. Die Wiedereingliederung der Täter in die Gesellschaft kann nur erfolgen, wenn sie sich als ein Teil der Gesellschaft fühlen können.[432] Darüber hinaus kann es nicht legitim sein, einen „Kulturfremden" durch die Strafe so zu erziehen, dass er auf seine eigene Rechtskultur verzichtet und sich in der Zukunft entsprechend unserer Rechtskultur verhält. Insbesondere wenn der Rechtsbrecher sich mit der Sprache, Kultur und Gesellschaft des aburteilenden Staates nicht auskennt und von den familiären und sozialen Bindungen losgelöst ist, kann nicht erwartet werden, dass der Täter nach dem Strafvollzug erfolgreich in seine Heimatgesellschaft eingegliedert werden kann.[433] Nach dem Dargestellten kann der Zweck der Resozialisierung nicht erreicht werden, wenn ein Täter in einem fremden Land verurteilt wird und die Strafe dort verbüßt.

Im Hinblick auf den Zweck der Resozialisierung ist die Bestrafung schwerer Völkerrechtsverbrechen nach dem Weltrechtsprinzip auch nicht zu begründen, weil solche Verbrechen überwiegend durch spezifische gesellschaftliche Bedingungen bestimmt sind und die Rückfallgefahr der Täter als gering einzuschätzen ist. Es ist anzunehmen, dass insbesondere Machthaber, Militärführer, hochrangige Funktionäre und Folterschergen sich nicht resozialisieren lassen. Mangels der bestimmten historisch-sozialen Bedingungen würden die betreffenden Verbrechen ohne Strafdrohung in Zukunft auch nicht begangen werden. Umgekehrt, die Verbrechen würden von denselben Tätern ebenso begangen werden, selbst wenn sie bestraft worden wären. Die Resozialisierung und Unschädlichmachung solcher Täter spielen daher keine wichtige Rolle bei der Bestrafung

---

[430] Zur Spezialpräventionstheorie siehe Neumann, in: Neumann/Schroth, Neuere Theorien von Kriminalität und Strafe, S. 19ff.; Jescheck/Weigend, Lehrbuch des Strafrechts AT, S. 73ff.; Roxin, Strafrecht AT I, S. 44ff.; Jakobs, Strafrecht AT, 1/35ff.; Hassemer, Einführung in die Grundlagen des Strafrechts, S. 285ff.; Köhler, Strafrecht AT, S. 41f.

[431] Siehe das sog. „Marburger Programm" Franz v. Liszts in: ZStW 3 (1883), S. 1ff.

[432] Vogler, Geburtstagsgabe Grützner, 1970, S. 156. v. Bar, Gesetz und Schuld im Strafrecht, Bd. 1: Das Strafgesetz, S. 107 behauptet zwar auch, dass der Gesichtspunkt der Resozialisierung hier ungeeignet sei. Dies wird jedoch dadurch begründet, dass der Aburteilstaat nicht das geringste Interesse habe, den ausländischen Täter auf seine Kosten zu bessern.

[433] Breukelaar/Mulder, Geburtstagsgabe Grützner, 1970, S. 31f.; Linke, Geburtstagsgabe Grützner, 1970, S. 86.

von Völkerstraftaten.[434] Obwohl die Resozialisierung von „Gefolgschaftstätern“ gewisse Wirkung haben könnte, kann sie wegen der unzulänglichen Wirkung auf „Haupttäter“ jedoch nicht als eigenständiger Strafzweck im Völkerstrafrecht angesehen werden.[435] Zusammengefasst kann man sagen, dass die Resozialisierung von „normalen Verbrechern“ durch die Bestrafung von einem fremden Land nicht wirken kann. Bei Völkerrechtsverbrechen kann die Spezialprävention nur geringe Auswirkung auf Gefolgschaftstäter haben. Aber wenn es sich um die zentrale Bestrafung von Völkerrechtsverbrechen, die zur Bekämpfung der Makrokriminalität durch ein internationales Gericht durchgeführt ist, und somit um Frieden und Sicherheit der Menschheit handelt, sollten die spezialpräventiven Überlegungen in den Hintergrund treten.[436]

Die *Generalpräventionstheorien*,[437] welche die Auswirkung auf die Allgemeinheit als Zweck der Strafe bezeichnen, können wieder in zwei Gruppen, nämlich die *negative* und die *positive Generalpräventionstheorie*, eingeteilt werden. Nach der negativen Generalpräventionstheorie könnten „potenzielle Täter“ durch Überlegungen über mögliche Strafe den Plan zur Tatbegehung aufgeben. Mit dieser Annahme ergibt sich jedoch ein erhebliches Problem hinsichtlich des Weltrechtsprinzips. Es liegt auf der Hand, dass ein „kulturfremder Täter“ nicht mit der Strafe abgeschreckt werden kann, wenn er die Existenz unserer strafrechtlichen Normen nicht kennt. Mit anderen Worten: Eine solche „Abschreckung potenzieller kulturfremder Täter“ kann nicht erzielt werden, wenn dasselbe Verhalten im Tatortstaat nicht als Verbrechen empfunden wird.[438] Solche Fälle können insbesondere eintreten, wenn z. B. bei der Anwendung des Weltrechtsprinzips die Tatortstrafbarkeit nicht vorausgesetzt ist. Darüber hinaus können potentielle Völkerstraftäter auch nicht abgeschreckt werden, weil solche Verbrechen von bestimmten sozial-historischen Bedingungen abhängen.[439]

---

434 Jäger, KJ 1968, S. 147; Jäger, KritV 1993, S. 271; Jäger, Makroverbrechen als Gegenstand des Völkerstrafrechts, S. 340f.; Roxin, Strafrecht AT I, S. 48; Ambos, KritV 1996, S. 366; Möller, Völkerstrafrecht und Internationaler Strafgerichtshof, S. 485f. Hingegen behauptet Werle, ZStW 109 (1997), S. 822, dass auch spezialpräventive Gesichtspunkte einschlägig seien.

435 Möller, Völkerstrafrecht und Internationaler Strafgerichtshof, S. 478.

436 Siehe Nemitz, Strafzumessung im Völkerstrafrecht, S. 161ff.

437 Zur Thematik der Generalprävention siehe Hassemer/Lüderssen/Naucke, Hauptprobleme der Generalprävention, Frankfurt a. M. 1979; Neumann, in: Neumann/Schroth, Neuere Theorien von Kriminalität und Strafe, S. 33ff.; Jescheck/Weigend, Lehrbuch des Strafrechts AT, S. 72, 75; Roxin, Strafrecht AT I, S. 48ff.; Jakobs, Strafrecht AT, 1/4ff., 27ff.; Hassemer, Einführung in die Grundlagen des Strafrechts, S. 309ff.; Köhler, Strafrecht AT, S. 42f.

438 Keller, FS Lüderssen, 2002, S. 428. Hingegen erkennt Eser, FS Trechsel, 2002, S. 227f. die negative generalpräventive Wirkung der Strafe in Bezug auf Völkerrechtsverbrechen an.

439 Jäger, Makroverbrechen als Gegenstand des Völkerstrafrechts, S. 339f.; Jäger, KritV 1993, S. 270f.; Ambos, KritV 1996, S. 366; Möller, Völkerstrafrecht und Internationaler Strafgerichtshof, S. 467.

Gleichgültig, ob die Taten in Zukunft bestraft werden könnten oder nicht, werden potentielle Völkerstraftäter dieselben Taten begehen.

Die positive Generalpräventionstheorie geht davon aus, dass sich die sozialen Gewohnheiten und die Rechtstreue der Bevölkerung durch den stetigen Vorgang der Bestrafung bestimmter Verhaltensweisen verstärken lassen. Damit können die Erhaltung und Stärkung des Vertrauens in die Bestands- und Durchsetzungskraft der Rechtsordnung gewährleistet werden.[440] Demnach ist die Aufgabe der Strafe „die Erhaltung der Norm als Orientierungsmuster für sozialen Kontakt". „Inhalt der Strafe ist ein auf Kosten des Normbrechers erfolgender Widerspruch gegen die Desavouierung der Norm".[441] Es können drei Ziele und Wirkungen bei der positiven Generalprävention unterschieden werden:[442] 1. der sozialpädagogisch motivierte Lerneffekt, der durch die Tätigkeit der Strafjustiz die Einübung der Bevölkerung in Rechtstreue bewirkt; 2. der Vertrauenseffekt, der durch die Durchsetzung des Rechts bei Bürgern hervorgerufen wird; 3. der Befriedungseffekt, der entsteht, wenn das allgemeine Rechtsbewusstsein durch die Sanktion des Rechtsbruchs befriedigt und der Konflikt mit dem Täter als erledigt angesehen wird. Dieser Befriedungseffekt wird im allgemeinen auch als „Integrationsprävention"[443] bezeichnet. Obwohl die Wirkung der positiven Generalprävention bei Inlandstaten von Inländern gewissermaßen erzielt und legitimiert werden kann, ist sie jedoch bei der Bestrafung von Ausländern wegen Auslandstaten nicht unproblematisch. Es fragt sich nämlich, ob das Rechtsbewusstsein einer bestimmten Gesellschaft durch die Bestrafung von „Kulturfremden" gestärkt werden kann und darf.

In Hinsicht auf die Bestrafung von Völkerrechtsverbrechen kann hingegen von der positiven Generalprävention ausgegangen werden. Die supranationale und dezentrale Strafverfolgung völkerrechtlicher Verbrechen können zwar nicht definitiv eine negative Abschreckungswirkung in der Völkergemeinschaft entfalten.[444] Es ist jedoch anzunehmen, dass mit der Bestrafung von Völkerstraftaten eine positiv generalpräventive Wirkung zu erzielen ist. Genauer gesagt, es wird nach und nach eine völkerstrafrechtliche Wertordnung stabilisiert und dadurch ein universales Rechtsbewusstsein geschaffen.[445] In bezug auf die

---

440 Roxin, Strafrecht AT I, S. 50.

441 Jakobs, Strafrecht AT, 1/11.

442 Roxin, Strafrecht AT I, S. 50f.

443 Vgl. Müller-Tuckfeld, Integrationsprävention. Studien zu einer Theorie der gesellschaftlichen Funktion des Strafrechts, Frankfurt a. M. 1998.

444 Jescheck, Die Verantwortlichkeit der Staatsorgane nach Völkerstrafrecht, S. 195; Jäger, KritV 1993, S. 270; Jäger, Makroverbrechen als Gegenstand des Völkerstrafrechts, S. 340; Ambos, KritV 1996, S. 366; Möller, Völkerstrafrecht und Internationaler Strafgerichtshof, S. 506f.

445 Ambos, KritV 1996, S. 366f.; Ambos/Steiner, JuS 2001, S. 13; Werle, ZStW 109 (1997), S. 821; Werle, Völkerstrafrecht, Rn. 86. Nach Möller, Völkerstrafrecht und Internationaler Strafgerichtshof, S. 521ff. besteht die positiv generalpräventive Wirkung des Völkerstrafrechts nicht darin, ein schon vorhandenes globales Rechtsbewusstsein zu bestätigen

Bestrafung von Völkerstraftaten wird im Schrifttum teilweise entgegen der positiven Generalpräventiontheorie geltend gemacht, dass man zur Erreichung von Rechtsaufklärung und Normstabilisierung nicht unbedingt die Strafe bräuchte. Vielmehr reiche es aus, durch Verfahren, Urteil und rechtlichen Diskurs denselben Zweck zu erreichen. Aber diese Kritik übersieht die Auswirkung der Straflosigkeit von Völkerrechtsverbrechen. Es könnte von der Völkergemeinschaft angenommen werden, dass „staatliche Untaten nicht in gleichem Maße ernstgenommen würden wie die Straftaten des Alltags".[446] Obwohl die Bestrafung von Völkerrechtsverbrechen eine Auswirkung der positiven Generalprävention haben kann, bedeutet dies jedoch nicht, dass ein Völkerstraftäter von jedem Staat nach dem Weltrechtsprinzip bestraft werden sollte. Entweder durch ein internationales Strafgericht oder durch einen tatnahen Staat kann die Bestrafung des Täters, also die Vermeidung der Straflosigkeit, das Völkerstrafrechtsbewusstsein in der Völkergemeinschaft genauso stabilisieren.

Die Vereinigungstheorien stellen eine Kombination der oben genannten Straftheorien mit unterschiedlichen Akzenten dar. Allerdings sind sie nur dann zu rechtfertigen, wenn mindestens eine der oben genannten Straftheorien gerechtfertigt ist. Nach dem Dargestellten kann die Bestrafung eines Ausländers wegen seiner Auslandstat durch einen beliebigen Staat alle möglichen Strafzwecke nicht so gut erfüllen wie die Bestrafung durch einen tatnahen Staat. Im Hinblick auf die Bestrafung von Völkerrechtsverbrechen können zwar die Zwecke der Vergeltung und der positiven Generalprävention befriedigt werden. Aber diese Aussage muss nicht auf das Weltrechtsprinzip hinauslaufen. Die Bestrafung durch einen tatnahen Staat oder ein internationales Gericht kann diese Zwecke ebenso erreichen.

5.3. Zwischenergebnis

Obwohl das Weltrechtsprinzip, wie oben bemerkt, nicht unmittelbar gegen das verfassungsrechtliche Demokratieprinzip, Gesetzlichkeitsprinzip und Schuldprinzip verstößt, ist seine Anwendung jedoch mit den Grundgedanken dieser Prinzipien in einem internationalen Kontext nicht ganz vereinbar. Darüber hinaus ist die Bestrafung von Ausländern wegen Auslandstaten durch nationale Gerichte nach dem Weltrechtsprinzip auch schwer mit den legitimen Strafzwecken zu rechtfertigen. Bei den Delikten, die allein durch inländische Strafgesetze dem Weltrechtsprinzip unterliegen, können die Strafzwecke, gleichgültig nach welcher Straftheorie, weitgehend nicht erreicht werden. Hinsichtlich der Völkerrechtsverbrechen, deren Strafbarkeit international anerkannt ist und deren Bestrafung ein allgemeines Rechtsbewusstsein der Völkergemeinschaft fördern

---

und zu stabilisieren, sondern eine Wertordnung erst einmal verbindlich zu errichten und zu konsolidieren.

446 Jäger, KritV 1993, S. 271.

und stabilisieren kann, sind zwar der Zweck der Vergeltung und der positiven Generalprävention zu erfüllen. Aber da der Zweck der Spezialprävention verfehlt ist und die oben genannten Zwecke mittels der Bestrafung durch ein internationales Gericht oder einen tatnahen Staat gleichermaßen zu erzielen sind, ist die Anwendung des Weltrechtsprinzips nicht notwendig. Alles in allem empfiehlt es sich, de lege ferenda auf das Weltrechtsprinzip zu verzichten. Die allein durch nationales Strafrecht unter dem Weltrechtsprinzip stehenden Delikte dürfen wegen des Mangels an der allgemein-völkerrechtlichen Anerkennung nicht mit der Weltrechtspflege durch Nationalstaaten bekämpft werden. Ihre Bestrafung sollte unter Berücksichtigung jeweiliger Rechtsvorstellungen allein in die Kompetenz der Staaten fallen, die mit ihnen in einem Zusammenhang stehen. Die Abschaffung des Weltrechtsprinzips in Hinsicht auf die international anerkannten Völkerrechtsverbrechen ist m. E. auch unproblematisch und sogar begrüßenswert, wenn die durch die Straflosigkeit von Völkerrechtsverbrechen entstehende Ungerechtigkeit durch ein anderes Prinzip des Internationalen Strafrechts oder die zentrale Verbrechensbekämpfung durch ein internationales Gericht vermieden werden kann.

6. Die rechtlichen Regelungen über das Weltrechtsprinzip in der Bundesrepublik Deutschland

Nachdem wir die Rechtmäßigkeit des Weltrechtsprinzips aus völkerrechtlicher und verfassungsrechtlicher Sicht besprochen haben, wird im folgenden überprüft, ob die Tatbestände, auf die das Weltrechtsprinzip Anwendung findet, hinsichtlich der geschützten Rechtsgüter und der völkerrechtlichen Grundlagen den strafrechtlichen Schutz durch das Weltrechtsprinzip verdienen.

6.1. Die Straftatbestände in § 6 StGB

Die Überschrift des § 6 StGB lautet „Auslandstaten gegen international geschützte Rechtsgüter". Dies deutet darauf hin, dass die in dieser Vorschrift enthaltenen Tatbestände die Rechtsgüter der gesamten Staatengemeinschaft schützen und nicht die kriminalpolitischen Verfolgungsinteressen Deutschlands bezwecken sollten. Aber angesichts der heterogenen Tatbestände und ihrer so unterschiedlichen kriminellen Gewichtung ist es berechtigt, daran zu zweifeln, ob alle darin enthaltenen Tatbestände wirklich dem Schutz internationaler Rechtsgüter dienen.[447] Um zu klären, ob die einzelnen Tatbestände des § 6 StGB den Anforderungen für die Anwendung des Weltrechtsprinzips genügen können, werden diese Tatbestände im folgenden auf ihre geschützten Rechtsgüter und Völkerrechtsgrundlagen, also ob sich die Bestrafung solcher Weltrechtsverbrechen nach dem Weltrechtsprinzip auf eine ausdrückliche völkerrechtliche Grundlage berufen kann, geprüft.

6.1.1. Kernenergie-, Sprengstoff- und Strahlungsverbrechen (§ 307, § 308 Abs. 1 bis 4, § 309 Abs. 2, § 310 StGB)

Nach § 6 Nr. 2 StGB unterliegen Kernenergie-, Sprengstoff- und Strahlungsverbrechen dem Weltrechtsprinzip. Die Tatbestände des Kernenergieverbrechens (§ 307 StGB) und des Sprengstoffverbrechens (§ 308 Abs. 1 bis 4 StGB) dienen dazu, das Leben, die Gesundheit und die Sachgüter von bedeutendem Wert vor den Gefahren der Kernenergie und (namentlich Sprengstoff-) Explosion zu schützen.[448] Die Vorschrift des Strahlungsverbrechens in § 309 Abs. 2 StGB

---

[447] Merkel, Universale Jurisdiktion bei völkerrechtlichen Verbrechen, S. 240ff.; Hilgendorf, JR 2002, S. 83; Eser, FS Meyer-Goßner, 2001, S. 30; MünchKommStGB/*Ambos*, § 6, Rn. 3; Zieher, Das sog. Internationale Strafrecht nach der Reform, S. 172f.

[448] LK-StGB/*Wolff*, § 310b, Rn. 3; § 311, Rn. 1; NK-StGB/*Herzog*, § 307, Rn. 2; § 308, Rn. 2; SK-StGB/*Horn*, § 307, Rn. 2; § 308, Rn. 2; Schönke/Schröder/*Cramer*/*Heine*, § 307, Rn. 1; § 308, Rn. 1; Tröndle/Fischer, § 307, Rn. 1; § 308, Rn. 1; Maurach/Schroeder/ Maiwald, Strafrecht BT 2, § 52, Rn. 4.

bezweckt den Schutz der Gesundheit einer unübersehbaren Zahl von Menschen vor Missbrauch der ionisierenden Strahlung, also vor gefährlicher Körperverletzung.[449] Die vorgeschriebene Unübersehbarkeit der Zahl von Opfern liegt vor, wenn die Zahl der von der Strahlung Betroffenen so groß ist, dass auch ein objektiver Beobachter sie ohne nähere Prüfung nicht bestimmen kann.[450] Unter den oben genannten Tatbeständen dient eigentlich nur § 309 Abs. 2 StGB primär der Vermeidung der „Gemeingefahr". Die anderen Tatbestände schützen hingegen neben der Sicherheit der Allgemeinheit auch die Rechtsgüter der Einzelnen.[451] Die Regelung des § 310 StGB dient zur Bestrafung der Vorbereitungshandlungen des § 307 Abs. 1, § 309 Abs. 2 und § 308 Abs. 1 StGB. Die geschützten Rechtsgüter sind solche wie oben dargestellt.

Die geschützten Rechtsgüter der oben genannten Tatbestände stellen Leben, Gesundheit und Eigentum dar. Ob solche Rechtsgüter an sich als Rechtsgüter der Staatengemeinschaft anzusehen sind, ist fragwürdig. Zumal da völkerrechtliche Abkommen, worauf sich die Anwendung des Weltrechtsprinzips auf Kernenergie-, Sprengstoff- und Strahlungsverbrechen berufen kann, nicht bestehen,[452] ist es berechtigt, an der Existenz der Voraussetzung des Weltrechtsprinzips, nämlich der Internationalität der Rechtsgüter, zu zweifeln.

Im Schrifttum wird die Bestrafung der betreffenden Verbrechen nach dem Weltrechtsprinzip trotz des Fehlens einer völkerrechtlichen Grundlage damit begründet, dass diese Verbrechen sich kaum auf ein Territorium beschränkten und die extreme Bedrohung der gesamten Völkergemeinschaft durch diese Verbrechen um der internationalen Solidarität willen mit der Weltrechtspflege bekämpft werden müsse. Darüber hinaus seien diese Verbrechen den grenzüberschreitenden Umweltverbrechen (§ 5 Nr. 11 StGB) vergleichbar. Deshalb sei die Erstreckung der Strafrechtsanwendung auf Auslandstaten von Ausländern gerechtfertigt.[453] Aber wenn wir genauer hinschauen, stellt sich heraus, dass erstens diese Delikte nicht zwangsläufig die Internationalität, ja sogar nicht einmal die Transnationalität aufweisen. Abgesehen von Kernenergieverbrechen, die selbst auch nicht unbedingt grenzüberschreitenden Charakter besitzen, ist die Wirkung der anderen Delikte in der Regel auf ein Territorium beschränkt. Zweitens, der Vergleich mit § 5 Nr. 11 StGB, der lediglich Staatsinteressen schützt, zeigt gerade, dass § 6 Nr. 2 StGB nicht den Schutz internationaler Rechtsgüter, sondern eigene Interessen bezweckt. Dementsprechend wird im Schrifttum geltend gemacht, dass diese Tatbestände nur einen „nationalen

---

449 LK-StGB/*Wolff*, § 311a, Rn. 3; NK-StGB/*Herzog*, § 309, Rn. 2; SK-StGB/*Horn*, § 309, Rn. 2; Schönke/Schröder/*Cramer*/*Heine*, § 309, Rn. 1; Tröndle/Fischer, § 307, Rn. 1; § 308, Rn. 1.

450 Zur Begründung des § 324 StGB siehe Entwurf eines Strafgesetzbuchs mit Begründung, Bonn 1962, S. 503.

451 Arzt/*Weber*, Strafrecht BT, § 37, Rn. 1f.

452 Oehler, Internationales Strafrecht, Rn. 862.

453 Vgl. Zieher, Das sog. Internationale Strafrecht nach der Reform, S. 147; MünchKomm-StGB/*Ambos*, § 6, Rn. 10.

Programmsatz des völkerrechtlichen Wünschenswerten" ausdrücken.[454] Da die Anwendung des Weltrechtsprinzips auf Kernenergie-, Sprengstoff- und Strahlungsverbrechen nicht Rechtsgüter der Völkergemeinschaft schützt und darüber hinaus auf keiner völkerrechtlichen Grundlage beruht, ist § 6 Nr. 2 StGB unbegründet und völkerrechtswidrig.

6.1.2. Angriffe auf den Luft- und Seeverkehr (§ 316c StGB)

Gemäß § 6 Nr. 3 StGB findet das Weltrechtsprinzip Anwendung auf Angriffe auf den Luft- und Seeverkehr (§ 316c StGB). § 316c StGB enthält einen Entführungs- (Abs. 1 Nr. 1) und einen Sabotagetatbestand (Abs. 1 Nr. 2). Die geschützten Rechtsgüter sind insbesondere die Sicherheit des zivilen Luft- und Schiffsverkehrs. Darüber hinaus werden Leben, Leib, Freiheit anderer Personen und fremdes Eigentum mitgeschützt. Dagegen besteht der Zweck dieser Vorschrift nicht darin, das Eigentum der Fluggesellschaften oder der Seeschifffahrtsbetriebe zu schützen. Es lässt sich nicht rechtfertigen, dass der Eigentumsschutz mit einer solchen scharfen Strafdrohung gewährleistet wird.[455] Da der Tatbestand nicht den Schutz konkreter Einzelpersonen bezweckt, fällt ein feindseliger Angriff auf einen Passagier oder ein Mitglied der Besatzung nicht in den Anwendungsbereich des Tatbestands. Eine konkrete Gefährdung oder Verletzung von Passagieren oder Sicherheit des Luft- und Schiffsverkehrs ist bei § 316c StGB nicht vorausgesetzt, es handelt sich nämlich um ein abstraktes Gefährdungsdelikt.[456] In der Lehre wird daran gezweifelt, ob es kriminalpolitisch notwendig ist, eine so komplizierte Bestimmung wie § 316c StGB zu schaffen, und den Schutz der betreffenden Rechtsgüter in eine so frühe Phase der Tathandlung vorzuverlegen.[457]

---

[454] Zieher, Das sog. Internationale Strafrecht nach der Reform, S. 172. Oehler, Internationales Strafrecht, Rn. 898 meint, dass die Anwendung des Weltrechtsprinzips auf Explosionsverbrechen der Vorstellung der anarchistischen Zeit im ausgehenden 19. Jahrhundert entspreche und deshalb antiquiert sei. Zur Bekämpfung dieser Verbrechen reichten die Auslieferung, das Stellvertretungsprinzip und das Schutzprinzip völlig aus.

[455] Schönke/Schröder/*Cramer*/*Sternberg-Lieben*, § 316c, Rn. 1f.; LK-StGB/*König*, § 316c, Rn. 3; NK-StGB/*Herzog*, § 316c, Rn. 5; Tröndle/Fischer, § 316c, Rn. 2; Lackner/*Kühl*, § 316c, Rn. 1; *Arzt*/Weber, Strafrecht BT, § 38, Rn. 26. Eine andere Auffassung, dass die zu schützenden Rechtsgüter sich auf Leib und Leben anderer Personen und fremdes Eigentum, also Individualrechtsgüter beschränken, vertreten SK-StGB/*Horn*, § 316c, Rn. 2; Schönke/Schröder/*Cramer*, 25. Aufl., § 316c, Rn. 2; Maurach/Schroeder/Maiwald, Strafrecht BT 2, § 53, Rn. 57f.

[456] Siehe LK-StGB/*König*, § 316c, Rn. 2; Schönke/Schröder/*Cramer*/*Sternberg-Lieben*, § 316c, Rn. 1; NK-StGB/*Herzog*, § 316c, Rn. 6; SK-StGB/*Horn*, § 316c, Rn. 2; Lackner/*Kühl*, § 316c, Rn. 1; *Arzt*/Weber, Strafrecht BT, § 38, Rn. 26; Maurach/Schroeder/Maiwald, Strafrecht BT 2, § 53, Rn. 57.

[457] Schönke/Schröder/*Cramer*/*Sternberg-Lieben*, § 316c, Rn. 1; Maurach/Schroeder/Maiwald, Strafrecht BT 2, § 53, Rn. 53f.

Der Grund, Angriffe auf den Luft- und Seeverkehr dem Weltrechtsprinzip zu unterstellen, liegt darin, dass die Sicherheit der zivilen Luft- und Seeschifffahrt im Interesse der gesamten Staatengemeinschaft liegt und als internationales Rechtsgut anerkannt ist.[458] Daher kann das Rechtsgut des § 316c StGB, nämlich die Sicherheit der zivilen Luft- und Seeschifffahrt, zum Rechtsgut der gesamten Völkergemeinschaft gerechnet werden und verdient den gemeinsamen Schutz der Staatengemeinschaft.

Aber ob die internationale Bekämpfung der Angriffe auf den Luft- und Seeverkehr durch die Bestrafung nach dem Weltrechtsprinzip völkerrechtlich gerechtfertigt ist, hängt auch von ihren völkerrechtlichen Grundlagen ab. Als völkervertragsrechtliche Grundlagen zur Bestrafung der Angriffe auf den zivilen Luftverkehr kommen das „Abkommen über strafbare und bestimmte andere an Bord von Luftfahrzeugen begangene Handlungen“ v. 14. 9. 1963 (TokAbk.)[459], das „Übereinkommen zur Bekämpfung der widerrechtlichen Inbesitznahme von Luftfahrzeugen“ v. 16. 12. 1970 (HaagÜbk.)[460], das „Übereinkommen zur Bekämpfung widerrechtlicher Handlungen gegen die Sicherheit der Zivilluftfahrt“ v. 23. 9. 1971 (MontrÜbk.)[461] und das „Protokoll zur Bekämpfung widerrechtlicher gewalttätiger Handlungen auf Flughäfen, die der internationalen Zivilluftfahrt dienen etc.“ v. 24. 2. 1988 (MontrProt.)[462] in Betracht. Die völkervertragsrechtliche Rechtfertigung zur Bestrafung der Angriffe auf die zivile Seeschifffahrt besteht im „Übereinkommen über die Hohe See“ v. 29. 4. 1958[463], dem „Übereinkommen zur Bekämpfung widerrechtlicher Handlungen gegen die Sicherheit der Seeschifffahrt“ v. 10. 3. 1988 (SeeschÜbk.)[464] und dem „Protokoll zur Bekämpfung widerrechtlicher Handlungen gegen die Sicherheit fester Plattformen, die sich auf dem Festlandsockel befinden“ v. 10. 3. 1988 (Prot. zu Plattformen auf Festlandsockel)[465].

Es ist darauf hinzuweisen, dass in keinem der oben genannten internationalen Abkommen die Anwendung des Weltrechtsprinzips vorgesehen ist.[466] Es wird zwar im Schrifttum teilweise behauptet, dass immerhin in Art. 14 des Übereinkommens über die Hohe See eine Regelung des Weltrechtsprinzips bezüglich Seeräuberei zu entnehmen sei.[467] Aber genauer besehen hat diese Vorschrift überhaupt nichts mit dem Weltrechtsprinzip zu tun. Zunächst besagt

---

458 MünchKommStGB/*Ambos*, § 6, Rn. 11.

459 BGBl. 1969 II, S. 121; BGBl. 1970 II, S. 276.

460 BGBl. 1972 II, S. 1505; BGBl. 1975 II, S. 1204.

461 BGBl. 1977 II, S. 1229; BGBl. 1978 II, S. 314.

462 BGBl. 1993 II, S. 867; BGBl. 1994 II, S. 620; BGBl. 1995 II, S. 30.

463 BGBl. 1972 II, S. 1091.

464 BGBl. 1990 II, S. 494; BGBl. 1992 II, S. 526.

465 BGBl. 1990 II, S. 494, 508; BGBl. 1992 II, S. 1061.

466 Zu den in den betreffenden Abkommen vorgesehenen internationalstrafrechtlichen Prinzipien siehe MünchKommStGB/*Ambos*, § 6, Rn. 11.

467 Zieher, Das sog. Internationale Strafrecht nach der Reform, S. 150. Dagegen Wille, Die Verfolgung strafbarer Handlungen an Bord von Schiffen und Luftfahrzeugen, S. 102.

sie lediglich, dass alle Staaten gemeinsam die Seeräuberei zu bekämpfen haben. Außerdem ist die Bekämpfung der Seeräuberei nur auf die Hohe See oder den Ort, der keiner staatlichen Hoheitsgewalt untersteht, beschränkt.[468] Mit anderen Worten: Diese Regelung sagt nichts über das Weltrechtsprinzip aus. Die Beschränkung der Strafverfolgung auf die Taten an einem keiner Staatsgewalt unterstehenden Tatort ist mit dem Gedanken des Weltrechtsprinzips nicht vereinbar und entspricht vielmehr dem Stellvertretungsprinzip.

Obwohl die Regelung des Weltrechtsprinzips für Piraterie (Seeräuberei) sich in internationalen Abkommen nicht findet, ist jedoch zu beachten, dass die Anwendung des Weltrechtsprinzips auf Piraterie völkergewohnheitsrechtlich anerkannt ist. Das heißt, ohne völkervertragsrechtliche Grundlage ist die Anwendung des Weltrechtsprinzips auf Piraterie aufgrund einer allgemein-völkerrechtlichen Norm durchaus völkerrechtmäßig.[469] Hingegen ist die völkerrechtliche Legitimation für die Anwendung des Weltrechtsprinzips auf Luftpiraterie weder in völkerrechtlichen Verträgen noch im Völkergewohnheitsrecht zu finden. Trotzdem wird in der Lehre behauptet, dass die Anwendung des Weltrechtsprinzips auf die Luftpiraterie durch die Natur des Delikts begründet sei. Wegen der Gefährlichkeit der Tathandlung und der Eigenschaft des Handlungsobjekts, nämlich Zufälligkeit der Landeorte, könne die Strafkompetenz für Luftpiraterie über die Hauptinteressenten für deren Bestrafung, also Eintragungsstaat, Landungsstaat und Heimatstaat des Eigentümers des Luftfahrzeuges hinaus jedem Staat zustehen.[470] Dieses Argument ist jedoch nicht stichhaltig. Wie wir festgestellt haben, ist die Einführung des Weltrechtsprinzips nur dann gerechtfertigt, wenn die Rechtsgüter der Staatengemeinschaft betroffen sind und eine ausdrückliche allgemein-völkerrechtliche Legitimationsgrundlage für das Weltrechtsprinzip vorhanden ist. Allein die sachliche Begründung für das Weltrechtsprinzip kann die Ausdehnung staatlicher Strafkompetenz nicht rechtfertigen.

Nach dem Dargestellten hat innerhalb § 6 Nr. 3 StGB lediglich die Bestrafung der Seeräuberei nach dem Weltrechtsprinzip eine allgemein-völkerrechtliche Rechtfertigungsgrundlage und ist somit völkerrechtlich gerechtfertigt. Allerdings muss man noch bedenken, ob es mit der Völkerrechtmäßigkeit der Bestrafung der Seeräuberei nach dem Weltrechtsprinzip auch zweckmäßig ist, ungeachtet anderer tatnaher Staaten eine primäre Strafkompetenz auszuüben.

---

468 Art. 14 des Übereinkommens über die Hohe See: „Alle Staaten arbeiten soweit irgend möglich zusammen, um die Seeräuberei auf Hoher See oder an jedem anderen Ort zu unterdrücken, der keiner staatlichen Hoheitsgewalt untersteht."

469 Dahm/Delbrück/*Wolfrum*, Völkerrecht, Bd. I/3, S. 1100ff.; Ipsen, in: Ipsen, Völkerrecht, S. 579; Doehring, Völkerrecht, Rn. 522; Kimminich/Hobe, Einführung in das Völkerrecht, S. 241; Oehler, Internationales Strafrecht, Rn. 433; Schmidt, Externe Strafpflichten, S. 126ff.

470 Zieher, Das sog. Internationale Strafrecht nach der Reform, S. 151f.

6.1.3. Menschenhandel (§ 180b StGB) und schwerer Menschenhandel (§ 181 StGB)

Gemäß § 6 Nr. 4 StGB ist das Weltrechtsprinzip für Menschenhandel (§ 180b StGB) und schweren Menschenhandel (§ 181 StGB) vorgesehen. Die gesetzliche Überschrift „Menschenhandel" kann Missverständnisse hervorrufen, weil ein tatsächliches Handelsverhältnis mit dem Opfer als Handelsobjekt nicht vorausgesetzt ist.[471] Der Zweck des § 180b StGB liegt darin, Personen männlichen wie weiblichen Geschlechts (vor allem aus dem Ausland) vor sexueller Ausbeutung zu schützen.[472] Er dient also dazu, die persönliche Freiheit sowie die sexuelle Selbstbestimmung des Opfers, das sich in einer Schwächesituation befindet, bezüglich der Ausübung von Prostitution und deren Vorstufen sowie der damit verbundenen Gefahren zu schützen. Damit wird die Bekämpfung des Menschenhandels im Bereich organisierter Kriminalität zum Schutz vor allem von ausländischen Mädchen und Frauen effektiv gewährleistet.[473] Das geschützte Rechtsgut des § 181 StGB ist genauso wie in § 180b StGB die persönliche Freiheit einschließlich der sexuellen Selbstbestimmung.[474]

Da bei beiden Vorschriften die persönliche Freiheit einschließlich der sexuellen Selbstbestimmung als das geschützte Rechtsgut angesehen wird, ist die Bewertung des § 180b Abs. 2 Nr. 2 StGB besonders problematisch. Bei dieser Vorschrift sind die Umstände unerheblich, ob das unter 21 Jahren „junge" Opfer sich in einer Zwangslage befindet, hilflos oder sexuell unerfahren ist. Es kommt in bezug auf das Opfer lediglich auf sein Alter an. Da der Schutz des Opfers bei dieser Bestimmung über den Schutz von Minderjährigen hinaus geht, könnte diese Vorschrift nur mit dem „verlängerten" Jugendschutz erklärt werden. Damit wird der Zweifel zurecht erhoben, dass diese Vorschrift, die „den mündigen Bürgern" die Fähigkeit zur Selbstbestimmung nicht zutraut, „an sich systemwidrig" ist.[475]

In der Lehre wird häufig behauptet, dass § 180b und § 181 StGB dazu dienen, den internationalen Verpflichtungen der Bundesrepublik Deutschland zur Bestrafung der betreffenden Verbrechen, die sich aus dem „Internationalen Übereinkommen zur Bekämpfung des Mädchenhandels" v. 4. 5. 1910[476] und der „Internationalen Übereinkunft zur Unterdrückung des Frauen- und Kinderhandels" v. 30. 9. 1921[477] ergeben, nachzukommen. Es ist jedoch darauf hinzuwei-

---

471 SK-StGB/*Horn*/*Wolters*, § 180b, Rn. 1a; Tröndle/Fischer, § 180b, Rn. 2; § 181, Rn. 3.

472 BT-Drs. 12/2046, S. 4.

473 LK-StGB/*Laufhütte*, § 180b, Rn. 1; Schönke/Schröder/*Eser*, § 6, Rn. 5; Schönke/ Schröder/*Lenckner*/*Perron*, § 180b, Rn. 2; SK-StGB/*Horn*/*Wolters*, § 180b, Rn. 2; Tröndle/ Fischer, § 180b, Rn. 2; Maurach/Schroeder/Maiwald, Strafrecht BT 1, § 21, Rn. 6, 24.

474 LK-StGB/*Laufhütte*, § 181, Rn. 1; Schönke/Schröder/*Lenckner*/*Perron*, § 181, Rn. 1; SK-StGB/*Horn*/*Wolters*, § 181, Rn. 2; Tröndle/Fischer, § 181, Rn. 1.

475 Schönke/Schröder/*Lenckner*/*Perron*, § 180b, Rn. 2, 19; Tröndle/Fischer, § 180b, Rn. 19.

476 RGBl. 1913, S. 31, in der Neufassung v. 19. 10. 1972, BGBl. II, S. 1482ff.

477 RGBl. 1924, S. 181, in der Neufassung v. 19. 10. 1972, BGBl II, S. 1489ff.

sen, dass es in den beiden Abkommen keine Regelung über das Strafanwendungsrecht gibt. Daher kann von einer Pflicht der Vertragsstaaten zur Anwendung des Weltrechtsprinzips auf die betreffenden Delikte keine Rede sein.[478]

Trotz und wegen des Mangels an völkerrechtlicher Legitimation für die Einführung des Weltrechtsprinzips haben manche sich des Arguments sachlicher Rechtfertigung für das Weltrechtsprinzip bedient. Demnach sollten § 180b und § 181 StGB wegen des internationalen Bezugs und der nicht unerheblichen Gefährlichkeit der Tat dem Weltrechtsprinzip unterliegen. Mit anderen Worten, es gehe in den Tatbeständen um den Schutz international anerkannter grundlegender Menschenrechte, nämlich um Freiheit, sexuelle Selbstbestimmung und körperliche Unversehrtheit. Außerdem stellten internationale Zuhälter und Menschenhändler wegen ihrer profitorientierten örtlichen Flexibilität und ihres Organisationscharakters eine große Gefahr für die Völkergemeinschaft dar.[479] Diese „sachliche Begründung" kann m. E. die Anwendung des Weltrechtsprinzips nicht rechtfertigen. Wie schon gezeigt, dürfen die Gründe für die Einführung des Weltrechtsprinzips nicht allein in der Schwere des Unrechtsgehalts der Tat liegen. Da es § 6 Nr. 4 StGB an einer allgemein-völkerrechtlichen Legitimitätsgrundlage fehlt, ist seine Völkerrechtmäßigkeit zu verneinen.

6.1.4. Unbefugter Vertrieb von Betäubungsmitteln

Nach § 6 Nr. 5 StGB soll der unbefugte Vertrieb von Betäubungsmitteln in den Anwendungsbereich des Weltrechtsprinzips fallen. Da § 6 Nr. 5 StGB wie Nr. 9 desselben Paragraphen einerseits nicht auf Straftatbestände im Strafgesetzbuch oder einem Strafnebengesetz verweist, wie es bei den anderen Tatbeständen in § 6 StGB geschieht, und andererseits der Begriff „Vertrieb" in § 6 Nr. 5 StGB keine Legaldefinition hat, muss der Begriff „Vertrieb" ausgelegt werden. Dem BGH zufolge muss die Regelung des § 6 Nr. 5 StGB einer *restriktiven Auslegung* unterliegen. Der wörtliche Sinn des „Vertriebs" beinhaltet zwar nicht nur den Verkauf, sondern auch den Ankauf von Betäubungsmitteln, „sofern er zugleich unselbständiger Teil des Handeltreibens ist". Aber „der Erwerb von Betäubungsmitteln zum Eigenverbrauch" soll nicht unter den Begriff fallen.[480]

---

[478] Ebenso Zieher, Das sog. Internationale Strafrecht nach der Reform, S. 153f.; Oehler, Internationales Strafrecht, Rn. 850; LK-StGB/*Gribbohm*, § 6, Rn. 41; Oehler, FS Carstens, 1984, S. 442.

[479] Zieher, Das sog. Internationale Strafrecht nach der Reform, S. 155; MünchKommStGB/*Ambos*, § 6, Rn. 12.

[480] BGHSt, 34, 1, 1f. Diese restriktive Auslegung stößt im Schrifttum teilweise auf Kritik. Schrader, NJW 1986, 2874ff. hat durch eine Untersuchung der Entstehungsgeschichte des § 6 Nr. 5 StGB, nämlich hinsichtlich des internationalen Opiumabkommens von 1912 in Den Haag und 1925 in Genf, eine extensive Auslegung vorgeschlagen. Demzufolge soll „Vertrieb" als *Weitergabe* verstanden werden. Neben dem entgeltlichen Vertrieb sollten auch *Austeilung*, *Verleih*, *Spende* sowie *Gabe*, die keine Gegenleistung im

Das heißt, trotz entgeltlicher Abwicklung des Betäubungsmittelhandels kann der Ankauf zum Eigenverbrauch nicht als „Vertrieb" angesehen werden. Deshalb ist lediglich der *entgeltliche Absatz durch An- und Verkauf* gemäß § 29 I Nr. 1, 5-11 i. V. m. II-VI, § 30 Betäubungsmittelgesetz (BtMG) unter den Begriff „Vertrieb" im Sinne des § 6 Nr. 5 StGB zu subsumieren. Der bloße Besitz, Einfuhr und entgeltliche Erwerb zum Eigenverbrauch können nicht dazu zählen.[481] Die „Unbefugtheit" des Vertriebs in § 6 Nr. 5 StGB kann sich nicht nach den Ordnungsvorschriften des Betäubungsmittelgesetzes der BRD richten. Wegen des ordnungspolizeirechtlichen Charakters der Erlaubnisvorschriften des Betäubungsmittelgesetzes darf ihr Anwendungsbereich keinesfalls auf das Ausland erweitert werden, vielmehr muss bei Auslegung des Begriffs „Unbefugtheit" auf das Tatortrecht abgestellt werden.[482]

Nach § 30b BtMG gilt § 129 StGB (Bildung krimineller Vereinigungen) auch dann, „wenn eine Vereinigung, deren Zwecke oder deren Tätigkeit auf den unbefugten Vertrieb von Betäubungsmitteln im Sinne des § 6 Nr. 5 StGB gerichtet sind, nicht oder nicht nur im Inland besteht". Diese Vorschrift ist selbst kein Tatbestand, sondern eine Anwendungsrechtsnorm, die das Weltrechtsprinzip auf das Delikt der Bildung krimineller Vereinigung zwecks unbefugten Vertriebs von Betäubungsmitteln erweitert.[483] Ihr Zweck wird darin gesehen, dass die Bekämpfung der Betäubungsmitteldelikte schon im Vorfeld der Vorbereitung erleichtert und damit die öffentliche Sicherheit und staatliche Ordnung Deutschlands hinreichend berücksichtigt werden.[484]

Nach der Klärung des Tatbestands des unbefugten Vertriebs von Betäubungsmitteln sei das Augenmerk auf die Begründung der Anwendung des Weltrechtsprinzips gerichtet. Um diese Problematik zu veranschaulichen, gehen wir zuerst auf die diesbezügliche Rechsprechung ein. Der BGH hat in einem Urteil[485] einen Niederländer wegen unbefugten Vertriebs von Betäubungsmitteln nach § 6 Nr. 5 StGB verurteilt. Nach dem Sachverhalt ist der Angeklagte niederländischer Staatsbürger. Er verkaufte selbst oder zum Teil gemeinschaftlich

---

Sinne des Entgelts haben, unter § 6 Nr. 5 StGB subsumiert werden können. Aber wegen des Bestimmtheitsgebots sollten am besten Verweise auf bestimmte Tatbestände eingeführt werden. Diese erweiternde Auslegung des § 6 Nr. 5 StGB verkennt die Tatsache, dass die für das Weltrechtsprinzip herangezogenen Abkommen die Weltrechtspflege nicht vorsehen. Die restriktive Auslegung des BGH dient im Grunde genommen dazu, einerseits der ausdrücklichen gesetzlichen Regelung des Weltrechtsprinzips nicht zu widersprechen. Andererseits muss er wegen des völkerrechtlichen Legitimationsmangels des § 6 Nr. 5 StGB ihn einschränkend auslegen, um internationale Konflikte zu vermeiden.

481 Schönke/Schröder/*Eser*, § 6, Rn. 6; MünchKommStGB/*Ambos*, § 6, Rn. 13; Franke/*Wienroeder*, BtMG-Kommentar, § 29, Rn. 8; Weber, BtMG, § 29, Rn. 96ff.

482 Zieher, Das sog. Internationale Strafrecht nach der Reform, S. 158.

483 Körner, Betäubungsmittelgesetz, Arzneimittelgesetz, § 30b BtMG, Rn. 2.

484 Franke/*Wienroeder*, BtMG-Kommentar, § 30b, Rn. 1.

485 BGHSt 27, 30.

mit anderen Rauschmittel oder vermittelte den Kauf entgeltlich für die Übergabe. Die Tathandlungen fanden außerhalb des Territoriums der BRD statt. Die Abnehmer aus Deutschland haben aber die gekauften Rauschmittel zum größten Teil weiter in Deutschland vertrieben.

Der BGH beruft sich zur Rechtfertigung der Anwendung des Weltrechtsprinzips auf Drogenhandeldelikte zuerst auf das „Einheits-Übereinkommen über Suchtstoffe“ v. 30. 3. 1961,[486] das sowohl die Bundesrepublik Deutschland als auch die Niederlande unterzeichnet haben. Da nach dem Übereinkommen die Rauschgiftkriminalität im Interesse der Gesundheit und des Wohles der Menschheit durch internationale Zusammenarbeit bekämpft werden muss, erscheint dem BGH „die in § 6 Nr. 5 (StGB) vorgeschriebene Anwendung des Weltrechtsprinzips jedenfalls nicht als eine willkürliche Vindikation deutscher Strafbefugnisse“.[487]

Obwohl gemäß Art. 36 Abs. 1 Einheits-Übereinkommen die Vertragsparteien sich dazu verpflichten, Betäubungsmitteldelikte strafrechtlich zu ahnden,[488] gibt es darin keine Regelung über das Weltrechtsprinzip. Im Gegenteil, nach Art. 36 Abs. 2 Buchst. a iv Einheits-Übereinkommen sind nur das Territorialitätsprinzip und das Stellvertretungsprinzip vorgesehen.[489] Der BGH hat dies zwar erkannt, diese ausdrückliche Bestimmung jedoch durch die Behauptung umgedeutet, dass in dieser Vorschrift die Strafbarkeit am Tatort nicht ausdrücklich zur Voraussetzung der Strafverfolgung im Ergreifungsstaat gemacht werde und außerdem gemäß Art. 36 Abs. 3 Einheits-Übereinkommen[490] die Strafanwendungsnormen der Vertragsparteien nicht beeinflusst würden.[491] Diese Auffassung ist abzulehnen. Das Weltrechtsprinzip muss zumindest in einem interna-

---

486 BGBl. 1973 II, S. 1354ff.

487 BGHSt 27, 30, 33.

488 Art. 36 Abs. 1 Einheits-Übereinkommen über Suchtstoffe: „Jede Vertragspartei trifft vorbehaltlich ihrer Verfassungsordnung die erforderlichen Maßnahmen, um jedes gegen dieses Übereinkommen verstoßende Anbauen, Gewinnen ... usw. von Suchtsoffen sowie jede nach Ansicht der betreffenden Vertragspartei gegen dieses Übereinkommen verstoßende sonstige Handlung, wenn vorsätzlich begangen, mit Strafe zu bedrohen sowie schwere Verstöße angemessen zu ahnden, insbesondere mit Gefängnis oder sonstigen Arten des Freiheitsentzugs.“

489 Art. 36 Abs. 2 Buchst. a iv Einheits-Übereinkommen über Suchtstoffe: „Jede Vertragspartei gewährleistet vorbehaltlich ihrer Verfassungsordnung, ihres Rechtssystems und ihrer innerstaatlichen Rechtsvorschriften..., dass die vorstehend bezeichneten schweren Verstöße, gleichviel ob von Staatsangehörigen oder Ausländern begangen, von der Vertragspartei verfolgt werden, in deren Hoheitsgebiet der Verstoß begangen wurde, oder von der Vertragspartei , in deren Hoheitsgebiet der Täter betroffen wird, wenn diese auf Grund ihres Rechts das Auslieferungsersuchen ablehnt und der Täter noch nicht verfolgt und verurteilt worden ist.“

490 Art. 36 Abs. 3 Einheits-Übereinkommen über Suchtstoffe: „Dieser Artikel beeinträchtigt nicht die im Strafrecht der betreffenden Vertragspartei enthaltene Bestimmung über die Gerichtsbarkeit.“

491 BGHSt 27, 30, 33.

tionalen Abkommen mit Wirkung erga omnes ausdrücklich genannt werden. Andernfalls würden alle in völkerrechtlichen Verträgen geregelten Delikte dem Weltrechtsprinzip unterliegen. Dies würde zu „chaotischen strafrechtlichen Verhältnissen und zu unübersehbaren internationalen Konflikten" kommen.[492]

Der BGH hat die Fragwürdigkeit der Berufung auf das Einheits-Übereinkommen über Suchtstoffe für die Anwendung des Weltrechtsprinzips auf Drogenhandeldelikte erkannt und das Hauptargument deshalb darauf abgestellt, dass § 6 Nr. 5 StGB nicht gegen das Völkerrecht, namentlich das Nichteinmischungsprinzip verstoße, weil es keinen allgemeinen Grundsatz des Völkerrechts gebe, der die Anwendung des Weltrechtsprinzips auf Drogenhandeldelikte verbiete.[493] Dieses Argument der negativen Beweisführung für das Weltrechtsprinzip ist, wie oben dargestellt, all zu sehr auf die unbegrenzte Freiheit nationaler Gesetzgebung gerichtet und vernachlässigt, dass das Weltrechtsprinzip leicht die Kompetenz anderer Staaten beeinträchtigen kann und daher einer positiven Legitimationsgrundlage bedarf.

In einem späteren Urteil[494] hat der BGH die Legitimität der Anwendung des Weltrechtsprinzips auf Betäubungsmittelhandel wieder bekräftigt. In diesem Fall handelt es sich wiederum um einen niederländischen Drogenhändler, der wegen seiner Taten in den Niederlanden zum Teil schon rechtskräftig verurteilt wurde. Die anderen Taten wurden zwar nicht angeklagt, jedoch bei der Strafzumessung schon berücksichtigt. Da nach dem deutschen Strafrecht der Grundsatz „ne bis in idem" für ausländische Urteile nicht gilt, geht der BGH von der Rechtmäßigkeit der Strafverfolgung derselben Taten in Deutschland aus.

In dieser Entscheidung bedient sich der BGH zur Begründung der Anwendbarkeit des deutschen Strafrechts neben dem Weltrechtsprinzip einer ergänzenden Argumentation. Ohne das Weltrechtsprinzip zu verneinen, zog der BGH das Schutzprinzip in Betracht.[495] Nach dem BGH habe der niederländische Drogenhändler nicht nur Interessen der Staatengemeinschaft wegen der allgemeinen Gefährlichkeit des Betäubungsmittelhandels verletzt, sondern auch deutsche Interessen. Deutsche Interessen seien in diesem Fall insbesondere dadurch nachhaltig verletzt worden, dass der Täter nahe der niederländisch-deutschen

---

492 Oehler, FS Carstens, 1984, S. 443. Dadurch hat Oehler seine frühere Auffassung geändert, wonach, trotz des anscheinend vorgesehenen Prinzips der stellvertretenden Strafrechtspflege, das Abkommen das Vorhandensein einer lex loci nicht ausdrücklich voraussetze. Demzufolge gehe das in diesem Abkommen vorgesehene Strafrechtsanwendungsprinzip über das Prinzip der stellvertretenden Strafrechtspflege im eigentlichen Sinne hinaus. Aufgrund dieser unklaren Rechtslage könne ein Vertragsstaat nach seinem Belieben entscheiden, welches Strafrechtsanwendungsprinzip er in seine Rechtsordnung einführt. Siehe Oehler, JR 1977, S. 425.

493 BGHSt 27, 30, 32f.

494 BGHSt 34, 334.

495 Dem BGH ist ein argumentatorischer Fehler unterlaufen, dass er die Verletzung schutzwürdiger deutscher Interessen an das Weltrechtsprinzip anknüpft, das dem Wesen nach keiner inländischen Interessenbetroffenheit bedarf. Siehe Vogler, JR 1988, 139, 140.

Grenze Betäubungsmittel an deutsche Staatsangehörigen oder an ausländische Drogenhändler veräußerte, die sie weitestgehend wieder in die Bundesrepublik Deutschland einführten.[496] Allerdings hat der BGH bei der Anwendung des Weltrechtsprinzips die Voraussetzung hinzugefügt, dass der Täter die Verletzung schutzwürdiger deutscher Interessen nach den Umständen erkannt haben muss oder zumindest unschwer hätte erkennen können.[497] Außerdem hat der BGH darauf hingewiesen, dass Deutschland wegen der Teilnahme des niederländischen Drogenhändlers am Betäubungsmittelhandel seiner Abnehmer im Inland gemäß § 9 Abs. 2 StGB auch zum Tatort zähle und der Niederländer nach dem Territorialitätsprinzip auch bestraft werden dürfe.[498] Darüber hinaus könne für die Bestrafung des Täters eine andere Argumentation herangezogen werden, dass die zu bestrafende Handlung zwar nicht den Vertrieb von Betäubungsmitteln im Ausland als solchen, jedoch den Import von Betäubungsmitteln ins Inland ohne Genehmigung der inländischen Behörde darstelle.[499] Aber da die oben dargebotenen Argumente nur das Schutzprinzip und das Territorialitätsprinzip in bezug auf Tatort betreffen, können sie im Rahmen der Untersuchung des Weltrechtsprinzips unberücksichtigt bleiben. Entscheidend ist in diesem Urteil lediglich, ob das Weltrechtsprinzip in diesem Fall auch zur Geltung kommen kann.

Die rücksichtslose Anwendung des Weltrechtsprinzips von deutscher Seite hat in den Niederlanden heftige Proteste hervorgerufen. Das niederländische Justizministerium hat nicht nur jede Rechtshilfe verweigert, sondern auch bis zu dreimal offiziell um die Einstellung des Verfahrens gebeten, zuletzt erfolglos.[500] Ironischerweise hat der BGH ungeachtet niederländischer Proteste seine Verurteilung als eine weltweite internationale „Zusammenarbeit“ bei der Bekämpfung der Rauschgiftkriminalität bezeichnet.[501] Dazu wird der deutschen Justiz vorgeworfen, dass die Strafverfolgung der Auslandstaten des niederländischen Staatsbürgers keinesfalls als internationale Zusammenarbeit im Rahmen der Bekämpfung von Betäubungsmitteldelikten angesehen werden kann. Obwohl auch die Niederlande neben Deutschland das Einheits-Übereinkommen über Suchtstoffe von 1961 unterzeichnet haben, kann nicht daraus gefolgert werden, dass die Anwendung des Strafrechts das einzige Mittel zur Bekämpfung von Betäubungsmitteldelikten wäre. Sie ist vielmehr eines von mehreren Mitteln zur Erreichung des vorgesehenen Vertragsziels. Angesichts der Vielfalt von Rechtskulturen und -vorstellungen darf die deutsche Justiz den anderen Staaten nicht

---

496 BGHSt 34, 334, 339.

497 BGHSt 34, 334, 339f.

498 BGHSt 34, 334, 339. Diese Überlegung hatten schon Oehler, JR 1977, S. 425 und Wengler, JZ 1977, S. 259 angestellt.

499 Wengler, JZ 1977, S. 259.

500 Nach Rüter, JR 1988, S. 136ff.

501 BGHSt 34, 334, 336. Dazu kritisch Merkel, Universale Jurisdiktion bei völkerrechtlichen Verbrechen, S. 240f.

ihre Bekämpfungsmethode gegen Betäubungsmitteldelikte, die das Strafrecht als unverzichtbare, primäre Maßnahme betrachtet, aufoktroyieren.[502]

In einem anderen Urteil[503] hat der BGH klargestellt, dass die in Art. 36 Abs. 1 Einheits-Übereinkommen übernommene Verpflichtung sich grundsätzlich nur auf Inlandstaten bezieht. Das Weltrechtsprinzip ist nämlich in dem Einheits-Übereinkommen nicht vorgesehen.[504] Das „Scheinargument“,[505] dass die Bundesrepublik Deutschland aufgrund des Einheits-Übereinkommens zur Einführung des Weltrechtsprinzips zur Bestrafung des Betäubungsmittelhandels verpflichtet sei, ist somit entlarvt. Die Annahme des Weltrechtsprinzips durch § 6 Nr. 5 StGB ist demnach keine völkerrechtliche Verpflichtung, sondern eine „selbständige Kriminalisierungsentscheidung des deutschen Strafgesetzgebers“.[506] Da diese Regelung nur unter dem Gesichtspunkt des nationalen Rechtsgüterschutzes zu verstehen ist und nichts mit dem Schutz internationaler Rechtsgüter zu tun hat, kann die Anwendung des Weltrechtsprinzips auf Drogenhandeldelikte nicht gerechtfertigt werden.

Wie oben dargestellt, wird das Verbot der Drogendelikte in seinem Umfang zwischen verschiedenen Ländern unterschiedlich ausgelegt. Dies kann zu internationalen Konflikten nicht nur zwischen Staaten mit äußerst verschiedenen Rechtsvorstellungen, sondern auch zwischen Staaten mit wesentlich ähnlichen Rechtskulturen führen. Angesichts der Tatsache, dass Drogendelikte Interessen der Staatengemeinschaft als solcher nicht betreffen und die Anwendung des Weltrechtsprinzips darauf keine völkerrechtliche Legitimationsgrundlage hat, ist § 6 Nr. 5 StGB mit dem geltenden Völkerrecht nicht vereinbar.[507] Es wird deshalb in der Lehre teilweise geltend gemacht, dass es angebracht wäre, z. B. das Prinzip der stellvertretenden Strafrechtspflege anstatt des Weltrechtsprinzips auf Rauschgiftdelikte anzuwenden, um eventuelle internationale Konflikte zu vermeiden.[508]

6.1.5. Verbreitung pornografischer Schriften (§ 184 Abs. 3 und 4 StGB)

In § 6 Nr. 6 StGB ist die Anwendung des Weltrechtsprinzips auf die Verbreitung pornografischer Schriften (§ 184 Abs. 3 und 4 StGB) vorgesehen. § 184 Abs. 3 StGB bezieht sich auf das Verbreiten, öffentliche Ausstellen usw. der sog.

---

502 Rüter, JR 1988, S. 136, 138; ebenso MünchKommStGB/*Ambos*, Rn. 57 vor § 3.

503 BGHSt 34, 1.

504 BGHSt 34, 1, 3 mit Hinweis auf Oehler, JR 1977, S. 425.

505 So wörtlich Herzog, StV 1986, S. 475.

506 Herzog, StV 1986, S. 475; ähnlich Zieher, Das sog. Internationale Strafrecht nach der Reform, S. 156f.

507 Ebenso Merkel, Universale Jurisdiktion bei völkerrechtlichen Verbrechen, S. 243.

508 Oehler, JR 1977, S. 426. Nach MünchKommStGB/*Ambos*, Rn. 57 vor § 3 sollte die Anwendung des Weltrechtsprinzips nur auf *die den internationalen Handel betreffenden Taten* beschränkt werden.

„harten Pornographie“, welche die Gewalttätigkeit (Gewaltpornographie), den sexuellen Missbrauch von Kindern (Kinderpornographie) oder sexuelle Handlungen von Menschen mit Tieren (Sodomiepornographie) zum Gegenstand hat. Bei § 184 Abs. 4 StGB geht es um das gewerbs- oder bandenmäßige Verbreiten, Herstellen usw. von Kinderpornographie, das mit einer wesentlich höheren Strafe als Abs. 3 belegt wird.

Im Schrifttum wird behauptet, dass der Sinn und Zweck des § 184 Abs. 3 StGB darin bestehe, Lücken im Jugendschutz zu schließen, die sich durch Freigabe harter Pornographie an Erwachsenen zwangsläufig ergeben. Darüber hinaus könnten durch die Strafdrohung die Aktivitäten von durch harte Pornographie zu einem gewalttätig-sadistischen oder pädophilen Sexualverhalten neigenden Personen verhindert werden.[509] Dabei gehe es nämlich primär um Jugendschutz, der sowohl zur Bewahrung vor Fehlentwicklungen Minderjähriger als auch vor ihrem Missbrauch durch Erwachsenen gewährt werde. Außerdem diene die Vorschrift auch dazu, Erwachsenen in dem Sinne zu schützen, dass ihre ungewollte Konfrontation mit Pornographie vermieden werde.[510] Hingegen handele es sich bei § 184 Abs. 4 StGB lediglich um Jugendschutz, der insbesondere vor dem Kindermissbrauch bei der Herstellung von Kinderpornographie gewährt werde. Der Zweck dieser Vorschrift sei „Schutz der missbrauchten kindlichen Darsteller“, also deren sexuelle Entwicklung, Menschenwürde und körperliche Integrität.[511]

Die mögliche völkerrechtliche Grundlage für § 6 Nr. 6 StGB könnte zuerst in der „Internationalen Übereinkunft zur Bekämpfung der Verbreitung und des Vertriebs unzüchtiger Veröffentlichungen“ v. 12. 9. 1923[512] liegen, nach deren Art. I die BRD völkerrechtlich verpflichtet war, die betreffenden Verbrechen zu bestrafen. Der Grund für die Bestrafung der betreffenden Delikte lag nämlich in der Vorstellung der von allen Kulturstaaten zu bekämpfenden Kulturfeindlichkeit. Aber da die gegenwärtige Vorstellung über sexuelle Moral und Strafwürdigkeit der Pornographie im Vergleich zu der Entstehungszeit des Abkommens einen gewaltigen Sinneswandel erlebt hat, könnten die Tathandlungen, die

---

509 Schönke/Schröder/*Lenckner*/*Perron*, § 184, Rn. 1, 3, 60; SK-StGB/*Horn*/*Wolters*, § 184, Rn. 1a, 64; Lackner/*Kühl*, § 184, Rn. 1: Abs. 3 bezwecke auch die Vermeidung der „wissenschaftlich nicht auszuschließenden kriminogenen und sozial desintegrierenden Wirkung sadistischer, pädophiler und sodomitischer Pornographie“.

510 Nach *Arzt*/Weber, Strafrecht BT, § 10, Rn. 24 steht der Schutz des Wertkonsenses der Mehrheit gegen Propaganda für Pornographie im Vordergrund. Diese anti-liberale Auffassung, welche die Mehrheitsmeinung unkritisch als schutzwürdig hält, ist allerdings nicht überzeugend.

511 LK-StGB/*Laufhütte*, § 184, Rn. 1f.; SK-StGB/*Horn*/*Wolters*, § 184, Rn. 1a; Maurach/Schroeder/Maiwald, Strafrecht BT 1, § 23, Rn. 2. Nach Tröndle/Fischer, § 184, Rn. 2 dienen sowohl Abs. 3 als auch Abs. 4 dem „Schutz vor mittelbarer Förderung des sexuellen Missbrauchs von Kindern“. Demnach ist Zweifel an der Legitimität des Abs. 3, 3. Alt. angebracht. Siehe Tröndle/Fischer, § 184, Rn. 42.

512 RGBl. 1925 II, S. 288ff.

damals als unsittlich und strafwürdig gehalten wurden, heute als ganz normale private Angelegenheiten angesehen werden. Im gegenwärtigen Zeitalter muss man also bedenken, ob eine derartige Gesinnung über gute Sitten und Moral noch den heutigen liberalen, emanzipierten Vorstellungen entsprechen kann.[513] Abgesehen von der Antiquiertheit dieses Abkommens ist darauf hinzuweisen, dass in diesem Abkommen lediglich das Territorialitätsprinzip und das aktive Personalitätsprinzip vorgesehen sind.[514] Das im deutschen Strafrecht propagierte Weltrechtsprinzip kann sich also darin nicht finden.

Nachdem die BRD am 28. 1. 1975 das Abkommen gekündigt hat, besteht für die BRD keine völkerrechtliche Verpflichtung mehr zur Bestrafung der betreffenden Delikte. Abgesehen davon, dass die Anwendung des Weltrechtsprinzips eine allgemein-völkerrechtliche Legitimationsgrundlage braucht, hat die Bestrafung der Verbreitung der harten Pornographie die völkervertragsrechtliche Basis auch verloren. Darüber hinaus ist es in einer emanzipierten und pluralistischen Gesellschaft auch nicht verständlich, warum Sodomiepornographie (heutzutage ist nicht einmal Sodomie strafbar) dem Weltrechtsprinzip unterliegt. Selbst unter dem Gesichtspunkt des Kinderschutzes ist diese Vorschrift nicht minder widersprüchlich. Es lässt sich also nicht erklären, warum nicht der Missbrauch von Kindern an sich als schwerwiegenderes Delikt, sondern die Kinderpornographie in den Anwendungsbereich des Weltrechtsprinzips fällt, wenn der Kinderschutz bei der Anwendung des Weltrechtsprinzips überhaupt im Vordergrund stände. Angesichts der ungenügenden Begründung für das Weltrechtsprinzip wird in der Lehre[515] teilweise, jedoch zurecht behauptet, dass § 6 Nr. 6 StGB völkerrechtswidrig sei.

---

513 Zieher, Das sog. Internationale Strafrecht nach der Reform, S. 159ff.

514 Art. II Internationale Übereinkunft zur Bekämpfung der Verbreitung und des Vertriebs unzüchtiger Veröffentlichungen: „Zuständig für die Aburteilung der im Artikel I erwähnten Zuwiderhandlungen sind die Gerichte des Vertragsteilnehmers, in dessen Gebiet die Tat begangen oder eins der Tatbestandsmerkmale erfüllt ist. Daneben sind, wenn der Täter auf dem Gebiete seines zu den Vertragsteilnehmern gehörenden Heimatlandes ergriffen wird, sofern die Gesetzgebung dieses Landes es zulässt, auch dessen Gerichte zuständig, und zwar auch dann, wenn die Tatbestandsmerkmale außerhalb dieses Gebiets erfüllt sind." Zutreffend hat Oehler, FS Carstens, 1984, S. 443 darauf hingewiesen.

515 Merkel, Universale Jurisdiktion bei völkerrechtlichen Verbrechen, S. 243, 248f.; MünchKommStGB/*Ambos*, § 6, Rn. 16, der sich jedoch der Argumente der nicht erheblich schwerwiegenden Unrechtsqualität der Delikte und der nicht zwangsläufigen Interessenbetroffenheit Deutschlands bedient, die m. E. nichts mit der Rechtfertigung des Weltrechtsprinzips, nämlich der Betroffenheit der Völkergemeinschaft als solcher und einer allgemein-völkerrechtlichen Grundlage zu tun haben.

6.1.6. Geld- und Wertpapierfälschung (§§ 146, 151 und 152 StGB), Fälschung von Zahlungskarten und Vordrucken für Euroschecks (§ 152a Abs. 1 bis 4 StGB) sowie deren Vorbereitung (§§ 149, 151, 152 und 152a Abs. 5 StGB)

Gemäß § 6 Nr. 7 StGB unterliegen Geld- und Wertpapierfälschung (§§ 146, 151 und 152 StGB), Fälschung von Zahlungskarten und Vordrucken für Euroschecks (§ 152a Abs. 1 bis 4 StGB) sowie deren Vorbereitung (§§ 149, 151, 152 und 152a Abs. 5 StGB) dem Weltrechtsprinzip. Die Vorschrift der Geldfälschung ist in § 146 StGB verankert. Das Verbot der Geldfälschung dient dazu, das Allgemeininteresse an der Sicherheit und Zuverlässigkeit des Geldverkehrs und das Vertrauen in diesen zu schützen. Dabei steht der Schutz des Geldmonopols des Staates im Vordergrund. Das Geldmonopol des Staates funktioniert nicht nur als wirtschaftspolitisches Instrument, es ist vielmehr die Voraussetzung für einen funktionsträchtigen Geldverkehr.[516] Neben dem Inverkehrbringen vom Falschgeld (Abs. 1 Nr. 3) als der eigentlichen Beeinträchtigung des Geldverkehrs sind Falschmünzerei einschließlich Münzverfälschung (Abs. Nr. 1) und das Sichverschaffen vom Falschgeld zum Zweck des Inverkehrbringens (Abs. 1 Nr. 2), die eigentlich Vorbereitungshandlungen zum Inverkehrbringen vom Falschgeld darstellen, auch zu bestrafen. Außerdem werden gewerbs- und bandenmäßige Geldfälschung gemäß § 146 Abs. 2 StGB unter schwerere Strafen gestellt.

Nach § 151 StGB stehen Wertpapiere dem Geld im Sinne der §§ 146 u.a. StGB gleich. Das Verbot der Wertpapierfälschung schützt ebenso wie § 146 StGB im Interesse der Allgemeinheit die Sicherheit und Zuverlässigkeit des Rechtsverkehrs.[517] Wertpapiere sind besonders zu schützen, weil sie im Wirtschaftsverkehr wegen ihres massenhaften Vorkommens und ihrer dem Papiergeld ähnlichen Ausstattung besonderes Vertrauen genießen und zu einer gewissen Oberflächlichkeit bei der Echtheitsprüfung verleiten können.[518]

Geld und Wertpapiere eines fremden Währungsgebietes als ausländische Rechtsgüter stehen nach § 152 StGB in Verbindung mit §§ 146, 151 StGB auch unter dem deutschen strafrechtlichen Schutz nach dem Weltrechtsprinzip. Dies

---

516 LK-StGB/*Ruß*, § 146, Rn. 2; NK-StGB/*Puppe*, § 146, Rn. 2f.; SK-StGB/*Rudolphi*, Rn. 2 vor § 146; Schönke/Schröder/*Stree*/*Sternberg-Lieben*, § 146, Rn. 1; Tröndle/Fischer, Rn. 2 vor § 146; Lackner/*Kühl*, § 146, Rn. 1; Arzt/*Weber*, Strafrecht BT, § 34, Rn. 2; Maurach/Schroeder/Maiwald, Strafrecht BT 2, § 67, Rn. 5.

517 SK-StGB/*Rudolphi*, Rn. 2 vor § 146; Schönke/Schröder/*Stree*/*Sternberg-Lieben*, § 151, Rn. 1. Nach NK-StGB/*Puppe*, § 151, Rn. 2 sei das geschützte Rechtsgut des § 151 StGB anders als das des § 146 StGB. Es gehe in § 151 StGB nämlich um qualifizierte Formen des Betrugs i. V. m. Urkundenfälschung und Vorbereitungshandlungen dazu. Demnach stelle das geschützte Rechtsgut des § 151 StGB das Vermögen dar. Nach Tröndle/Fischer, Rn. 2 vor § 146 sei zwar das geschützte Rechtsgut bei § 151 StGB die Sicherheit und Funktionsfähigkeit des Verkehrs mit Wertpapieren, der Schutz des fremden Vermögens und der Urkundenschutz würden jedoch auch berücksichtigt.

518 BT-Drs. 7/550, S. 229.

liegt daran, dass Fremdwährungen wie ausländische Wertpapiere im Inlandsverkehr auch eine wichtige Rolle spielen. Daher muss auch ein strafrechtlicher Schutz vor Fälschung davon gewährt werden.[519]

Der Zweck des § 152a StGB liegt nach der h. L. darin, die Sicherheit und Funktionsfähigkeit des bargeldlosen Zahlungsverkehrs zu schützen.[520] Da er den Zahlungsverkehr schon im Vorbereitungsstadium vor abstrakten Gefährdungen schützt, dient er keinem eigenständigen Vermögensschutz, sondern hat lediglich eine Reflexwirkung für den Vermögensschutz.[521]

Darüber hinaus fallen Vorbereitungsdelikte in bezug auf die o.g. Tatbestände auch in den Anwendungsbereich des Weltrechtsprinzips, um den strafrechtlichen Schutz des Zahlungsverkehrs zu vervollständigen.

Die Bestrafung der Fälschung eigener Währung und Wertpapiere ist unter dem Gesichtspunkt des Schutzes eigener Interessen selbstverständlich. Der Schutz des fremden Geldes unabhängig vom gegenseitigen Schutz zwischen Staaten durch Deutschland kommt den internationalen Verpflichtungen nach, wodurch das Währungsmonopol fremder Staaten gemäß Art. 5 i. V. m. Art. 3 des „Internationalen Abkommens zur Bekämpfung der Falschmünzerei" vom 20. 4. 1929[522] geschützt werden soll. Nach Art. 9 Abs. 1 des Internationalen Abkommens zur Bekämpfung der Falschmünzerei darf ein Staat eine Auslandstat eines Ausländers wegen Geldfälschung bestrafen, wenn der Täter im Inland ergriffen wird.[523] Diese Vorschrift scheint auf das Weltrechtsprinzip mit der Voraussetzung der Ergreifung des Täters im Inland hinzuweisen.[524] Aber wenn man die Regelung des Abs. 2 heranzieht, die vorschreibt, dass die Pflicht zur Strafverfolgung nur dann besteht, wenn der Täter nicht ausgeliefert werden kann,[525]

---

519 LK-StGB/*Ruß*, § 152, Rn. 1; NK-StGB/*Puppe*, § 152, Rn. 1f, 7; Schönke/Schröder/*Stree/Sternberg-Lieben*, § 152, Rn. 1; Lackner/*Kühl*, § 152, Rn. 1; Maurach/Schroeder/Maiwald, Strafrecht BT 2, § 67, Rn. 6.

520 LK-StGB/*Ruß*, § 152a, Rn. 2; SK-StGB/*Rudolphi*, § 152a, Rn. 1; Schönke/Schröder/*Stree/Sternberg-Lieben*, § 152a, Rn. 1; Tröndle/Fischer, § 152a, Rn. 1; Lackner/*Kühl*, § 152a, Rn. 1; Arzt/*Weber*, Strafrecht BT, § 34, Rn. 30; Maurach/Schroeder/Maiwald, Strafrecht BT 2, § 67, Rn. 47f. Kritisch NK-StGB/*Puppe*, § 152a, Rn. 3.

521 Schönke/Schröder/*Stree/Sternberg-Lieben*, § 152a, Rn. 1; Lackner/*Kühl*, § 152a, Rn. 1; Maurach/Schroeder/Maiwald, Strafrecht BT 2, § 67, Rn. 47f.

522 RGBl. 1933 II, S. 913ff. Art. 5 des Abkommens: „In den Strafbestimmungen gegen die im Artikel 3 bezeichneten Handlungen soll zwischen inländischem und ausländischem Geld nicht unterschieden werden; diese Gleichstellung darf nicht davon abhängig gemacht werden, dass gesetzlich oder vertraglich die Gegenseitigkeit gesichert ist."

523 Art. 9 Abs. 1 des Abkommens: „Ein Ausländer, der eine nach Artikel 3 strafbare Handlung im Ausland begangen hat und sich im Gebiet eines Landes befindet, dessen Gesetzgebung als allgemeine Regel die Strafverfolgung von Auslandstaten zulässt, soll ebenso bestraft werden, wie wenn er die Tat im Gebiet dieses Landes begangen hätte."

524 So Oehler, FS Carstens, 1984, S. 441.

525 Art. 9 Abs. 2 des Abkommens: „Die Pflicht zur Strafverfolgung besteht nur, wenn ein Ersuchen um Auslieferung gestellt worden ist und der ersuchte Staat wegen eines Um-

sollte man davon ausgehen, dass der Täter in erster Linie an einen tatnahen Staat ausgeliefert werden soll. Nur wenn es nicht gelingt, ist der Ergreifungsstaat verpflichtet, den ausländischen Täter selbst zu bestrafen. Alles in allem soll das Strafanwendungsrecht in diesem Abkommen nicht ins Weltrechtsprinzip, das eine primäre Strafkompetenz begründet, umgedeutet werden. Im Vergleich zu fremden Währungen, zu deren strafrechtlichem Schutz die BRD immerhin völkervertragsrechtlich verpflichtet ist, kann der strafrechtliche Schutz ausländischer Wertpapiere auf keinem von der BRD abgeschlossenen Völkerrechtsvertrag beruhen.

Der Grund für die Bestrafung von Geld-, Zahlungskarten- und Wertpapierfälschung nach dem Weltrechtsprinzip besteht darin, dass nationale Zahlungsmittel nicht nur inländische Interessen verkörpern, sondern auch ein wichtiges Instrument internationaler Kooperation darstellen. Außerdem könnte die Herstellung von Falsifikaten im Ausland eventuell auch zur Gefährdung des inländischen Zahlungsverkehrs führen.[526] Gleichwohl soll die Betroffenheit der Inlandsinteressen keine Rolle bei der Begründung des Weltrechtsprinzips spielen; sie gehört dem Wesen nach zu Überlegungen des Schutzprinzips.[527] Dementsprechend soll die Bestrafung der in § 6 Nr. 7 StGB enthaltenen extraterritorialen Delikte von Ausländern im Lichte des Schutzprinzips betrachtet werden. Sie hat nämlich nichts mit dem universalen Schutz der Völkergemeinschaftsinteressen zu tun.

Nach dem Dargestellten fehlt es § 6 Nr. 7 StGB an einer allgemein-völkerrechtlichen Legitimationsgrundlage für die Anwendung des Weltrechtsprinzips. Daher kann er in der jetzigen Gestalt völkerrechtlich nicht gerechtfertigt werden. Allerdings ist die Bestrafung der betreffenden Delikte im Lichte des Schutzprinzips nicht unbegründet. Dann soll die Bestrafung der extraterritorialen Fälschung eigener Währung und Papiere vom Anwendungsbereich des Weltrechtsprinzips abgekoppelt werden und ihrem Sinn entsprechend dem Schutzprinzip unterliegen. Wenn es um die Fälschung der betreffenden ausländischen Zahlungsmittel im Ausland geht, muss dann festgestellt werden, in welchen Fällen inländische Interessen wirklich verletzt werden. Jedenfalls darf sich die Bestrafung solcher Delikte nicht auf das Weltrechtsprinzip berufen, das nichts mit dem Schutz eigner Interessen zu tun haben soll.

---

standes, der mit der Tat selbst nicht zusammenhängt, die Auslieferung nicht durchführen kann."

[526] Schönke/Schröder/*Eser*, § 6, Rn. 8; Zieher, Das sog. Internationale Strafrecht nach der Reform, S. 164.

[527] Ebenso MünchKommStGB/*Ambos*, § 6, Rn. 17.

6.1.7. Subventionsbetrug (§ 264 StGB)

§ 6 Nr. 8 StGB zufolge unterliegt Subventionsbetrug (§ 264 StGB) auch dem Weltrechtsprinzip. Die Auffassung über geschützte Rechtsgüter des § 264 StGB ist in der Lehre kontrovers. Es wird teilweise behauptet, dass § 264 StGB sowohl das *öffentliche Vermögen* als auch die *Institution* der Subvention als wichtiges *Instrument staatlicher Lenkung* und die damit verfolgten *Zielsetzungen als solche* schützt, die je nach der Subvention nach Bundes- und Landesrecht oder derjenigen nach EG-Recht ausschließlich wirtschaftspolitische oder auch sonstige Zwecke erstreben. Abgesehen vom Schutz des öffentlichen Vermögens lässt sich § 264 StGB gerade durch das Rechtsgut, nämlich das Allgemeininteresse an einer wirksamen staatlichen Wirtschaftsförderung, als ein eigentliches Wirtschaftsdelikt ansehen.[528] Im Vergleich dazu sind andere Gelehrte der Auffassung, dass lediglich die staatliche Planungs- und Dispositionsfreiheit sowie das Subventionsverfahren als solches als geschützte Rechtsgüter des § 264 StGB angesehen werden sollten.[529] Zuletzt wird das geschützte Rechtsgut des § 264 StGB von manchen lediglich im öffentlichen Vermögen gesehen.[530]

Die völkerrechtliche Grundlage zum Schutz der Subvention der Europäischen Gemeinschaften gegen Betrügereien ist Art. 209a Abs. 1 „Vertrag zur Gründung der Europäischen Gemeinschaften", wonach die Mitgliedsstaaten zur Bekämpfung von Betrügereien, die sich gegen finanzielle Interessen der Gemeinschaft richten, gleiche Maßnahmen zu ergreifen haben, die sie auch zur Bekämpfung von Betrügereien gegen ihre eigenen finanziellen Interessen einsetzen. Zur Begründung des § 6 Nr. 8 StGB wird in der Lehre behauptet, dass durch den mitgefassten Schutz von Interessen der Europäischen Gemeinschaften die Anwendung des Weltrechtsprinzips gerechtfertigt werden könne.[531] Hingegen wird behauptet, dass die universale Anwendung des deutschen Strafrechts zum Schutz von Interessen der Europäischen Gemeinschaften nicht als Einsatz des Weltrechtsprinzips, sondern als Verwendung eines eigenständigen Prinzips des Schutzes von Gütern überstaatlicher Gemeinschaften anzusehen sei. Demnach könne man vielleicht vom „Europarechtsprinzip"[532] sprechen.

Was auch immer als das geschützte Rechtsgut von § 264 StGB anzusehen ist, § 264 StGB bezweckt nur den Schutz von nationalen Interessen und von Interessen der Europäischen Gemeinschaften, denen auch Deutschland angehört. Es

---

528 Schönke/Schröder/*Lenckner*/*Perron*, § 264, Rn. 4; Tröndle/Fischer, § 264, Rn. 2a; Lackner/*Kühl*, § 264, Rn. 1; Arzt/*Weber*, Strafrecht BT, § 21, Rn. 55.

529 BT-Drs. 7/5291, S. 3; LK-StGB/*Tiedemann*, § 264, Rn. 11; Tröndle/Fischer, § 264, Rn. 2a.

530 NK-StGB/*Hellmann*, § 264, Rn. 14; Maurach/Schroeder/Maiwald, Strafrecht BT 1, § 41, Rn. 165; Schmidhäuser, Strafrecht BT, S. 144.

531 LK-StGB/*Gribbohm*, § 6, Rn. 53.

532 Oehler, Internationales Strafrecht, Rn. 908ff.; Jescheck/Weigend, Lehrbuch des Strafrechts AT, S. 174.

hat nämlich nichts mit Weltrechtsgütern zu tun, die der gesamten Völkergemeinschaft gehören. Da es sich bei § 264 StGB um eigene Staatsinteressen, seien es unmittelbare nationale Interessen, seien es mittelbare Staatsinteressen in Gestalt von Gütern der Europäischen Gemeinschaften, handelt, kann vom Schutz universaler Rechtsgüter der Völkergemeinschaft hier keine Rede sein. Nach dem richtigen Verständnis des § 264 StGB soll Subventionsbetrug dem *Schutzprinzip im weiteren Sinne* unterliegen. Das heißt, abgesehen vom Betrug der Inlandssubvention handelt es sich beim Betrug der Subvention der Europäischen Gemeinschaften um einen indirekten Schutz der Staatsinteressen, weil bei der Beeinträchtigung der Interessen der Europäischen Gemeinschaften Deutschland als deren Mitglied im eigenen Interesse auch verletzt wird. Demzufolge kann die Bestrafung des Subventionsbetrugs aufgrund des Weltrechtsprinzips völkerrechtlich nicht gerechtfertigt werden.[533] Vielmehr liegt die Begründung der Bestrafung des Subventionsbetrugs von Ausländern im Ausland lediglich im Schutzprinzip.

6.1.8. Verfolgungspflicht auf Grund zwischenstaatlicher Abkommen

§ 6 Nr. 9 StGB ist eine *Generalklausel*, welche die Anwendung des Weltrechtsprinzips auf alle Straftaten erweitert, zu deren Verfolgung die BRD aufgrund zwischenstaatlicher Abkommen verpflichtet ist.[534] Durch diese Generalklausel muss dann der Gesetzgeber keine Anpassung des Katalogs des § 6 StGB an etwaige neue Abkommen vornehmen. Gleichwohl kann § 6 Nr. 9 StGB selbst jedoch keine neuen Straftatbestände schaffen oder geltende erweitern. Es wird deshalb im Schrifttum behauptet, dass die Funktion des § 6 Nr. 9 StGB darin bestehe, bereits bestehende deutsche Tatbestände auf entsprechende Auslandstaten anzuwenden. Da § 6 Nr. 9 StGB lediglich darauf verweise, auf welche bereits bestehenden innerstaatlichen Tatbestände das Weltrechtsprinzip angewendet werden kann, besitze er nur eine „klarstellende Funktion".[535] Da § 6 Nr. 9 StGB sich auf völkerrechtliche Abkommen beruft, die nicht selten auslegungsbedürftig sind, wird im Schrifttum daran gezweifelt, ob er gegen das Bestimmtheitsgebot verstoßen würde.[536] Demnach muss man befürchten, dass die Rechtssicherheit dadurch beeinträchtigt würde, dass die Terminologie internationaler Abkommen nicht selten von der deutschen Strafrechtsterminolo-

---

533 Merkel, Universale Jurisdiktion bei völkerrechtlichen Verbrechen, S. 243; MünchKommStGB/*Ambos*, § 6, Rn. 18.

534 Zu solchen Abkommen vgl. MünchKommStGB/*Ambos*, § 6, Rn. 22ff.; Schönke/Schröder/*Eser*, § 6, Rn. 11.

535 Schönke/Schröder/*Eser*, § 6, Rn. 10; Jakobs, Strafrecht AT, 5/20; Zieher, Das sog. Internationale Strafrecht nach der Reform, S. 168.

536 LK-StGB/*Gribbohm*, § 6, Rn. 25; Zieher, Das sog. Internationale Strafrecht nach der Reform, S. 170f.

gie abweicht und völkerrechtliche Verträge in der Regel in einer relativ unbestimmten Sprache formuliert sind. Obwohl internationale Abkommen der Zustimmung des deutschen Gesetzgebers bedürfen und deren Inhalt zur inländischen Anwendung dem Bestimmtheitsgebot nach Art. 103 Abs. 2 GG entsprechen muss, sind die Nachteile des § 6 Nr. 9 StGB, dass wegen neuer internationaler Abkommen der Geltungsbereich des deutschen Strafrechts in einem unübersehbaren Umfang erweitert wird und ein Mangel an Transparenz strafrechtlicher Normen entsteht, nicht zu beseitigen.

Trotz der Bedenken gegenüber § 6 Nr. 9 StGB wird zur Erweiterung seines Anwendungsbereichs im Schrifttum sogar vorgeschlagen, dass die in § 6 Nr. 9 StGB vorgesehene Strafverfolgung aufgrund internationaler Abkommen sich nicht auf die Verpflichtung durch Völkervertragsrecht beschränken sollte. Die Berechtigung, die neben Völkervertragsrecht auch Völkergewohnheitsrecht und allgemeine Rechtsprinzipien begründen können, sollte auch zur Anwendung des Weltrechtsprinzips herangezogen werden.[537] Diese Behauptung ist m. E. nur zum Teil richtig. Der Natur der Weltrechtspflege nach kann sowieso nur allgemeines Völkerrecht das Weltrechtsprinzip, das über einzelne Staaten hinaus universal gültige Strafrechtsnormen zur Geltung bringt, legitimieren. Die Berufung des Weltrechtsprinzips auf allgemeines Völkerrecht ist nicht nur wünschenswert, sondern notwendig. Umgekehrt ist es absurd, dass Deutschland sich durch einen völkerrechtlichen Vertrag mit irgend einem Staat zur Bestrafung eines bestimmten Delikts verpflichtet und damit dieses Delikt zum Verbrechen gegen die ganze Völkergemeinschaft erklärt. Warum alle anderen Nicht-Vertragsstaaten gezwungen werden sollen, dieses Ergebnis zu akzeptieren, lassen sich nicht erklären.[538] Die Einführung des Weltrechtsprinzips aufgrund des Völkervertragsrechts gemäß § 6 Nr. 9 StGB überschreitet nämlich seine Legitimationsgrundlage wegen der Verbindlichkeit inter partes von Verträgen und entspricht somit nicht den Anforderungen des Völkerrechts. Demnach beruht die Regelung des § 6 Nr. 9 StGB ganz und gar auf einer falschen völkerrechtlichen Grundlage zur Begründung des Weltrechtsprinzips.

Um dem Charakter des Völkervertragsrechts gerecht zu werden, behauptet *Roggemann*, dass für eine legitime Anwendung des Weltrechtsprinzips nach § 6 Nr. 9 StGB drei Bedingungen erfüllt werden müssten. Zuerst müsse es sich um ein zwischenstaatliches Abkommen handeln, das die Bestrafung bestimmter Weltrechtsverbrechen vorsieht. Zweitens, das betreffende Abkommen müsse die Vertragsstaaten ermächtigen, wenn nicht verpflichten, die betreffenden Delikte zu verfolgen und zu bestrafen. Zuletzt müsse das Abkommen sowohl für den Aburteilstaat (hier die Bundesrepublik Deutschland) als auch für den Tatortstaat

537 Wirth/Harder, ZRP 2000, S. 147.

538 Merkel, Universale Jurisdiktion bei völkerrechtlichen Verbrechen, S. 247. MünchKomm-StGB/*Ambos*, § 6, Rn. 21 hat zwar auf dieses Problem hingewiesen, verneint jedoch die Völkerrechtswidrigkeit des § 6 Nr. 9 StGB.

bzw. Heimatstaat des Täters in Kraft sein.[539] Dieser Vorschlag, insbesondere die dritte Voraussetzung, weist zwar ein richtiges Verständnis des Völkervertragsrechts auf, ist jedoch mit dem Wortlaut des § 6 Nr. 9 StGB unvereinbar, wonach Deutschland alle betreffenden Delikte unabhängig von Tatort und Staatsangehörigkeit des Täters verfolgen und bestrafen darf. Die Unterzeichnung des betreffenden Abkommens von Tatort- oder Heimatstaat des Täters ist nämlich in § 6 Nr. 9 StGB nicht vorgesehen.

In der Lehre wird die Generalklausel des § 6 Nr. 9 StGB teilweise auch im Sinne der stellvertretenden Strafrechtspflege interpretiert, weil die BRD sich durch internationale Abkommen zur lückenlosen Bekämpfung internationaler Verbrechen verpflichtet.[540] Manche gehen bei § 6 Nr. 9 StGB vom Kompetenzverteilungsprinzip aus, weil nach zwischenstaatlichen Abkommen verschiedene Prinzipien des Strafanwendungsrechts vorgesehen sein könnten.[541] Da § 6 Nr. 9 StGB nach völkerrechtlichen Abkommen, die aufgrund vielfältiger praktischer Erwägungen verschiedene Strafrechtsanwendungsprinzipien vorsehen könnten, eine Verteilung der Strafermittlungs- und Strafanspruchskompetenz zwischen den Vertragsstaaten ermögliche, könne er keinem der herkömmlichen Strafrechtsanwendungsprinzipien zugeordnet werden.[542] Der Staat ist lediglich zur Erfüllung der Vertragsbedingungen eines von ihm unterzeichneten völkerrechtlichen Abkommens verpflichtet. Wenn in dem betreffenden Abkommen bestimmte Prinzipien des Internationalen Strafrechts vorgesehen sind, kann eine Ermächtigung zur Bestrafung nach einem anderen abweichenden Prinzip nicht begründet werden.[543] In der Lehre wird deshalb geltend gemacht, dass die Rechtfertigung des § 6 Nr. 9 StGB insofern unzureichend ist, als die völkerrechtliche Verpflichtung zur „Bestrafung nach dem Weltrechtsprinzip“ in Abkommen nicht ausdrücklich feststeht.[544] Trotz der Versuche, § 6 Nr. 9 StGB umzudeuten und zu rechtfertigen, ist sein Wortlaut, dass die völkerrechtliche Verpflichtung zur Bestrafung bestimmter Verbrechen, unabhängig von in den betreffenden Abkommen ausdrücklich vorgesehenen internationalstrafrechtlichen Prinzipien, zwangsläufig zur Anwendung des Weltrechtsprinzips führt, allerdings mit dem Verständnis des Stellvertretungsprinzips oder des Kompetenzverteilungsprinzips nicht vereinbar.

---

539 Roggemann, NJW 1994, S. 1437.

540 NK-StGB/*Lemke*, § 6, Rn. 1.

541 Jescheck/Weigend, Lehrbuch des Strafrechts AT, S. 174; Zieher, Das sog. Internationale Strafrecht nach der Reform, S. 169f. Allerdings vermeidet Zieher von einem „Prinzip“ der Strafrechtsanwendung für derartige Funktion völkerrechtlicher Kompetenzverteilung zu sprechen.

542 Schönke/Schröder/*Eser*, Rn. 10 vor § 3; § 6, Rn. 10; MünchKommStGB/*Ambos*, § 6, Rn. 19; Henrich, Das passive Personalitätsprinzip im deutschen Strafrecht, S. 73ff.

543 Zieher, Das sog. Internationale Strafrecht nach der Reform, S. 167.

544 Oehler, Internationales Strafrecht, Rn. 889. Ablehnend Schönke/Schröder/*Eser*, § 6, Rn. 10.

Alles in allem ist festzustellen, dass § 6 Nr. 9 StGB in seinem Wortlaut den Anforderungen des Völkerrechts nicht genügt. Die Verpflichtung zur Bestrafung bestimmter Verbrechen nach einem zwischenstaatlichen Abkommen kann die Einführung des Weltrechtsprinzips nicht begründen. Andernfalls wären uns zwei Argumentationsfehler unterlaufen. Zum einen soll ein Nicht-Vertragsstaat nicht an das betreffende Abkommen gebunden sein. Zum anderen darf ein internationales Abkommen zur Rechtfertigung der Anwendung des Weltrechtsprinzips nicht herangezogen werden, wenn es nicht das Weltrechtsprinzip, sondern andere internationalstrafrechtliche Prinzipien vorsieht.

6.2. Die Straftatbestände im Völkerstrafgesetzbuch

Am 1. Juli 2002 ist das Völkerstrafgesetzbuch (VStGB) in der Bundesrepublik Deutschland in Kraft getreten.[545] Es erfüllt hauptsächlich zwei Zwecke.[546] Zuerst kann das materielle Strafrecht der BRD sowohl an das Römische Statut des Internationalen Strafgerichtshofs vom 17. Juli 1998 als auch an das allgemein anerkannte Völkerrecht angepasst werden, damit Deutschland den völkerrechtlichen Pflichten zur Bestrafung von Völkerrechtsverbrechen nachkommt. Obwohl das deutsche Völkerstrafgesetzbuch in erster Linie die Umsetzung des Römischen Statuts bezweckt, gehen die Tatbestände des Völkerstrafgesetzbuchs über die des Römischen Statuts hinaus. Die darin enthaltenen Tatbestände beruhen zum Teil auf dem überkommenen humanitären Völkergewohnheitsrecht, das beispielsweise in dem Zusatzprotokoll I von 1977[547] zu den vier „Genfer Rotkreuz-Abkommen" von 1949 und dem II. Protokoll von 1999[548] zur „Konvention zum Schutz von Kulturgut bei bewaffneten Konflikten" von 1954 festgeschrieben ist. Darüber hinaus werden die von der Vorbereitungskommission des IStGH am 30. 6. 2000 angenommenen sog. Verbrechenselemente,[549] Spruchpraxis internationaler Strafgerichte und allgemeine Staatenpraxis zur Formulierung der Völkerstraftatbestände ins Völkerstrafgesetzbuch aufgenommen.[550] Außer dem Zweck der Erfüllung völkerrechtlicher Pflichten zur Bestrafung von Völkerrechtsverbrechen ist das VStGB nicht zuletzt aus einer pragmatischen Erwägung heraus entstanden. Da im Römischen Statut der Vorrang innerstaatlicher Strafverfolgung vorgesehen ist, muss am besten ein eigenständiges Strafgesetz verabschiedet werden. Damit können die in dem Statut geregelten Taten im Vorfeld lückenlos durch innerstaatliche Strafjustiz nach innerstaatlichem Strafgesetz verfolgt und bestraft werden. Andernfalls

545 Verkündet am 26. 6. 2002, BGBl. 2002 I, S. 2254.
546 Siehe Zimmermann, NJW 2002, S. 3068f.
547 BGBl. 1990 II, S. 1551ff.
548 38 International Legal Materials 769, 1999.
549 Vgl. Art. 9 IStGH-Statut.
550 BR-Drucks. 29/02, S. 23ff.

würde die Straflosigkeit der betreffenden Verbrechen in Deutschland dem Ansehen Deutschlands schaden.

In § 1 VStGB ist das Weltrechtsprinzip für alle darin bezeichneten „Verbrechen“, nämlich Völkermord, Verbrechen gegen die Menschlichkeit und Kriegsverbrechen vorgesehen, und „zwar auch dann, wenn die Tat im Ausland begangen wurde und keinen Bezug zum Inland aufweist“. Dies wird dadurch begründet, dass diese schwersten Verbrechen die internationale Gemeinschaft als Ganze berühren und nicht zuletzt grenzüberschreitenden Charakter besitzen. Da die Verletzung der Aufsichtspflicht (§ 13 VStGB) und Unterlassen der Meldung einer Straftat (§ 14 VStGB) keinen so schwerwiegenden Unrechtsgehalt wie die vorstehenden Verbrechen aufweisen, werden sie dementsprechend als „Vergehen“ klassifiziert. Darüber hinaus, weil die Ermittlung der Befehls- und Hierarchiestrukturen und -abläufe bei Fehlen an jedem Inlandsbezug erschwert ist, werden auf sie nicht das Weltrechtsprinzip nach § 1 VStGB, sondern die allgemeinen Regelungen von §§ 3 bis 7 StGB angewendet.[551]

Obwohl § 1 VStGB für die Ausübung der Weltrechtspflege ausdrücklich auf einen besonderen Inlandsbezug verzichtet, wird die Weltrechtspflege über diese Verbrechen vom deutschen Gesetzgeber nicht als unzulässige Einmischung in die Souveränität anderer Staaten angesehen.[552] Im folgenden wird insbesondere auf die geschützten Rechtsgüter dieser Straftatbestände und die völkerrechtliche Legitimationsbasis für die Anwendung des Weltrechtsprinzips eingegangen werden, um die Rechtmäßigkeit der Anwendung des Weltrechtsprinzips auf diese Verbrechen zu überprüfen.

6.2.1. Völkermord

Die Vorschrift des Völkermords ist nun in § 6 VStGB verankert. Der Tatbestand des Völkermords in § 6 VStGB entspricht im wesentlichen dem bisherigen Völkermordtatbestand in § 220a StGB a. F. und beruht grundsätzlich auf der Definition des Art. II „Konvention über die Verhütung und Bestrafung des Völkermordes“ vom 9. Dezember 1948 (Völkermordkonvention)[553] und der des Art. 6 IStGH-Statut, obwohl er in einzelnen Punkten von ihnen abweicht.[554] Obgleich die Überschrift „Völkermord“ lautet, ist ein „Mord“ für die Tatbestandsverwirklichung nicht erforderlich. Sowohl Tötung von Gruppenmitgliedern, als auch Zufügung schwerer körperlicher oder seelischer Schäden, Herbeiführung der geeigneten Lebensbedingungen für ganze oder teilweise körper-

---

551 BR-Drucks. 29/02, S. 29.

552 BR-Drucks. 29/02, S. 29; zustimmend statt vieler Lagodny/Nill-Theobald, JR 2000, S. 206; Eser, FS BGH Wissenschaft, Bd. IV, 2000, S. 26ff.

553 BGBl. 1954 II, S. 729ff.

554 Allgemein zur Bestrafung des Völkermords siehe Campbell, § 220a StGB, S. 5ff.; Jescheck, ZStW 66 (1954), S. 193ff.; Jescheck, „Genocidium“, in: WVR, Bd. 1, S. 658f.

liche Zerstörung der Gruppe, Verhängung geburtenverhindernder Maßnahmen sowie gewaltsame Überführung von Kindern der Gruppe in eine andere Gruppe fallen in den Tatbestand des „Völkermords".[555]

Nach der Völkermordkonvention ist Völkermord ein Verbrechen gemäß internationalem Recht, das von der zivilisierten Welt verurteilt wird.[556] Das vom Tatbestand des Völkermords geschützte Rechtsgut ist nicht das Individualrechtsgut der einzelnen Personen, sondern die soziale Existenz der verfolgten nationalen, rassischen, religiösen oder durch ihr Volkstum bestimmten (ethnischen) Gruppen als solcher. Politische und wirtschaftliche Gruppen werden nicht als Schutzobjekte des Völkermordstatbestands angesehen. Beim Völkermord handelt es sich hauptsächlich nicht um Verbrechen gegen das menschliche Leben (zutreffend nur für Abs. 1 Nr. 1), sondern um einen Spezialfall der Verbrechen gegen die Menschlichkeit.[557] Der Einzelne ist als tatsächliches Mitglied der betreffenden Gruppen zwar Tatobjekt, er wird jedoch „nicht in seiner Individualität, sondern in seiner Eigenschaft als Mitglied einer Gruppe angegriffen oder verletzt, deren soziale Existenz zu zerstören der Täter beabsichtigt".[558] Es geht beim Verbot des Völkermords nämlich um Menschheitsinteressen. Durch das Völkermordsverbot werden „die *normativen Bedingungen* aller menschlichen Koexistenz in organisierten Gemeinschaften" und „die Grundlagen der Zivilisation" gewährgeleistet. „Das unverzichtbare Minimum eines globalen Normbewusstseins" wird damit nicht durch die reaktionslose Hinnahme anderer Staaten beschädigt.[559]

Es sei darauf hingewiesen, dass nach dem BGH das Weltrechtsprinzip in bezug auf Völkermord (§ 6 Abs. Nr. 1 VStGB) tateinheitlich auch Verbrechen gemäß §§ 212, 211 StGB miterfasst. Es liege daran, dass „ § 220a Abs. 1 Nr. 1 StGB (n. F. § 6 Abs. Nr. 1 VStGB; Anm. v. Verfasser) ebenso wie § 212 StGB als Tatbestandsmerkmal die vorsätzliche Tötung eines Menschen voraussetzt, so dass der Sachverhalt, der für eine Verurteilung wegen Völkermords nach § 220a Abs. 1 Nr. 1 StGB (n. F. § 6 Abs. Nr. 1 VStGB; Anm. v. Verfasser) ermittelt und festgestellt werden muss, auch eine Verurteilung wegen Totschlags trägt". „Handelt der Täter dabei in der Absicht, eine der durch § 220a Abs. 1 Nr. 1 StGB (n. F. § 6 Abs. Nr. 1 VStGB; Anm. v. Verfasser) geschützten Gruppen ganz oder teilweise zu zerstören, begeht er in aller Regel zugleich einen Mord aus

555 Deshalb wird die Bezeichnung „Gruppenvernichtung" von Maurach/Schroeder/Maiwald, Strafrecht BT 2, § 89, Rn. 3 für besser gehalten.

556 BGBl. 1954 II, S. 729ff.

557 LK-StGB/*Jähnke*, § 220a, Rn. 4, 8; SK-StGB/*Horn*/*Wolters*, § 220a, Rn. 1c; Schönke/Schröder/*Eser*, § 220a, Rn. 1ff.; Tröndle/Fischer, 50. Aufl., § 220a, Rn. 2; Lackner/*Kühl*, § 220a, Rn. 1; Gössel, Strafrecht BT 1, S. 12; Schmidhäuser, Strafrecht BT, S. 212. Nach MünchKommStGB/*Kreß*, § 220a/§ 6 VStGB, Rn. 1ff. sind die Rechtsgüter dreierlei: Individualrechtsgüter des konkret angegriffenen Gruppenmitglieds, Bestand der Gruppe und internationaler Frieden.

558 BGHSt 45, 64, 80f.

559 Merkel, Universale Jurisdiktion bei völkerrechtlichen Verbrechen, S. 249.

niedrigen Beweggründen."[560] Der Rechtsprechung zufolge findet deshalb das Weltrechtsprinzip gemäß § 1 VStGB in bezug auf Völkermord aufgrund dieser „Annexkompetenz" auch unmittelbar Anwendung auf tateinheitlich verwirklichte vorsätzliche Tötungsdelikte nach §§ 212, 211 StGB. Zutreffend wird der Vorwurf erhoben, dass „die Schaffung einer Annexkompetenz für einfache Tötungsverbrechen *systemwidrig* ist und strukturell nicht zu § 6 Nr. 1 (StGB a. F.; Anm. v. Verfasser) passt". Demnach können darunter nicht „jegliche individuelle, sondern nur völkermörderische Tötungen" subsumiert werden.[561]

Die Einführung des Weltrechtsprinzips für Völkermord in der BRD ist auf moralische Überlegungen, insbesondere Reflexion auf Geschehen vor und während des 2. Weltkriegs zurückzuführen. Das Weltrechtsprinzip wird demnach als „Auffangbecken für ein versagendes Völkerstrafrecht"[562] angesehen. Es wird in Schrifttum und Rechtsprechung überwiegend davon ausgegangen, dass sich die Anwendung des Weltrechtsprinzips auf Völkermord auch auf völkerrechtliche Verträge berufen kann. Zum Beispiel hat der BGH für die Strafkompetenz bei Völkermordfällen immer die Völkermordkonvention herangezogen.[563] Obwohl nach der Präambel und Art. I Völkermordkonvention „zur Befreiung der Menschheit von einer solch verabscheuungswürdigen Geißel internationale Zusammenarbeit erforderlich ist" und die Vertragsparteien sich zur Verhütung und Bestrafung des Völkermords verpflichten, ist dieses Argument angesichts der Tatsache jedoch nicht stichhaltig, dass gemäß Art. VI Völkermordkonvention nur ein Gericht des Tatortstaates oder ein internationales Strafgericht, das für die Vertragsparteien zuständig ist, die seine Gerichtsbarkeit anerkennen, für die Aburteilung zuständig ist.[564] Das Weltrechtsprinzip ist nämlich in der Völkermordkonvention nicht vorgesehen.[565]

Da eine ausdrückliche Regelung des Weltrechtsprinzips in der Völkermordkonvention fehlt, macht der BGH, später auch vom Bundesverfassungsgericht bestätigt, von einer *systematisch-teleologischen Auslegung* Gebrauch.[566] Es wird behauptet, dass trotz der offensichtlichen Zuständigkeitsbestimmung für den

---

560 BGHSt 45, 64, 69ff. Im Ergebnis zuerst zustimmend Ambos, NStZ 1999, S. 405.

561 Seine vorherige Meinung (siehe oben Fn. 560) verändernd MünchKommStGB/*Ambos*, § 6, Rn. 9.

562 Zieher, Das sog. Internationale Strafrecht nach der Reform, S. 145.

563 BGHSt 45, 64, 66ff.; BGHSt 46, 292, 297ff.

564 Art. VI Völkermordkonvention: „Personen, denen Völkermord oder eine der sonstigen in Artikel III aufgeführten Handlungen zur Last gelegt wird, werden vor ein zuständiges Gericht des Staates, in dessen Gebiet die Handlung begangen worden ist, oder vor das internationale Strafgericht gestellt, das für die Vertragsschließenden Parteien, die seine Gerichtsbarkeit anerkannt haben, zuständig ist."

565 Ebenso Oehler, FS Carstens, 1984, S. 442. Hingegen wird diese Regelung von Kimminich/Hobe, Einführung in das Völkerrecht, S. 243 als das Weltrechtsprinzip missverstanden.

566 BGHSt 45, 64, 66f.; BVerfG-Kammerbeschluß vom 12. 12. 2000 - 2 BvR 1290/99, in: JZ 2001, 975, 980; zustimmend Kadelbach, JZ 2001, S. 981f.

Tatortstaat und ein internationales Gericht die universale Strafverfolgung des Völkermords aus dem Sinn und Zweck der Konvention abzuleiten sei. Da gemäß Art. 1 Völkermordkonvention alle Vertragsstaaten sich verpflichten, Völkermordverbrechen zu verhindern und zu bestrafen, sei die Einführung des Weltrechtsprinzips gerechtfertigt.

Dem BGH zufolge könne aus dem Umstand, dass die Völkermordkonvention das Weltrechtsprinzip nicht vorsieht, nicht gefolgert werden, dass die Anwendung des Weltrechtsprinzips auf Völkermord völkerrechtlich verboten sei. Es besage lediglich, dass die Vertragsstaaten nicht verpflichtet seien, das Weltrechtsprinzip einzuführen. Aufgrund des Völkergewohnheitsrechts und internationaler Verträge sei es den Vertragsstaaten bei der Verfolgung vom Völkermord nicht verwehrt, „innerstaatlich mehr zu tun als das völkerrechtliche Minimum“.[567] Anschließend beruft sich der BGH auf ein Urteil des Internationalen Gerichtshofs (IGH) in Den Haag, wonach „die in die Genozid-Konvention aufgenommenen Rechte und Pflichten erga omnes (für und gegen alle) gelten und die Verpflichtung jedes Staates, das Verbrechen des Völkermordes zu verhüten und zu bestrafen, durch die Konvention nicht territorial begrenzt ist“.[568] Das heißt, die Nicht-Bestrafung eines im Ausland von einem Ausländer begangenen Völkermords bedeutet einen Verstoß gegen eine völkerrechtliche Verpflichtung erga omnes.[569]

Trotz der Anerkennung der Bestrafung des Völkermords als einer Pflicht erga omnes jedes Staates kann die universale Bestrafung des Völkermords nicht auf einem schlichten Völkervertragsrecht (hier Völkermordkonvention) beruhen. Vielmehr wird die universale Bestrafung des Völkermords erst durch ein Völkergewohnheitsrecht, das durch die Unterzeichnung der Völkermordkonvention von der ganz überwiegenden Mehrheit aller Mitgliedsstaaten der UNO und eine allgemeine Staatenpraxis konkretisiert ist, als eine völkerrechtliche Pflicht erga omnes und ein ius cogens angesehen.[570] Es wird im Schrifttum außerdem behauptet, dass die völkergewohnheitsrechtliche Geltung des Weltrechtsprinzips hinsichtlich der im IStGH-Statut enthaltenen Verbrechen damit begründet werde, dass zahlreiche Staaten den aus den Nürnberger Prozessen hergeleiteten Prinzipien zur Durchsetzung der Genfer Abkommen folgen und auf keinen erheblichen Widerstand stießen. Überdies könne das IStGH-Statut auch als eine ausdrückliche Bestätigung der völkerrechtlichen Konformität des Weltrechtsprinzips angesehen werden.[571] Aber betrachtet man die vorstehende Argumentation genauer, stellt sich heraus, dass aus der Staatenpraxis - insbesondere konkretisiert im IStGH-Statut, in dem das Weltrechtsprinzip nicht vorgesehen ist - lediglich eine universale Strafbarkeit des Völkermords abzuleiten ist. Das heißt,

---

567 BGHSt 45, 64, 68.

568 BGHSt 45, 64, 68; International Court of Justice, Reports 1996, 595, 616.

569 Lagodny/Nill-Theobald, JR 2000, S. 205.

570 Merkel, Universale Jurisdiktion bei völkerrechtlichen Verbrechen, S. 258f.

571 Kreß, ZStW 114 (2002), S. 834, 838.

die Begehung des Völkermords darf zwar nicht unbestraft bleiben. Um aber dieser völkerrechtlichen Pflicht erga omnes zur Bestrafung des Völkermords nachzukommen, muss man nicht unbedingt das Weltrechtsprinzip verwenden. Die Anwendung des Weltrechtsprinzips auf Völkermord ist zwar als ein Mittel zur Erfüllung der völkerrechtlichen Pflicht erga omnes völkerrechtgemäß, sie kann jedoch nicht als das einzige notwendige Mittel zur Pflichterfüllung angesehen werden.

Im Schrifttum wird dementsprechend teilweise dafür plädiert, dass sich die effektive Verhütung und Bestrafung des Völkermords nicht allein auf den Staat verlassen sollte, weil Völkermord selbst ein meist vom Staat organisiertes, unterstütztes und geduldetes Verbrechen darstelle. Wegen der Eigenschaft der Staatsbeteiligung könne Völkermord nur auf der internationalen Ebene und durch völkerrechtliche Mittel verhütet und bestraft werden. Dabei sollten vor allem die Vereinten Nationen eine wichtige Rolle spielen.[572] Demzufolge sollten selbst völkerrechtliche Verbrechen wie z. B. Völkermord nicht der Bestrafung durch Nationalstaaten unterliegen. Vielmehr müsse die Strafkompetenz für solche Verbrechen einem internationalen Strafgerichtshof zugetraut werden.[573] Entgegen diesem Vorschlag der zentralen Bekämpfung von Völkerrechtsverbrechen ist jedoch davon auszugehen, dass Staaten, wie im IStGH-Statut festgeschrieben, immer noch die Hauptrolle bei der Bekämpfung und Strafverfolgung von Völkerrechtsverbrechen spielen, während der Internationale Strafgerichtshof lediglich eine ergänzende Strafkompetenz ausüben sollte.

Nach dem Dargestellten bringt das Weltrechtsprinzip als ein Instrument gegen die Straffreiheit des schwerwiegenden Völkermords zwar keine erheblichen Bedenken der Völkerrechtswidrigkeit mit sich. Es ist jedoch darauf hinzuweisen, dass die Anwendung des Weltrechtsprinzips durch Nationalstaaten nicht das einzige Mittel gegen Völkermord ist. Man kann immer darüber nachdenken, ob durch andere internationalstrafrechtliche Prinzipien oder Aburteilung durch andere Staaten oder ein internationales Gericht die Lücken der Strafverfolgung von Völkermord ebenfalls gefüllt werden können.

6.2.2. Verbrechen gegen die Menschlichkeit

Der Tatbestand der Verbrechen gegen die Menschlichkeit ist in § 7 VStGB geregelt.[574] Die Formulierung des Tatbestands ist insbesondere auf Art. 6c „Statut des Internationalen Militärgerichtshofs von Nürnberg", Art. II Nr. 1c „Kontrollratsgesetz Nr. 10", Art. 5c „Statut des Internationalen Militärgerichtshofs für den Fernen Osten", Art. 5 „Statut des Internationalen Strafgerichtshofs

572 Siehe Campbell, § 220a StGB, S. 104ff.; ebenso Triffterer, Dogmatische Untersuchungen zur Entwicklung des materiellen Völkerstrafrechts seit Nürnberg, S. 194.

573 Campbell, § 220a StGB, S. 140ff.

574 Zu Verbrechen gegen die Menschlichkeit siehe Sawicki, ZStW 80 (1968), S. 229ff.

für das ehemalige Jugoslawien", Art. 3 „Statut des Internationalen Strafgerichtshofs für Ruanda" und Art. 7 IStGH-Statut zurückzuführen.[575] Bei den Handlungsformen handelt es sich um vorsätzliche Tötung (§ 7 Abs. 1 Nr. 1 VStGB), Ausrottung (§ 7 Abs. 1 Nr. 2 VStGB), Versklavung (§ 7 Abs. 1 Nr. 3 VStGB), Vertreibung oder zwangsweise Überführung (§ 7 Abs. 1 Nr. 4 VStGB), Folter (§ 7 Abs. 1 Nr. 5 VStGB), sexuelle Gewalt (§ 7 Abs. 1 Nr. 6 VStGB), zwangsweises Verschwindenlassen (§ 7 Abs. 1 Nr. 7 VStGB), Zufügung schwerer körperlicher oder seelischer Schäden (§ 7 Abs. 1 Nr. 8 VStGB), Freiheitsentziehung (§ 7 Abs. 1 Nr. 9 VStGB), Verfolgung (§ 7 Abs. 1 Nr. 10 VStGB) und Verbrechen der Apartheid (§ 7 Abs. 5 VStGB).[576]

Gegenüber Kriegsverbrechen haben sich Verbrechen gegen die Menschlichkeit in einem selbständigen Tatbestand herausgebildet, wobei sie als schwere Menschenrechtsverletzungen nicht nur in internationalen bewaffneten Konflikten, sondern auch in Friedenszeiten und nicht-internationalen bewaffneten Konflikten begangen werden können. Die Verhaltensweisen im Tatbestand der Verbrechen gegen die Menschlichkeit sind weitgehend schon in StGB enthalten. Was den besonderen Unrechtsgehalt der Verbrechen gegen die Menschlichkeit ausmacht und sie zu Völkerrechtsverbrechen werden lässt, ist die Begehung „im Rahmen eines ausgedehnten oder systematischen Angriffs gegen eine Zivilbevölkerung". Die einzelne Tatbegehung muss nämlich mit einem solchen Angriff in einem „funktionalen Zusammenhang" stehen. Mit anderen Worten, die Einzeltaten müssen sich in einen solchen Angriff, also in die „Gesamttat" einfügen.[577]

„Der Angriff gegen die Zivilbevölkerung" als „Gesamttat" bedeutet gemäß Art. 7 Abs. 2 Buchstab. a IStGH-Statut, worauf § 7 VStGB zurückzuführen ist, „eine Verhaltensweise, die mit der mehrfachen Begehung der in Abs. 1 (Art. 7 Abs. 1 IStGH-Statut; Anm. v. Verfasser) genannten Handlungen gegen eine Zivilbevölkerung verbunden ist, in Ausführung oder zur Unterstützung der Politik eines Staates oder einer Organisation, die einen solchen Angriff zum Ziel hat". Hinter der Tatbegehung muss also ein „Kollektiv" stehen, das typischerweise ein Staat im völkerrechtlichen Sinne, aber nicht darauf beschränkt ist. Ausgedehnt ist besonders ein Angriff, der „eine große Anzahl von Opfern in der Zivilbevölkerung" betrifft; ein systematischer Angriff impliziert „einen erheblichen Grad von Planung".[578]

Nach dem Gesagten ist es unzweifelhaft, dass Verbrechen gegen die Menschlichkeit wegen ihrer organisatorischen Gesamtheitsstruktur Weltfrieden und Menschheit als solche in einem besonderen Maß gefährden und somit als universal strafbare Verbrechen angesehen werden können. Insbesondere durch die Praxis mehrerer internationaler Strafgerichte und zahlreicher internationaler

---

575 BR-Drucks. 29/02, S. 43.

576 Zur Erläuterung der einzelnen Tatbestände BR-Drucks. 29/02, S. 44ff.

577 BR-Drucks. 29/02, S. 43f.

578 BR-Drucks. 29/02, S. 44.

Abkommen kann festgestellt werden, dass ein allgemeines Völkergewohnheitsrecht hinsichtlich der universalen Strafbarkeit der Verbrechen gegen die Menschlichkeit entstanden ist. Dementsprechend ist es völkerrechtlich nicht verboten, das Weltrechtsprinzip auf Verbrechen gegen die Menschlichkeit anzuwenden, obwohl die Notwendigkeit ihrer Anwendung noch zu bedenken ist.

6.2.3. Kriegsverbrechen

Die Tatbestände der Kriegsverbrechen sind in §§ 8ff. VStGB verankert. Kriegsverbrechen stehen als völkerrechtliche Verbrechen im Zusammenhang mit einem internationalen oder nicht-internationalen bewaffneten Konflikt. Dabei handelt es sich um Kriegsverbrechen gegen Personen (§ 8 VStGB), Kriegsverbrechen gegen Eigentum und sonstige Rechte (§ 9 VStGB), Kriegsverbrechen gegen humanitäre Operationen und Embleme (§ 10 VStGB), Einsatz verbotener Methoden der Kriegsführung (§ 11 VStGB) und Einsatz verbotener Mittel der Kriegsführung (§ 12 VStGB). Die in §§ 8 bis 12 VStGB beschriebenen Handlungsweisen sind grundsätzlich auch im StGB geregelt. Sie werden jedoch nur dann als Kriegsverbrechen und somit als Völkerrechtsverbrechen klassifiziert, wenn sie im Zusammenhang mit einem bewaffneten Konflikt stehen.[579] Demnach weisen Kriegsverbrechen ebenso einen funktionalen Zusammenhang mit bewaffneten Konflikten auf, wie Verbrechen gegen die Menschlichkeit in einem Zusammenhang mit einem ausgedehnten oder systematischen Angriff gegen eine Zivilbevölkerung stehen.

Abweichend von der Systematik des IStGH-Statuts ist die Zuordnung der Tatbestände der Kriegsverbrechen im Völkerstrafgesetzbuch am traditionellen humanitären Völkerrecht orientiert, das zwischen dem Schutz von Personen und Eigentum einerseits (Genfer Recht) und der Einschränkung des Einsatzes bestimmter Methoden und Mittel der Kriegsführung andererseits (Haager Recht) unterscheidet. Außerdem wird im Völkerstrafgesetzbuch das Strukturprinzip im IStGH-Statut, das zwischen Kriegsverbrechen im internationalen und (Bürger)Kriegsverbrechen im nicht-internationalen bewaffneten Konflikt unterscheidet, entsprechend der völkerrechtlichen Tendenz aufgegeben. Demnach gelten Kriegsverbrechenstatbestände in der Regel sowohl für internationale als auch für nicht-internationale Konflikte.[580]

Das Verbot der Kriegsverbrechen beruft sich zum einen auf das IStGH-Statut und andere völkerrechtliche Abkommen, namentlich die vier „Genfer Rotkreuz-Abkommen“,[581] das Zusatzprotokoll I von 1977 zu den Genfer Abkommen von 1949,[582] das II. Protokoll von 1999 zur „Konvention

---

579 BR-Drucks. 29/02, S. 55.

580 BR-Drucks. 29/02, S. 53.

581 BGBl. 1954 II, S. 781ff.

582 BGBl. 1990 II, S. 1551ff.

zum Schutz von Kulturgut bei bewaffneten Konflikten“ von 1954[583] sowie die auch als Kodifikation des Völkergewohnheitsrechts angesehenen Statute für die internationalen Strafgerichtshöfe für das ehemalige Jugoslawien und für Ruanda sowie deren Rechtsprechungen. Zum anderen beruhen die Vorschriften der Kriegsverbrechen im Völkerstrafgesetzbuch auf dem Völkergewohnheitsrecht, das aus der Staatenpraxis und der sie begleitenden Rechtsüberzeugung entstanden ist. Dabei kommen die völkerrechtliche Staatenpraxis während bewaffneter Konflikte, die einschlägigen Äußerungen insbesondere in Militärhandbüchern sowie die einschlägigen allgemein akzeptierten Erklärungen der wichtigsten Organe internationaler Organisationen bei der Klärung des Völkergewohnheitsrechts in Betracht.[584]

In allen vier Genfer Rotkreuz-Abkommen vom 12. August 1949, die das Verbot der Kriegsverbrechen enthalten, ist eine mit gleichem Wortlaut versehene Vorschrift über die Strafverfolgung der darin geregelten Verbrechen vorhanden. Sie lautet: „Jede Vertragspartei ist zur Ermittlung der Personen verpflichtet, die der Begehung oder Erteilung eines Befehls zur Begehung einer dieser schweren Verletzungen beschuldigt sind; sie stellt sie ungeachtet ihrer Nationalität vor ihre eigenen Gerichte. Wenn sie es vorzieht, kann sie sie auch gemäß den in ihrem eigenen Recht vorgesehenen Bedingungen einer anderen an der gerichtlichen Verfolgung interessierten Vertragspartei zur Aburteilung übergeben, sofern diese gegen die erwähnten Personen ein ausreichendes Belastungsmaterial vorbringt.“[585] Es wird im Schrifttum behauptet, dass diese Vorschrift eine doppelte Verpflichtung enthalte. Demnach ist eine Vertragspartei entweder verpflichtet, die betreffenden Personen zu verfolgen. Oder sie muss sie an einen anderen Staat ausliefern, - gleichgültig, ob er die Abkommen unterzeichnet hat - soweit er ausreichendes Belastungsmaterial vorlegen kann und den Antrag auf Auslieferung gestellt hat. Obwohl diese Vorschrift auf dem Grundsatz „aut dedere aut judicare“ beruht, wird sie von manchen nicht als das Prinzip der stellvertretenden Strafrechtspflege interpretiert. Die Verpflichtung zur Strafverfolgung hänge demnach nicht vom Auslieferungsersuchen ab, und die Nicht-Auslieferung stelle somit nicht die Voraussetzung eigener Strafverfolgung dar.[586] Diese Umdeutung der betreffenden Vorschrift in den vier Genfer Rotkreuz-Abkommen weicht vom Stellvertretungsprinzip ab und führt letztlich zum Weltrechtsprinzip.

Wie bei der Erläuterung des Völkermords gezeigt, kann die Bestrafung der Kriegsverbrechen nach dem Weltrechtsprinzip nicht auf dem Völkervertragsrecht beruhen. Die Rechtfertigung der Weltrechtspflege über Kriegsverbrechen ergibt sich demnach nicht aus den vier Genfer Rotkreuz-Abkommen als solchen,

---

583 38 International Legal Materials 769, 1999.

584 BR-Drucks. 29/02, S. 52f.

585 Art. 49 II des I. Genfer Abkommens, BGBl. 1954 II, S. 800f.; Art. 50 II des II. Genfer Abkommens, BGBl. 1954 II, S. 829; Art. 129 II des III. Genfer Abkommens, BGBl. 1954 II, S. 889f.; Art. 146 II des IV. Genfer Abkommens, BGBl. 1954 II, S. 968.

586 Dahm/Delbrück/*Wolfrum*, Völkerrecht, Bd. I/3, S. 1008, 1011.

vielmehr setzt die Anwendung des Weltrechtsprinzips eine allgemein-völkerrechtliche Rechtfertigung voraus, die durch die vier Genfer Rotkreuz-Abkommen, andere Abkommen und die Staatenpraxis völkergewohnheitsrechtlich zum Ausdruck kommt.[587] Demzufolge ist anzunehmen, dass die Anwendung des Weltrechtsprinzips auf Kriegsverbrechen nach allgemeinem Völkergewohnheitsrecht völkerrechtmäßig ist.

6.3. Die Gesamtbewertung von § 6 StGB und § 1 VStGB

Wie oben ausgeführt, sind die geschützten Rechtsgüter der Tatbestände, die nach § 6 StGB und § 1 VStGB dem Weltrechtsprinzip unterliegen, unterschiedlichen Völkerrechtssubjekten zuzuordnen, nämlich dem einzelnen Staat und der gesamten Staatengemeinschaft.[588] Insbesondere geht es bei den meisten Tatbeständen in § 6 StGB gar nicht um Rechtsgüter der gesamten Staatengemeinschaft, so dass sie der Überschrift „Auslandstaten gegen international geschützte Rechtsgüter" nicht gerecht werden.

Darüber hinaus haben nicht alle Tatbestände in § 6 StGB eine völkerrechtliche Legitimationsgrundlage. Selbst wenn die Bestrafung der betreffenden Delikte in völkerrechtlichen Verträgen vorgesehen ist, fehlt es in der Regel an einer Bestimmung für die Anwendung des Weltrechtsprinzips. Dies liegt daran, dass ein völkerrechtlicher Vertrag an sich keine universale Verbindlichkeit erzeugen kann. Da die notwendige allgemein-völkerrechtliche Grundlage für die Legitimation des Weltrechtsprinzips abgesehen von der Piraterie bei anderen Delikten in § 6 StGB nicht vorhanden ist, soll die Weltrechtspflege über solche Delikte als völkerrechtswidrig angesehen werden.[589]

Im Vergleich zu § 6 StGB ist die universale Strafverfolgung der im Völkerstrafgesetzbuch enthaltenen Verbrechen aufgrund des Völkergewohnheitsrechts als eine völkerrechtliche Pflicht *erga omnes* und zugleich ein *ius cogens* anerkannt.[590] Obwohl die Weltrechtspflege über diese Völkerstraftaten durch den Nationalstaat als völkerrechtmäßig anzusehen ist, muss man jedoch bedenken,

---

587 Merkel, Universale Jurisdiktion bei völkerrechtlichen Verbrechen, S. 263, Fn. 70.

588 Merkel, Universale Jurisdiktion bei völkerrechtlichen Verbrechen, S. 248.

589 So schon längst behauptet v. Bar, Gesetz und Schuld im Strafrecht, Bd. 1: Das Strafgesetz, Berlin 1906, S. 183ff.

590 BVerfG-Kammerbeschluß vom 12. 12. 2000 - 2 BvR 1290/99, in: JZ 2001, 975, 976; MünchKommStGB/*Ambos*, § 6, Rn. 7; Merkel, Rechtshistorisches Journal 14 (1995), S. 521f.; Merkel, Universale Jurisdiktion bei völkerrechtlichen Verbrechen, S. 251f.; Lagodny/Nill-Theobald, JR 2000, S. 205f.; Werle, JZ 2000, S. 758f.; Werle, Völkerstrafrecht, Rn. 176; Eser, FS Meyer-Goßner, 2001, S. 17; Kreß, NStZ 2000, 624f. Obwohl sie alle grundsätzlich nur auf das Völkermordverbot verweisen, sollten die anderen völkerstrafrechtlichen Verbrechen aufgrund der Betroffenheit der gesamten Völkergemeinschaft und vor allem ihrer vergleichbaren Rechtsgrundlage mit dem Völkermord gleich behandelt werden.

ob derartige Strafgewaltsausübung durch einen Staat, der in keiner unmittelbaren Beziehung zu Tat, Täter und Opfer steht, ein geeignetes Mittel zum Zweck der Völkerrechtsverbrechensbekämpfung darstellt. Mit anderen Worten, die Veranlassung zur Bestrafung einer Völkerstraftat durch ein ausländisches oder internationales Gericht stellt auch ein Mittel zur Erfüllung völkerrechtlicher Pflicht erga omnes dar, weil der Täter nicht straffrei auskommen würde. Die Weltrechtspflege ist nämlich nicht der einzige Weg zur Erfüllung völkerrechtlicher Pflichten erga omnes und zur gerechten Bestrafung von Völkerstraftätern.

6.4. Die strafprozessualen Regelungen über das Weltrechtsprinzip

Hinsichtlich der Auslandstaten, die dem Weltrechtsprinzip unterliegen, ist die Möglichkeit des Absehens von inländischer Strafverfolgung in § 153c und § 153f StPO geregelt, der durch Art. 3 Nr. 5 des Gesetzes zur Einführung des Völkerstrafgesetzbuchs v. 26. 6. 2002[591] neu geschaffen ist. Die Regelung des Absehens von der Strafverfolgung dient dazu, eine prozessuale Korrektur des umfangreich ausgedehnten Anwendungsbereichs der deutschen Strafgewalt zu ermöglichen. Dabei wird berücksichtigt, dass der Staat bei Auslandstaten in der Regel geringere Strafverfolgungsinteressen hat und nicht zuletzt aus justizökonomischer Sicht ein besonders hoher Aufklärungsaufwand für Auslandstaten erforderlich ist. Darüber hinaus spielt der außerprozessuale Faktor staatspolitischer Gegeninteressen eine wichtige Rolle beim Absehen von der Strafverfolgung von Auslandstaten.[592] Da politische Gesichtspunkte bei diesen Vorschriften im Vordergrund stehen, ist die Mitwirkung des Gerichts nicht erforderlich.[593]

Bei § 153c StPO geht es um Taten mit Auslandsberührung, die durch Tatort, Ort der Verurteilung und Vollstreckung im Ausland klassifiziert sind.[594] Demnach ist diese Vorschrift auch auf die nach dem Weltrechtsprinzip zu verfolgenden Auslandstaten anzuwenden. Das Anliegen des § 153c StPO besteht darin, dass die durch Vielfältigkeit der Rechtsordnungen entstandenen Konflikte sachgemäß und gerecht gelöst werden können.[595] Im folgenden sei auf die mit dem Weltrechtsprinzip zusammenhängenden Regelungen in § 153c StPO hingewiesen. Nach § 153c Abs. 1 Nr. 1 StPO kann die Staatsanwaltschaft von der Strafverfolgung absehen, wenn eine Straftat außerhalb des räumlichen Geltungsbereichs der Strafprozessordnung begangen wurde. Die Strafverfolgung kann gemäß § 153c Abs. 2 StPO auch unterbleiben, wenn entweder die Auslandstat schon durch eine im Ausland vollgestreckte Strafe *ausreichend* geahn-

---

[591] BGBl. 2002 I, S. 2254ff.

[592] LR-StPO/*Beulke*, § 153c, Rn. 2; Merkel, Universale Jurisdiktion bei völkerrechtlichen Verbrechen, S. 239.

[593] Meyer-Goßner, StPO, § 153c, Rn. 1.

[594] KK-StPO/*Schoreit*, § 153c, Rn. 1.

[595] LR- StPO/*Meyer-Goßner*, 23. Aufl., § 153c, Rn. 1.

det wurde oder der Beschuldigte im Ausland schon rechtskräftig freigesprochen worden ist. Gemäß § 153c Abs. 4 StPO kann die wegen einer Auslandstat bereits erhobene Anklage auf Grund der Staatsinteressen in jeder Lage des Verfahrens zurückgenommen und das Verfahren eingestellt werden.

Der große Ermessensspielraum der Staatsanwaltschaft bei der Nichtverfolgung von Auslandstaten hat im Schrifttum rechtsstaatliche Bedenken hervorgerufen. Angesichts der überwiegenden staatspolitischen Überlegungen des § 153c StPO wird davon gesprochen, „die Politik überrollt hier die Rechtspflege".[596] Dieses Bedenken wird jedoch durch die Behauptung zurückgewiesen, dass die Staatsanwaltschaft in jedem Fall rechtsstaatlich zu handeln und das öffentliche Interesse zu beachten hat.[597] Darüber hinaus wird im Schrifttum behauptet, dass das staatsanwaltschaftliche Verfolgungsermessen eingeschränkt werden sollte, wenn die inländische Strafverfolgung auf einer völkerrechtlichen Strafverfolgungspflicht beruht.[598] Die Staatsanwaltschaft ist demnach in ihrem Verfolgungsermessen nicht völlig frei.

Das eigentliche Problem des § 153c StPO liegt m. E. nicht in einem zu großen Ermessensspielraum der Staatsanwaltschaft. Dies ist lediglich die notwendige Konsequenz der starken kompetenzanmaßenden Eigenschaft des deutschen Internationalen Strafrechts. Die Suche nach einer Lösung für das ursprüngliche Problem verlagert sich quasi von seinem Herkunftsland, nämlich Strafanwendungsrecht in das Fremdland (Strafprozessrecht). Infolgedessen kann die notdürftig gefundene Lösung naturgemäß nicht zufriedenstellend sein.

Mit dem Inkrafttreten des Völkerstrafgesetzbuchs wird das Absehen von Strafverfolgung in Hinsicht auf die Weltrechtspflege in zwei Fälle eingeteilt, die abgestufte Einschränkungen der Verfolgungspflicht darstellen.[599] Zum einen bezieht sich § 153c StPO auf allgemeine Auslandstaten. Zum anderen betrifft § 153f StPO die Straftaten nach dem Völkerstrafgesetzbuch. Demnach wird bei Taten nach § 6 StGB die Möglichkeit des Absehens von deutscher Strafverfolgung gemäß der allgemeinen Vorschrift des § 153c StPO gewährt. Bei Straftaten nach dem Völkerstrafgesetzbuch kann von der Strafverfolgung abgesehen werden, wenn die speziellen Voraussetzungen in § 153f StPO erfüllt sind. Demnach führt § 153f StPO zu einer „besonderen Ermessensstrukturierung im Sinne einer Beschränkung".[600] Bei Auslandstaten nach dem Völkerstrafgesetzbuch sind gemäß § 153f StPO zwei Fälle voneinander zu unterscheiden. Für Auslandstaten mit Inlandsbezug besteht eine prinzipielle Verfolgungspflicht auf-

---

596 LR- StPO/*Meyer-Goßner*, 23. Aufl., § 153c, Rn. 25.

597 Statt vieler KK-StPO/*Schoreit*, § 153f, Rn. 2.

598 LK-StGB/*Gribbohm*, § 6, Rn. 83; Wirth/Harder, ZRP 2000, S. 147, Fn. 33; Eser, FS Meyer-Goßner, 2001, S. 26f.; MünchKommStGB/*Ambos*, § 6, Rn. 32 behauptet sogar, dass „völkerrechtliche Abkommen, die eine Verfolgungspflicht enthalten, das Verfolgungsermessen auf Null reduzieren".

599 Meyer-Goßner, StPO, § 153f, Rn. 1.

600 BR-Drucks. 29/02, S. 85; KK-StPO/*Schoreit*, § 153f, Rn. 1.

grund des Legalitätsprinzips. Bei den Fällen ohne Inlandsbezug wird in erster Linie ausländischen und in zweiter Linie internationalen Strafverfolgungsbehörden der Vorrang bei der Strafverfolgung gewährt, um die deutschen Ermittlungsbehörden von der unheimlich sensiblen Entscheidung für Strafverfolgung gegen Ausländer wegen einer Auslandstat zu entlasten.[601]

Gemäß § 153f Abs. 1 S. 1 StPO ist bei einer Auslandstat nach dem Völkerstrafgesetzbuch dann von der Strafverfolgung abzusehen, wenn sich der Beschuldigte nicht im Inland aufhält und ein solcher Aufenthalt nicht zu erwarten ist. Wenn der Täter Deutscher ist, kann nach § 153f Abs. 1 S. 2 StPO nur dann von der Strafverfolgung abgesehen werden, wenn die Tat von einem internationalen Gerichtshof oder durch ein Gericht von Tatortstaat oder Heimatstaat des Opfers verfolgt wird.

Gemäß § 153f Abs. 2 S. 1 StPO kann die Staatsanwaltschaft „insbesondere" von der Verfolgung einer Tat absehen, wenn die folgenden Bedingungen erfüllt sind: 1. Es besteht kein Tatverdacht gegen einen Deutschen. 2. Die Tat wurde nicht gegen einen Deutschen begangen. 3. Kein Tatverdächtiger hält sich im Inland auf und ein solcher Aufenthalt ist auch nicht zu erwarten. 4. Die Tat wird vor einem internationalen Gerichtshof oder durch einen Staat insoweit verfolgt, als die Tat entweder auf dessen Gebiet begangen wurde, oder dessen Angehöriger der Tat verdächtig ist, oder dessen Angehöriger durch die Tat verletzt wurde. Der sprachliche Ausdruck „kann insbesondere" in dieser Vorschrift ist nicht ganz klar. Es ist davon auszugehen, dass der Verzicht auf den Ausdruck „soll" lediglich ausdrücken will, dass vom Legalitätsprinzip keine Abstriche gemacht werden sollten. Da allein aus § 153f Abs. 1 S. 1 StPO eine allgemeine Möglichkeit des Absehens von der Strafverfolgung nach dem staatsanwaltschaftlichen Ermessen für die Fälle des Abs. 2 S. 1 abzuleiten ist, besitzt die letztgenannte Vorschrift nur eine Hervorhebungsfunktion.[602] Nach § 153f Abs. 2 S. 2 StPO ist es auch möglich, von der Strafverfolgung abzusehen, selbst wenn sich der ausländische Täter im Inland aufhält, aber die Tat nicht gegen einen Deutschen begangen wurde und die Überstellung an einen internationalen Gerichtshof oder die Auslieferung an den verfolgenden Staat zulässig und beabsichtigt ist. Verfahrensrechtlich kann in den Fällen des § 153f Abs. 1 und 2 StPO die bereits erhobene öffentliche Klage in jeder Lage des Verfahrens zurückgenommen und das Verfahren eingestellt werden.

Nach dem Dargestellten verfolgt der neu eingeführte § 153f StPO ein Konzept der eingestuften Zuständigkeitspriorität. Die primäre Strafverfolgungskompetenz wird demnach dem Tatortstaat, dem Heimatstaat von Täter oder Opfer sowie einem zuständigen internationalen Gerichtshof zugesprochen. Die Strafverfolgungszuständigkeit von Deutschland ist hingegen als Auffangzuständigkeit gegenüber den primär zuständigen Gerichtsbarkeiten zu verstehen. Aufgrund dieses Subsidiaritätsgedankens hat die Auslieferung bzw. Überstellung

---

601 BR-Drucks. 29/02, S. 85; KK-StPO/*Schoreit*, § 153f, Rn. 2f.

602 KK-StPO/*Schoreit*, § 153f, Rn. 7.

an die betreffenden Staaten oder den internationalen Strafgerichtshof grundsätzlich Vorrang vor der subsidiären deutschen Strafverfolgung.[603] Der Grund für die subsidiäre Gerichtsbarkeit Deutschlands liegt darin, dass der Tatortstaat und der Heimatstaat von Täter oder Opfer ein besonderes Interesse an der Strafverfolgung und in der Regel auch größere Nähe zu den Beweismitteln haben. Neben der Strafverfolgung durch einen betroffenen Staat kann die Bestrafung durch einen internationalen Gerichtshof den Gedanken der internationalen Solidarität idealiter verwirklichen. Darüber hinaus verfügt ein internationaler Gerichtshof über weitreichendere Möglichkeit, Beweismittel im Wege der (vertikalen) strafrechtlichen Zusammenarbeit zu erlangen.

Trotz der Anerkennung der vorrangigen Strafkompetenz der tatnahen Staaten und des internationalen Strafgerichts für Völkerstraftaten ist lediglich ein fakultatives Absehen von der Strafverfolgung in § 153f StPO vorgesehen. Ein wichtiger Grund dafür besteht darin, dass eine anderweitige Strafverfolgung im Ausland nur zum Schein und ohne ernsthaften Verfolgungswillen durchgeführt werden könnte, um den Beschuldigten sonstiger Strafverfolgung zu entziehen.[604] Das Bestehen auf der Anwendbarkeit des eigenen Strafrechts und der eigenen Gerichtsbarkeit ist also auf Skepsis gegenüber anderen Staaten zurückzuführen.

In der Rechtsprechung des BGH sind die strafprozessualen Regelungen über das Absehen von Strafverfolgung hinsichtlich des Weltrechtsprinzips besonders hervorgehoben. Die Anwendung des Weltrechtsprinzips wird dem BGH zufolge nicht zuletzt dadurch gerechtfertigt, dass die Staatsanwaltschaft hinsichtlich ausländischer Interessen einen freien Raum des Verfolgungsermessens nach dem *Opportunitätsprinzip* hat.[605] Aber angesichts zahlreicher deutsch-gerichtlicher Urteile entsteht der Eindruck, dass der Respekt vor fremden Weltanschauungen und ausländischen Rechtsordnungen die deutschen Strafverfolgungsinteressen nicht erheblich überwiegt.[606] Die prozessuale Lösung zur Einschränkung des umfassenden Geltungsbereichs der deutschen Strafgesetze ist zwar „modern", jedoch nicht überzeugend.[607] Wenn also nach § 153f StPO den Gerichten der tatnahen Staaten und einem internationalen Gericht ein zwar nicht zwangsläufiger, jedoch prinzipieller Vorrang bei der Ausübung der Gerichtsbarkeit gewährt wird, der nur aus Bedenken der mit dem Staat eng zusammenhängenden Eigenart von Völkerrechtsverbrechen nicht absolut verwendet wird, ist nicht zu erklären, warum die in § 6 StGB enthaltenen Delikte, die kein solches Bedenken mit sich bringen würden, nicht primär von anderen tatnahen Staaten bestraft werden sollten.

---

603 BR-Drucks. 29/02, S. 86ff.

604 BR-Drucks. 29/02, S. 87.

605 BGHSt 34, 334, 336f.; zustimmend Eser, FS Trechsel, 2002, S. 227f.

606 Vogler, JR 1988, 139, 141; ebenso Merkel, Universale Jurisdiktion bei völkerrechtlichen Verbrechen, S. 243.

607 Lagodny/Nill-Theobald, JR 2000, S. 206.

7. Schlussfolgerung und Ausblick

In der gegenwärtigen Weltgesellschaft rücken verschiedene Staaten, Völker und Kulturen immer näher zusammen. Trotz vielfältiger Differenzen in Wert- und Rechtsordnungen, die sich aus ihrer Kontextgebundenheit ergeben, ist festzustellen, dass ein gemeinsamer Nenner in bezug auf Interessen, Güter und Werturteile gefunden werden kann und soll. Andernfalls würde die Welt nicht durch einen Gerechtigkeitssinn zusammengehalten werden. Jede internationale Zusammenarbeit und gerechte Lösung zur Austragung internationaler Konflikte wären auch undenkbar. Ein solcher Konsens darf allerdings nicht in einem Wertvakuum entstehen. Die vermeintliche Neutralität, welche die Vielfältigkeit von Werten und Normen verschiedener Nationen und Kulturen unberücksichtigt lässt, könnte oft zum Zweck der Aufoktroyierung der eigenen Wertvorstellung missbraucht werden. Auf der Suche nach einem Konsens für grundlegende Werte und Normen der Völkergemeinschaft ist nämlich ein ständig durchgeführter Dialog zwischen Nationen, Kulturen und Wertgemeinschaften unabdingbar.

Unter der Voraussetzung, dass es in der Staatengemeinschaft international anerkannte Rechtsgüter und universal gültige Rechtsnormen gibt, muss bedacht werden, wie sie geschützt und durchgeführt werden können. Das heißt, selbst bei der Anerkennung bestimmter Rechtsgüter, die international strafrechtlich schutzwürdig sind, stehen immer noch zahlreiche Mechanismen zu ihrem Schutz zur Verfügung. Vor diesem Hintergrund muss man insbesondere über die Legitimation und Notwendigkeit der inländischen Bestrafung nach dem Weltrechtsprinzip nachdenken. Staaten können sich zwar durch das Völkerrecht zur gemeinsamen strafrechtlichen Bekämpfung international geächteter Verbrechen verpflichten, um zur internationalen Solidarität beizutragen. Dies führt jedoch nicht zwangsläufig zur Einführung des Weltrechtsprinzips. Angesichts des Bedenkens des Nichteinmischungsgebots ist das Weltrechtsprinzip völkerrechtlich äußerst problematisch. Daher braucht die Anwendung des Weltrechtsprinzips auf ein Delikt eine legitime völkerrechtliche Grundlage. Wegen der ausgeschlossenen Drittwirkung zwischenstaatlicher Abkommen kann das Weltrechtsprinzip, das eine über die Vertragsparteien hinaus gehende universale Geltung beansprucht, völkervertragsrechtlich nicht gerechtfertigt werden. Dies zeigt sich insbesondere daran, dass es kein internationales Abkommen gibt, in dem die Anwendung des Weltrechtsprinzips ausdrücklich vorgesehen ist. Dementsprechend lässt sich das Weltrechtsprinzip nur durch eine allgemein-völkerrechtliche Norm, die nicht nur die universale Strafbarkeit eines bestimmten Delikts, sondern auch die Anwendung des Weltrechtsprinzips deutlich vorschreibt, völkerrechtlich rechtfertigen. Die Behauptung, dass die Bekämpfung bestimmter Delikte aufgrund des Völkerrechts nur mit der Einführung des Weltrechtsprinzips erfolgen könnte, verkennt die Tatsache, dass die völkerrechtliche Anerkennung der Strafbarkeit bestimmter Delikte nicht zwangsläufig zur Inanspruchnahme des Weltrechtsprinzips, also zur Strafverfolgung durch jeden Nationalstaat führen würde. Durch die inländische Bestrafung aufgrund anderer internationalstrafrechtlicher Prinzipien oder die Bestrafung durch einen tatnahen Staat oder ein internationales Gericht kann der Zweck der universalen Strafverfolgung international geächteter Verbrechen genauso erreicht werden, ohne die primäre Strafkompetenz anderer Staaten anzutasten und somit internationale Konflikte zu erzeugen.

Die Unnötigkeit des Weltrechtsprinzips lässt sich insbesondere durch den Umstand deutlich erkennen, dass selbst das IStGH-Statut zur Bestrafung von Völkerrechtsverbrechen das Weltrechtsprinzip auch nicht heranzieht. Wenn das Völkerstrafrecht, das der Bestrafung international schwerwiegender Verbrechen dient, seine Anwendung bislang entweder ad hoc auf Sachverhalte zur bestimmten Zeit, am bestimmten Ort bezieht, oder, wie das Römische Statut vorschreibt, nur das Territorialitätsprinzip einschließlich des Flaggenprinzips und das aktive Personalitätsprinzip im weiteren Sinne verwendet, ist die nationale Strafverfolgung nach dem Weltrechtsprinzip ohne Zustimmung der betroffenen Staaten äußerst fragwürdig.

Obwohl die Bestrafung nach dem Weltrechtsprinzip dem Abzuurteilenden keine Möglichkeit überlässt, bei der Bestimmung und Gestaltung der anzuwendenden nationalen Strafrechtsnormen mitzuwirken, kann von einem Verstoß gegen das Demokratieprinzip keine Rede sein. Die anderen legitimen Prinzipien des Internationalen Strafrechts, abgesehen vom aktiven Personalitätsprinzip, gewähren Ausländern auch keine Möglichkeit zur Bestimmung der anzuwendenden inländischen Strafgesetze. Genauer besehen, das demokratische Defizit des Weltrechtsprinzips besteht eigentlich darin, dass ein Staat aufgrund des innerstaatlichen Weltrechtsprinzips bestimmte Rechtsnormen einseitig als universal verbindlich und zwar mit der Strafdrohung erklären könnte. Obgleich die anzuwendenden Strafgesetze durch ein nationales demokratisches Verfahren zustande gekommen sind, ist es anderen Staaten jedoch verwehrt, bei der Anerkennung und Gestaltung universal gültiger Rechtsnormen und nicht zuletzt der Bestimmung ihrer Durchsetzungsmaßnahmen mitzuwirken. Das heißt, das Weltrechtsprinzip verstößt zwar nicht unmittelbar gegen das Demokratieprinzip auf der nationalstaatlichen Ebene, es ist jedoch mit dem Prinzip der souveränen Staatengleichheit, also einem Demokratieprinzip im weiteren Sinne auf der globalen Ebene nicht vereinbar. Außerdem, da der Täter bei den Fällen, in denen die Strafbarkeit und der Strafmaß ein- und derselben Tat in In- und Ausland unterschiedlich ausfallen, keine Möglichkeit hat, die Strafbarkeit und den Strafmaß seines Verhaltens im Ausland zu erkennen, könnte die nationale Strafverfolgung aufgrund des Weltrechtsprinzips in etlichen Fällen dem Sinn und Zweck des Gesetzlichkeitsprinzips und Schuldprinzips nicht entsprechen.

Darüber hinaus hat es unter dem straftheoretischen Aspekt wenig Sinn, die Bestrafung in einem Land durchzuführen, das zum Täter keinen Zusammenhang aufweist. Dieses Problem spitzt sich insbesondere zu, weil es in § 6 StGB etliche Tatbestände gibt, die keinen besonders schwerwiegenden Unrechtsgehalt aufweisen und in verschiedenen Ländern unterschiedlich bewertet sind. Ob der Täter in einem fremden Land durch die Strafe resozialisiert werden kann, ist auch ganz und gar fragwürdig. Generalpräventiv kann die Strafe bei den Fällen, in denen ein Normkonflikt zwischen Staaten vorliegt, auch problematisch sein. Durch die einseitige Bestrafung kann nämlich nicht erwartet werden, dass „potenzielle Täter“ im Ausland mit ihren eigenen nicht ungerechtfertigten Rechtsvorstellungen abgeschreckt werden könnten, geschweige denn, dass ein gemeinsames Rechtsbewusstsein durch die Aufzwingung der eigenen Rechtsvorstellung in der Staatengemeinschaft entstände.

Alles in allem können lediglich die im Völkerstrafgesetzbuch enthaltenen Verbrechen und die Piraterie (Seeräuberei) nach § 6 Nr. 3 StGB eine völkergewohnheitsrechtliche Grundlage für ihre universale Strafbarkeit und die Anwendung des Weltrechtsprinzips aufweisen. Da es bei anderen Tatbeständen in § 6 StGB an einer legitimen Völkerrechtsgrundlage für die Anwendung des Weltrechtsprinzips fehlt, ist die Völkerrechtmäßigkeit des § 6 StGB weitgehend fragwürdig. Indes bleibt die fragwürdige Rechtslage des § 6 StGB leider durch die „Sorg- und Rücksichtslosigkeit“ des deutschen Strafgesetzgebers, nicht zuletzt durch die „Beiläufigkeit und Undifferenziertheit“ der Rechtsprechung und Lehre immer noch ungeändert.[608] Obwohl die Anwendung des Weltrechtsprinzips auf Piraterie, Völkermord, Verbrechen gegen die Menschlichkeit und Kriegsverbrechen völkerrechtmäßig ist, muss man sich angesichts der Bedenken in verfassungsrechtlicher, straftheoretischer und pragmatischer Hinsicht jedoch fragen, ob das Weltrechtsprinzip die beste Option zur Bekämpfung internationaler Verbrechen ist und ob es andere Optionen gibt, die denselben Zweck erfüllen, aber unnötige internationale Konflikte vermeiden können.

Georg Dahm hat vor knapp 50 Jahren vor einem gewissen „Strafenthusiasmus“ gewarnt. Er wies darauf hin, dass „es nicht die Aufgabe des Strafrechts und schon gar nicht des Völkerstrafrechts sein kann, mehr oder weniger jedes Unrecht zu pönalisieren, sondern nur, wirklich unerträgliche Verstöße gegen das Völkerrecht, das ‚unerträgliche Beispiel‘ zu ahnden“.[609] Diese Behauptung gilt erst recht für die Anwendung der nationalen Strafrechtsnormen aufgrund des Weltrechtsprinzips. Nach *Oehler* ist die Auffassung, dass „alle Staaten kumulativ auf Grund des Weltrechtspflegeprinzips zur Aburteilung berechtigt wären“, äußerst problematisch. Ihm zufolge sind zwar alle Staaten aufgrund des Weltrechtsprinzips im gewöhnlichen Sinne berechtigt, den Täter abzuurteilen. Der Strafanspruch aller Staaten soll jedoch erloschen sein, wenn ein Staat den Täter schon abgeurteilt hat und die Strafe auch verbüßt worden ist. Will ein anderer Staat den Strafanspruch noch unter Berufung auf das Weltrechtsprinzip erheben, sollte er mindestens die vom Täter in einem anderen Staat verbüßte Strafe anrechnen. Aus Gerechtigkeitsgründen soll die Strafverfolgung nach dem Weltrechtsprinzip eine Strafdrohung am Tatort voraussetzen. Das Strafmaß soll

[608] Merkel, Universale Jurisdiktion bei völkerrechtlichen Verbrechen, S. 244.
[609] Dahm, Zur Problematik des Völkerstrafrechts, S. 49f.

auch das am Tatort geltende nicht überschreiten.[610] „Die Frage des „ne bis in idem" ist insoweit nicht strafprozessualer Natur, sondern gehört mit zum Wesen des Weltrechtspflegeprinzips."[611]

Um internationale Konflikte zu vermeiden, die sich wegen der Kompetenzanmaßung und der zwischenstaatlichen Auseinandersetzung über die Strafwürdigkeit bestimmter Taten ergeben, sollte aber besser auf das konfliktträchtige Weltrechtsprinzip verzichtet werden.[612] Anstatt der Anwendung des Weltrechtsprinzips ist eher eine verstärkte internationale Kooperation zur Bekämpfung internationaler Verbrechen angebracht.[613] Um fremden Rechtsordnungen gebührende Achtung zu zollen, sollte das Weltrechtsprinzip in Gestalt des Stellvertretungsprinzips umgewandelt werden.[614] Dadurch kann man einerseits der internationalen Solidarität bei der Verbrechensbekämpfung gerecht werden, andererseits wird durch die Subsidiarität inländischer Strafverfolgung die primäre Strafkompetenz anderer tatnaher Staaten nicht angetastet. Dementsprechend soll die Auslieferung des Täters an einen tatnahen Staat der Ausübung eigener Gerichtshoheit vorgehen. Nur wenn die Auslieferung nicht erfolgen kann, soll erst die Bestrafung durch den Ergreifungsstaat unter der Voraussetzung in Betracht kommen, dass dieselbe Tat am Tatort auch strafbar ist.

Durch die Umwandlung des Weltrechtsprinzips ins Stellvertretungsprinzip wird man jedoch mit etlichen Problemen konfrontiert. Zuerst könnte die effektive Strafverfolgung zum Schutz grundlegender Menschenrechte dadurch verhin-

---

610 Oehler, FS Grützner, 1970, S. 126; ebenso Schultz, GA 1966, S. 199f.

611 Oehler, Internationales Strafrecht, Rn. 906; ebenso Lagodny/Nill-Theobald, JR 2000, S. 207; Endriß/Kinzig, StV 1997, S. 666f.

612 Keller, FS Lüderssen, 2002, S. 429f.; Werle, Völkerstrafrecht, Rn. 177f. gibt zwar zu, dass das Weltrechtsprinzip ein erhebliches Missbrauchspotenzial besitzt. Wegen der Befürchtung über die Straflosigkeit von Völkerrechtsverbrechen besteht er jedoch immer auf der Anwendung des Weltrechtsprinzips auf Völkerrechtsverbrechen.

613 Kunig, JuS 1978, S. 594, 596.

614 Oehler, FS Grützner, 1970, S. 126; Oehler, JR 1977, S. 426; Oehler, FS Carstens, 1984, S. 447f. Hinsichtlich des § 6 StGB ebenso Schultz, SchwJIR 19 (1962), S. 30; Schultz, SchwJZ 60 (1964), S. 83; Schultz, GA 1966, S. 199f.; Schultz, FS Tröndle, 1989, S. 901f., Fn. 52; Merkel, Universale Jurisdiktion bei völkerrechtlichen Verbrechen, S. 251; Stratenwerth, Strafrecht AT I, S. 66; vgl. auch AE-AT, § 6, S. 37. Nach Schwaighofer, Auslieferung und Internationales Strafrecht, S. 74. soll aufgrund des Weltrechtsprinzips lediglich ein subsidiärer Strafanspruch erhoben werden, woraufhin die Auslieferung des Täters der Selbstbestrafung vorausgehen soll. Dahm, Völkerrecht, Bd. I, S. 257 spricht von subsidiärem oder qualifiziertem Weltrechtsprinzip. Nach Wengler, Völkerrecht, Bd. II, S. 942 ist völkerrechtlich unbedenklich, „wenn der betreffende Staat damit im Effekt Strafdrohung des Tatorts, oder des Wirkungsorts, oder des Heimatstaates des Täters gegen Akte, die in allen zivilisierten Staaten strafbar sind, vollzieht". Nach Koenig, Grundzüge des internationalen Strafrechts, S. 21ff. ist sogar die Umwandlung des Weltrechtsprinzips ins Stellvertretungsprinzip auch unhaltbar, weil die identische Norm in Aburteilstaat und Tatortstaat wegen der tiefgreifenden Verschiedenheit der Rechtsordnungen nicht zu bestimmen ist.

dert werden, dass das Erfordernis der Strafbarkeit am Tatort für das Stellvertretungsprinzip nicht erfüllt würde. Dies liegt daran, dass menschenrechtswidrige Verbrechen oft von ausländischen Regimes absichtlich und systematisch geduldet oder gar gefördert und somit von den Regimes nicht unter Strafe gestellt werden.[615] Dieses Problem kann jedoch dadurch behoben werden, dass die gegen Menschenrechte verstoßende ausländische Gesetzeslage bei der Bewertung der lex loci ausscheiden sollte.[616] Aber derartige Außerachtlassung ausländischer Gesetzeslage sollte sich auf ein Minimum, wie z. B. krasse Menschenrechtsverletzungen beschränken. Über dieses Maß hinaus ist die universale Strafverfolgung durch jeden Nationalstaat ungeachtet der Rechtsvorstellung und Zuständigkeit anderer Staaten nicht erforderlich und gar konfliktträchtig.

Das andere Problem des Stellvertretungsprinzips liegt darin, dass das Auslieferungsersuchen von einem fremden Staat mangels ernsthaften Verfolgungswillens lediglich eine Scheinstrafverfolgung sein könnte. Dieses Problem kommt in der Regel nur im Zusammenhang mit Völkerrechtsverbrechen, also bei Straftaten mit der Unterstützung des Staates vor. Um dieses Problem zu lösen, kann entsprechend dem IStGH-Statut der Mechanismus eingeführt werden, dass die inländische Strafverfolgung weiter durchgeführt werden soll, wenn der Auslieferung ersuchende Staat nicht willens oder nicht in der Lage ist, den Täter zu bestrafen.[617] Mit anderen Worten, nur bei Fällen der Verletzung fundamentaler Menschenrechte ist die Abweichung des Einzelstaates von dem Konsens der Staatengemeinschaft zu verwerfen und verdient somit keine Beachtung.

Während das Stellvertretungsprinzip bei der Anwendung auf Völkerrechtsverbrechen wegen der regelmäßigen Verwicklungen vom Staat eine Modifikation braucht, soll das Stellvertretungsprinzip im eigentlichen Sinne auf „normale“ Auslandstaten von Ausländern angewandt werden. Da der Meinungsunterschied bezüglich der Strafbarkeit der letzteren in der Regel auf legitimer Differenz von Wert- und Rechtsvorstellungen verschiedener Nationen beruht, soll er nicht als Ausdruck der Nicht-Zivilisierung oder gar Staatskriminalität anderer Staaten angesehen werden. Vielmehr sollte man die Überheblichkeit der eigenen Rechtskultur aufgeben und andere Rechtsvorstellungen respektieren.

---

615 Zieher, Das sog. Internationale Strafrecht nach der Reform, S. 146; Eser, FS Trechsel, 2002, S. 233f.

616 OLG Düsseldorf NJW 1979, 59, 63; BGH NStZ 1997, 437, 438; Werle, JZ 2000, S. 759. Allerdings vertritt Werle immer noch die Lösung des Weltrechtsprinzips und bezeichnet die Anwendung anderer Prinzipien des Internationalen Strafrechts auf Völkerrechtsverbrechen als einen „holprigen und unsicheren Weg“.

617 Zutreffend Bungenberg, AVR 39 (2001), S. 193ff.; MünchKommStGB/*Ambos*, Rn. 70 vor § 3.

Literaturverzeichnis

Ahlbrecht, Heiko: Geschichte der völkerrechtlichen Strafgerichtsbarkeit im 20. Jahrhundert. Unter besonderer Berücksichtigung der völkerrechtlichen Straftatbestände und der Bemühung um einen Ständigen Internationalen Strafgerichtshof, Baden-Baden 1999

Alexy, Robert: Eine Theorie des praktischen Diskurses, in: Oelmüller, Willi (Hg.): Normenbegründung, Normendurchsetzung, Paderborn 1978, S. 22-58

-: Theorie der juristischen Argumentation. Die Theorie des rationalen Diskurses als Theorie der juristischen Begründung, 2. Aufl., Frankfurt a. M. 1991

-: Probleme der Diskurstheorie, in: ders.: Recht, Vernunft, Diskurs: Studien zur Rechtsphilosophie, Frankfurt am Main 1995, S. 109-126

Alternativ-Entwurf eines Strafgesetzbuches. Allgemeiner Teil, vorgelegt v. Baumann, Jürgen/Brauneck, Anne-Eva/Hanack, Ernst-Walter/Kaufmann, Arthur/Klug, Ulrich/Lampe, Ernst-Joachim/Lenckner, Theodor/Maihofer, Werner/Noll, Peter/Roxin, Claus/Schmitt, Rudolf/Schultz, Hans/Stratenwerth, Günter /Stree, Walter, unter Mitarbeit v. Stephan Quensel, 2. Aufl., Tübingen 1969

Ambos, Kai: »Impunidad«, Makrokriminalität und Völkerstrafrecht. Zu Ausmaß, Ursachen und Grenzen der weltweiten Straflosigkeit von Menschenrechtsverletzungen, in: KritV 1996, S. 355-370

-: Der neue Internationale Strafgerichtshof - ein Überblick, in: NJW 1998, S. 3743-3746

-: Aktuelle Probleme der deutschen Verfolgung von „Kriegsverbrechen" in Bosnien-Herzegowina, in: NStZ 1999, S. 226-230

-: Anmerkung zum Urteil des BGH vom 30. 4. 1999 - 3 StR 215/98 = BGHSt 45, 64, in: NStZ 1999, S. 404-406

-: Immer mehr Fragen im internationalen Strafrecht, in: NStZ 2001, S. 628-633

-: Der Allgemeine Teil des Völkerstrafrechts. Ansätze einer Dogmatisierung, Berlin 2002

Ambos, Kai/Steiner, Christian: Vom Sinn des Strafens auf innerstaatlicher und supranationaler Ebene, in: JuS 2001, S. 9-13

Apel, Karl-Otto: Der postkantische Universalismus in der Ethik im Lichte seiner aktuellen Missverständnisse, in: ders.: Diskurs und Verantwortung, Frankfurt a. M. 1988, S. 154-178

Bar, L. v.: Gesetz und Schuld im Strafrecht. Fragen des geltenden deutschen Strafrechts und seiner Reform, Bd. 1: Das Strafgesetz, Berlin 1906

Barber, Benjamin: Starke Demokratie. Über die Teilhabe am Politischen, Hamburg 1994 (Orig.: Strong Democracy. Participatory Politics for a New Age, Berkeley 1984)

Bassiouni, M. Cherif: The Sources and Content of International Criminal Law: A Theoretical Framework, in: Bassiouni, M. Cherif (Hg.): International Criminal Law, Bd. 1, 2. Aufl., Ardsley, New York 1999
Beck, Ulrich: Was ist Globalisierung?, Frankfurt a. M. 1997
Berber, Friedrich: Lehrbuch des Völkerrechts, Bd. I, 2. Aufl., München 1975
Binding, Karl: Handbuch des Strafrechts, Bd. I, Leipzig 1885
Bleckmann, Albert: Staatrecht I. Staatsorganisationsrecht, Köln/Berlin/Bonn/ München 1993
-: Völkerrecht, Baden-Baden 2001
Böckenförde, Ernst-Wolfgang: Die Entstehung des Staates als Vorgang der Säkularisation, in: ders.: Staat, Gesellschaft, Freiheit. Studien zur Staatstheorie und zum Verfassungsrecht, Frankfurt a. M. 1976, S. 42-64
-: Demokratie als Verfassungsprinzip, in: Isensee, Josef/Kirchhof, Paul (Hg.): Handbuch des Staatsrechts der Bundesrepublik Deutschland, Bd. 1 Grundlagen von Staat und Verfassung, Heidelberg 1987, S. 887-952
Böhler, Dietrich: Die deutsche Zerstörung des politisch-ethischen Universalismus. Über die Gefahr des - heute (post-)modernen - Relativismus und Dezisionismus, in: Zerstörung des moralischen Selbstbewusstseins: Chance oder Gefährdung? Praktische Philosophie in Deutschland nach dem Nationalsozialismus, hg. von Forum für Philosophie Bad Homburg, Frankfurt a. M. 1988, S. 166-216
Braun, Claudia Corinna: Migration und interkultureller Konsens - Ein kriminologischer Ausblick - Einschätzung der Deliktsschwere durch deutsche und türkische Studierende der Rechtswissenschaft, Münster 2002
Breukelaar, W./Mulder, A.: Das Internationale Strafrecht als Mittel zu gerechter Bestrafung, in: Oehler, Dietrich/Pötz, Paul-Günter (Hg.): Aktuelle Probleme des Internationalen Strafrechts. Geburtstagsgabe für Heinrich Grützner, Hamburg 1970, S. 30-41
Brink, Bert van den/Reijen, Willem van (Hg.): Bürgergesellschaft, Recht und Demokratie, Frankfurt a. M. 1995
Brownlie, Ian: Principles of Public International Law, 4. Aufl., Oxford 1990
Brugger, Winfried: Kommunitarismus als Verfassungstheorie des Grundgesetzes, in: AöR 123 (1998), S. 337-374
-: The Moral Commonwealth. Zur Verfassung von Gesellschaft und Staat aus Sicht des Kommunitarismus, in: KritV 84 (2001), S. 149-181
-: Kommunitarismus als Sozialtheorie und Verfassungstheorie des Grundgesetzes, in: Zeitschrift für Rechtsphilosophie 1 (2003), S. 3-14
Brumlik, Micha/Brunkhorst, Hauke (Hg.): Gemeinschaft und Gerechtigkeit, Frankfurt a. M. 1993
Bruns, Viktor: Völkerrecht als Rechtsordnung I, in: ZaöRV 1 (1929), S. 1-56
Bungenberg, Marc: Extraterritoriale Strafrechtsanwendung bei Verbrechen gegen die Menschlichkeit und Völkermord. Zugleich Anmerkungen zum

Völkermord-Urteil des BGH vom 30. April 1999, in: AVR 39 (2001), S. 170-201
Campbell, Patrick Carroll: § 220a StGB. Der richtige Weg zur Verhütung und Bestrafung von Genozid?, Frankfurt a. M. 1986
Carrier, Martin: „Relativismus", in: Mittelstraß, Jürgen (Hg.): Enzyklopädie Philosophie und Wissenschaftstheorie, Bd. 3, Stuttgart/Weimar 1995, S. 564-565
Chwaszcza, Christine: Thomas Hobbes, in: Maier, Hans/Denzer, Horst (Hg.): Klassiker des politischen Denkens, Bd. 1, München 2001
Cohen, Joshua: Kommunitarismus und universeller Standpunkt, in: Deutsche Zeitschrift für Philosophie 41 (1993), S. 1009-1019
Cornils, Karin: Die Fremdrechtsanwendung im Strafrecht, Berlin/New York 1978
Dahm, Georg: Zur Problematik des Völkerstrafrechts, Göttingen 1956
-: Völkerrecht, Bd. I, Stuttgart 1958
Dahm, Georg/Delbrück, Jost/Wolfrum, Rüdiger: Völkerrecht, Bd. I/3, 2. Aufl., Berlin 2002
Denninger, Erhard: Der Einzelne und das allgemeine Gesetz, in: KJ 1995, S. 425-438
Doehring, Karl: Gewohnheitsrecht aus Verträgen, in: ZaöRV 36 (1976), S. 77-95
-: Völkerrecht. Ein Lehrbuch, Heidelberg 1999
-: Inwieweit ist das Heimatrecht des Fremden für den Aufenthaltsstaat beachtlich?, in: Hailbronner, Kay (Hg.): Die allgemeinen Regeln des völkerrechtlichen Fremdenrechts. Bilanz und Ausblick an der Jahrtausendwende. Beiträge anlässlich des Kolloquiums zu Ehren von Prof. Dr. Karl Doehring aus Anlaß seines 80. Geburtstages am 17. März 1999 in Konstanz, Heidelberg 2000, S. 67-76
Drost, H.: Völkerrechtliche Grenzen für den Geltungsbereich staatlicher Strafrechtsnormen, in: Niemeyers Zeitschrift für Internationales Recht, Bd. 43 (1930-1931), S. 111-140
Dworkin, Ronald/Günther, Klaus/Habermas, Jürgen: Regiert das Recht die Politik, in: Boehm, Ulrich (Hg.): Philosophie heute, Frankfurt am Main/ New York 1997, S. 150-173
Eder, Helge: Die Entwicklung der Bestimmungen über das internationale Strafrecht in den deutschen Entwürfen zum Strafgesetzbuch, Diss. Freiburg i. Br. 1960
Eisele, Jörg: Internationale Bezüge des Strafrechts, in: JA 2000, S. 424-429
Endriß, Rainer/Kinzig, Jörg: Eine Straftat - zwei Strafen. Nachdenken über ein erweitertes »ne bis in idem«, in: StV 1997, S. 665-668
Entwurf eines Strafgesetzbuchs (E 1962) mit Begründung. Bundesratsvorlage, Bonn 1962
Eser, Albin: Die Entwicklung des Internationalen Strafrechts im Lichte des Werkes von Hans-Heinrich Jescheck, in: Vogler, Theo (Hg.): Festschrift für

Hans-Heinrich Jescheck zum 70. Geburtstag, Bd. II, Berlin 1985, S. 1353-1377
-: Das „Internationale Strafrecht“ in der Rechtsprechung des Bundesgerichtshofs, in: Roxin, Claus/Widmaier, Gunter (Hg.): 50 Jahre Bundesgerichtshof. Festgabe aus der Wissenschaft, Bd. IV. Strafrecht, Strafprozeßrecht, München 2000, S. 3-28
-: Völkermord und deutsche Strafgewalt. Zum Spannungsverhältnis von Weltrechtsprinzip und legitimierendem Inlandbezug, in: Eser, Albin/Goydke, Jürgen/Maatz, Kurt Rüdiger/Meurer, Dieter (Hg.): Strafverfahrensrecht in Theorie und Praxis. Festschrift für Lutz Meyer-Goßner zum 65. Geburtstag, München 2001, S. 3-31
-: Harmonisierte Universalität nationaler Strafgewalt: ein Desiderat internationaler Komplementarität bei Verfolgung von Völkerrechtsverbrechen, in: Donatsch, Andreas/Forster, Marc/Schwarzenegger, Christian (Hg.): Strafrecht, Strafprozessrecht und Menschenrechte. Festschrift für Stefan Trechsel zum 65. Geburtstag, Zürich 2002, S. 219-236
Feyerabend, Paul: Wider den Methodenzwang, Frankfurt a. M. 1983
-: „Relativismus (2)“, in: Seiffert, Helmut/Radnitzky, Gerard (Hg.): Handlexikon zur Wissenschaftstheorie, München 1989, S. 292-296
Forst, Rainer: Kommunitarismus und Liberalismus. Stationen einer Debatte, in: Honneth, Axel (Hg.): Kommunitarismus. Eine Debatte über die moralischen Grundlagen moderner Gesellschaften, Frankfurt a. M./New York 1993, S. 181-212
-: Kontexte der Gerechtigkeit. Politische Philosophie jenseits von Liberalismus und Kommunitarismus, Frankfurt a. M. 1994
Frank, Reinhard: Das Strafgesetzbuch für das Deutsche Reich nebst dem Einführungsgesetz, 18. Aufl., Tübingen 1931
Franke, Ulrich/Wienroeder, Karl: Betäubungsmittelgesetz (BtMG) Kommentar, 2. Aufl., Heidelberg 2001
Frankena, William K.: Ethics, 2. Aufl., Engelwood Cliffs N. J. 1989
Frankenberg, Günter (Hg.): Auf der Suche nach der gerechten Gesellschaft, Frankfurt. a. M. 1994
Frencz, Benjamin B.: „International Criminal Court“, in: Bernhardt, Rudolf (Hg.): Encyclopedia of Public International Law, Bd. 2, Amsterdam u. a. 1995, S. 1123-1127
Freudenberger, Silja: „Relativismus“, in: Sandkühler, Hans Jörg (Hg.): Enzyklopädie Philosophie, Bd. 2, Hamburg 1999, S. 1378-1384
Frowein, Jochen Abr.: Die Verpflichtungen erga omnes im Völkerrecht und ihre Durchsetzung, in: Bernhardt, Rudolf/Geck, Wilhelm Karl/Jaenicke, Günther/Steinberger, Helmut (Hg.): Völkerrecht als Rechtsordnung. Internationale Gerichtsbarkeit. Menschenrechte. Festschrift für Hermann Mosler, Berlin/Heidelberg/New York 1983, S. 241-262

-: „Jus Cogens“, in: Bernhardt, Rudolf (Hg.): Encyclopedia of Public International Law, Bd. 3, Amsterdam u. a. 1997, S. 65-69
-: „Obligations erga omnes“, in: Bernhardt, Rudolf (Hg.): Encyclopedia of Public International Law, Bd. 3, Amsterdam u. a. 1997, S. 757-759
Gallas, Wilhelm: Der dogmatische Teil des Alternativ-Entwurfs, in: ZStW 80 (1968), S. 1- 33
Gardocki, Lech: Über den Begriff des Internationalen Strafrechts, in: ZStW 98 (1986), S. 703-719
Gellner, Ernest: „Relativismus (1)“, in: Seiffert, Helmut/Radnitzky, Gerard (Hg.): Handlexikon zur Wissenschaftstheorie, München 1989, S. 287-292
Germann, O. A.: Rechtsstaatliche Schranken im Internationalen Strafrecht, SchwZSt 69 (1954), S. 237-252
Ginters, Rudolf: Relativismus in der Ethik, Düsseldorf 1978
Glatzel, Wolfgang: Völkerrechtliche Grenzen für den Anwendungsbereich des staatlichen Strafgesetzes, Diss. Tübingen 1936
Gössel, Karl Heinz: Strafrecht. Besonderer Teil, Bd. I, Heidelberg 1987
Granitza, Axel: Die Dogmengeschichte des Internationalen Strafrechts seit Beginn des 19. Jahrhunderts, Diss. Freiburg i. Br. 1960
Günther, Klaus: Der Sinn für Angemessenheit. Anwendungsdiskurse in Moral und Recht, Frankfurt a. M. 1988
-: Der strafrechtliche Schuldbegriff als Gegenstand einer Politik der Erinnerung in der Demokratie, in: Smith, Gary/Margalit, Avishai (Hg.): Die Politik der Erinnerung in der Demokratie, Frankfurt a. M. 1997, S. 48-89
Günther, Klaus/Randeria, Shalini: Recht, Kultur und Gesellschaft im Prozeß der Globalisierung, Bad Homburg 2001
Gutmann, Thomas: „Keeping 'em down on the farm after they've seen Paree“: Aporien des kommunitaristischen Rechtsbegriffs, in: ARSP 83 (1997), S. 37-66
Habermas, Jürgen: Theorie der Gesellschaft oder Sozialtechnologie? Eine Auseinandersetzung mit Niklas Luhmann, in: Habermas, Jürgen/Luhmann, Niklas: Theorie der Gesellschaft oder Sozialtechnologie - Was leistet die Systemforschung?, Frankfurt am Main 1971, S. 142-290
-: Wahrheitstheorien, in: Fahrenbach, Helmut (Hg.): Wirklichkeit und Reflexion. Festschrift für Walter Schulz zum 60. Geburtstag, Pfullingen 1973, S. 211-265
-: Diskursethik - Notizen zu einem Begründungsprogramm, in: ders.: Moralbewußtsein und kommunikatives Handeln, Frankfurt a. M. 1983, S. 53-125
-: Grenzen des vernunftrechtlichen Normativismus, in: ders.: Die nachholende Revolution, Frankfurt a. M. 1990, S. 71-81
-: Erläuterungen zur Diskursethik, in: ders.: Erläuterungen zur Diskursethik, Frankfurt am Main 1991, S. 119-226

-: Anerkennungskämpfe im demokratischen Rechtsstaat, in: Taylor, Charles: Multikulturalismus und die Politik der Anerkennung, Frankfurt a. M. 1993, S. 147-196
-: Faktizität und Geltung. Beiträge zur Diskurstheorie des Rechts und des demokratischen Rechtsstaats, 4. Aufl., Frankfurt a. M. 1994
-: Volkssouveränität als Verfahren, in: ders.: Faktizität und Geltung. Beiträge zur Diskurstheorie des Rechts und des demokratischen Rechtsstaats, 4. Aufl., Frankfurt a. M. 1994, S. 600-631
-: Staatsbürgerschaft und nationale Identität, in: ders.: Faktizität und Geltung. Beiträge zur Diskurstheorie des Rechts und des demokratischen Rechtsstaats, 4. Aufl., Frankfurt a. M. 1994, S. 632-680
-: Die Einbeziehung des Anderen. Studien zur politischen Theorie, Frankfurt a. M. 1996
-: Die postnationale Konstellation und die Zukunft der Demokratie, in: ders.: Die postnationale Konstellation, Frankfurt a. M. 1998, S. 91-169
-: Zur Legitimation durch Menschenrechte, in: ders.: Die postnationale Konstellation, Frankfurt a. M. 1998, S. 170-192
-: Richtigkeit vs. Wahrheit. Zum Sinn der Sollgeltung moralischer Urteile und Normen, in: Deutsche Zeitschrift für Philosophie 46 (1998), S. 179-208
-: Bestialität und Humanität. Ein Krieg an der Grenze zwischen Recht und Moral, in: Die Zeit v. 29. 4. 1999, abgedruckt in: Merkel, Reinhard (Hg.): Der Kosovo-Krieg und das Völkerrecht, Frankfurt a. M. 2000, S. 51-65
Hankel, Gerd/Stuby, Gerhard (Hg.): Strafgerichte gegen Menschheitsverbrechen. Zum Völkerstrafrecht 50 Jahre nach den Nürnberger Prozessen, Hamburg 1995
Harman, Gilbert: Das Wesen der Moral. Eine Einführung in die Ethik, Frankfurt a. M. 1981 (Orig.: The Nature of Morality. An Introduction to Ethics, Oxford 1977)
Hassemer, Winfried: Einführung in die Grundlagen des Strafrechts, 2. Aufl., München 1990
-: Vielfalt und Wandel. Offene Horizonte eines interkulturellen Strafrechts, in: Höffe, Otfried: Gibt es ein interkulturelles Strafrecht. Ein philosophischer Versuch, Frankfurt a. M. 1999, S. 157-180
Hassemer, Winfried/Lüderssen, Klaus/Naucke, Wolfgang: Hauptprobleme der Generalprävention, Frankfurt a. M. 1979
Hegler, August: Prinzipien des internationalen Strafrechts, Breslau 1906
Hein, Lars: Zuständigkeitskonflikte im internationalen Strafrecht. Ein europäisches Lösungsmodell, Berlin 2002
Henrich, Andreas: Das passive Personalitätsprinzip im deutschen Strafrecht, Freiburg i. Br. 1994
Herdegen, Matthias: Die Achtung fremder Hoheitsrechte als Schranke nationaler Strafgewalt, in: ZaöRV 47 (1987), S. 221-242

Herndl, Kurt: „Lotus-Fall“, in: Strupp, Karl/Schlochauer, Hans-Jürgen (Hg.): Wörterbuch des Völkerrechts, Bd. 3, 2. Aufl., Berlin 1962, S. 431-434
Herodot: Das Geschichtswerk des Herodot von Halikarnassos, übers. v. Theodor Braun, Frankfurt a. M./Leipzig 2001
Herzog, Felix: Anmerkung zum Urteil des BGH v. 22. 1. 1986 - 3 StR 472/85, in: StV 1986, S. 474-475
Hilgendorf, Eric: Anmerkung zum Urteil des BGH v. 21. 2. 2001 - 3 StR 372/00 = BGHSt 46, 292, in: JR 2002, S. 82-84
Hobbes, Thomas: Leviathan oder Stoff, Form und Gewalt eines kirchlichen und bürgerlichen Staates, Frankfurt a. M. 1984 (Orig.: Leviathan or the Matter, Form, and Power of a Commonwealth ecclesiastical and civil)
Höffe, Otfried: Politische Gerechtigkeit. Grundlegung einer kritischen Philosophie von Recht und Staat, Frankfurt a. M. 1987
-: Vernunft und Recht. Bausteine zu einem interkulturellen Rechtsdiskurs, Frankfurt a. M. 1996
-: Transzendentaler Tausch. Eine Legitimationsfigur für Menschenrechte, in: Gosepath, Stefan/Lohmann, Georg (Hg.): Philosophie der Menschenrechte, S. 29-47
-: Gibt es ein interkulturelles Strafrecht? Ein philosophischer Versuch, Frankfurt a. M. 1999
-: Proto-Strafrecht. Programm und Anfrage eines Philosophen, in: Eser, Albin/Hassemer, Winfried/Burkhardt, Björn (Hg.): Die Deutsche Strafrechtswissenschaft vor der Jahrtausendwende. Rückbesinnung und Ausblick, München 2000, S. 307-337
Hoffmann, Gerhard: Strafrechtliche Verantwortung im Völkerrecht. Zum gegenwärtigen Stand des völkerrechtlichen Strafrechts, Frankfurt a. M./Berlin 1962
Holthausen, Dieter: Entgegnung zum Beitrag von Pottmeyer „Die Strafbarkeit von Auslandstaten nach dem Kriegswaffenkontroll- und dem Außenwirtschaftsrecht“ (NStZ 1992, 57ff.), in: NStZ 1992, S. 268-269
Honneth, Axel (Hg.): Kommunitarismus. Eine Debatte über die moralischen Grundlagen moderner Gesellschaften, Frankfurt a. M./New York 1993
Horiuchi, Shozo: Probleme des Strafanwendungsrechts in Zeiten der Globalisierung, in: Albrecht, Peter-Alexis u.a. (Hg.): Winfried Hassemer zum sechzigsten Geburtstag, KritV Sonderheft, Baden Baden 2000, S. 81-86
Huntington, Samuel P.: Kampf der Kulturen. Die Neugestaltung der Weltpolitik im 21. Jahrhundert, München/Wien 1996 (Orig.: The Clash of Civilizations, New York 1996)
Ipsen, Knut: Völkerrecht, 4. Aufl., München 1999
Jäger, Herbert: Strafrecht und nationalsozialistische Gewaltverbrechen, in: KJ 1968, S. 143-157

-: Menschheitsverbrechen und die Grenzen des Kriminalitätskonzeptes. Theoretische Aspekte der Einsetzung eines UN-Kriegsverbrechertribunals, in: KritV 1993, S. 259-275
-: Makroverbrechen als Gegenstand des Völkerstrafrechts. Kriminalpolitisch-kriminologische Aspekte, in: Hankel, Gerd/Stuby, Gerhard (Hg.): Strafgerichte gegen Menschheitsverbrechen. Zum Völkerstrafrecht 50 Jahre nach den Nürnberger Prozessen, Hamburg 1995, S. 325-354
Jähnke, Burkhard/Laufhütte, Heinrich Wilhelm/Odersky, Walter (Hg.): Strafgesetzbuch. Leipziger Kommentar, 11. Aufl., Berlin 1992ff.
Jakobs, Günther: Strafrecht. Allgemeiner Teil, 2. Aufl., Berlin/New York 1991
Jescheck, Hans-Heinrich: Die Verantwortlichkeit der Staatsorgane nach Völkerstrafrecht. Eine Studie zu den Nürnberger Prozessen, Bonn 1952
-: Das Strafrecht der Europäischen Verteidigungsgemeinschaft, in: ZStW 65 (1953), S. 113-131
-: Die internationale Genocidium-Konvention vom 9. Dezember 1948 und die Lehre vom Völkerstrafrecht, in: ZStW 66 (1954), S. 193-217
-: Verbrechen gegen das Völkerrecht. Generalbericht, vorgelegt dem IV. Internationalen Kongreß für Rechtsvergleichung 1954 in Paris, in: Wolff, Ernst (Hg.): Deutsche Landesreferate zum IV. Internationalen Kongreß für Rechtsvergleichung in Paris 1954, Düsseldorf 1955, S. 351-382
-: Zur Reform der Vorschriften des StGB über das Internationale Strafrecht, in: Internationales Recht und Diplomatie 1956, S. 75-95
-: „Genocidium", in: Strupp, Karl/Schlochauer, Hans-Jürgen (Hg.): Wörterbuch des Völkerrechts, Bd. 1, 2. Aufl., Berlin 1960, S. 658-659
-: „Strafrecht, Internationales", in: Strupp, Karl/Schlochauer, Hans-Jürgen (Hg.): Wörterbuch des Völkerrechts, Bd. 3, 2. Aufl., Berlin 1962, S. 396-399
-: „Völkerstrafrecht", in: Strupp, Karl/Schlochauer, Hans-Jürgen (Hg.): Wörterbuch des Völkerrechts, Bd. 3, 2. Aufl., Berlin 1962, S. 781-782
-: Gegenstand und neueste Entwicklung des internationalen Strafrechts, in: Schroeder, Friedrich-Christian/Zipf, Heinz (Hg.): Festschrift für Reinhart Maurach zum 70. Geburtstag, Karlsruhe 1972, S. 579-594
-: „International Crimes", in: Bernhardt, Rudolf (Hg.): Encyclopedia of Public International Law, Bd. 2, Amsterdam u. a. 1995, S. 1119-1123
Jescheck, Hans-Heinrich/Weigend, Thomas: Lehrbuch des Strafrechts. Allgemeiner Teil, 5. Aufl., Berlin 1996
Joecks, Wolfgang/Miebach, Klaus (Hg.): Münchener Kommentar zum Strafgesetzbuch, Bd. I und III, München 2003
Kadelbach, Stefan: Zwingendes Völkerrecht, Berlin 1992
-: Anmerkung zum BVerfG-Kammerbeschluß v. 12. 12. 2000 - 2 BvR 1290/99, in: JZ 2001, S. 981-983
Kambartel, Friedrich: „Universalität (ethisch)", in: Enzyklopädie Philosophie und Wissenschaftstheorie, Bd. 4, Stuttgart/Weimar 1996, S. 414-415

Kant, Immanuel: Die Metaphysik der Sitten, in: Werke in sechs Bänden, hg. v. Wilhelm Weischedel, Bd. IV, Darmstadt 1998

Kaufmann, Arthur: Richtiges Recht - eine Skizze, in: ders.: Über Gerechtigkeit. Dreißig Kapitel praxisorientierter Rechtsphilosophie, Köln/Berlin/Bonn/ München 1993, S. 355-368

-: Problemgeschichte der Rechtsphilosophie, in: Kaufmann, Arthur/Hassemer, Winfried (Hg.): Einführung in Rechtsphilosophie und Rechtstheorie der Gegenwart, 6. Aufl., Heidelberg 1994, S. 30-178

Kegel, Gerhard/Schurig, Klaus: Internationales Privatrecht, 8. Aufl., München 2000

Keller, Rainer: Zu Weltrechtspflege und Schuldprinzip, in: Prittwitz, Cornelius/ Baurmann, Michael/Günther, Klaus/Kuhlen, Lothar/Merkel, Reinhard/ Nestler, Cornelius/Schulz, Lorenz (Hg.): Festschrift für Klaus Lüderssen zum 70. Geburtstag am 2. Mai 2002, Baden-Baden 2002, S. 425-435

Kersting, Wolfgang: Einleitung. Probleme der politischen Philosophie der internationalen Beziehungen: Die Beiträge im Kontext, in: Chwaszcza, Christine/Kersting, Wolfgang (Hg.): Politische Philosophie der internationalen Beziehungen, Frankfurt a. M. 1998, S. 9-69

Kersting, Wolfgang (Hg.): Gerechtigkeit als Tausch? Auseinandersetzungen mit der politischen Philosophie Otfried Höffes, Frankfurt a. M. 1997

Kimminich, Otto/Hobe, Stephan: Einführung in das Völkerrecht, 7. Aufl., Tübingen/Basel 2000

Kindhäuser, Urs: Strafrecht. Allgemeiner Teil, 2. Aufl., Baden-Baden 2002

Kirchmann, Julius v.: Die Wertlosigkeit der Jurisprudenz als Wissenschaft (1848), Darmstadt 1966

Kohler, Josef: Internationales Strafrecht, Stuttgart 1917

Köhler, Michael: Strafrecht. Allgemeiner Teil, Berlin/Heidelberg 1997

-: Zur Universalität der Menschenrechte, in: Gröschner, Rolf/Morlok, Martin (Hg.): Recht und Humanismus. Kolloquium für Gerhard Haney zum 70. Geburtstag, Baden-Baden 1997, S. 87-93

Koenig, Fritz: Grundzüge des internationalen Strafrechts mit besonderer Berücksichtigung der neuen Entwürfe Deutschlands, Oesterreichs und der Schweiz, Liestal (Schweiz) 1915

König, Gert: „Relativismus“, in: Joachim Ritter/Karlfried Gründer (Hg.): Historisches Wörterbuch der Philosophie, Bd. 8, Basel 1992, Sp. 613-622

König, Kai-Michael: Die völkerrechtliche Legitimation der Strafgewalt internationaler Strafjustiz, Baden-Baden 2003

Körner, Harald Hans: Betäubungsmittelgesetz, Arzneimittelgesetz, unter Mitarbeit von Dirk Scherp, 5. Aufl., München 2001

Kotzur, Markus: Weltrecht ohne Weltstaat - die nationale (Verfassungs-)Gerichtsbarkeit als Motor völkerrechtlicher Konstitutionalisierungsprozesse? - Zugleich eine Anmerkung zur Entscheidung des BVerfG im Fall Nikola

Jorgic (2 BvR 1290/99 vom 12. 12. 2000), in: Die öffentliche Verwaltung 2002, S. 195-201
Kreß, Claus: Völkerstrafrecht in Deutschland. Gedanken aus Anlass der Ratifikation des Statuts des Internationalen Strafgerichtshofs, in: NStZ 2000, S. 617-626
-: Völkerstrafrecht und Weltrechtspflegeprinzip im Blickfeld des Internationalen Gerichtshofs. Zum Votenstreit der Richter des IGH im Haftbefehlsfall (Demokratische Republik Kongo gegen Belgien), in: ZStW 114 (2002), S. 818-849
Kunig, Philip: Die Bedeutung des Nichteinmischungsprinzips für das Internationale Strafrecht der Bundesrepublik Deutschland - BGHSt 27, 30, in: JuS 1978, S. 594-596
Kunig, Philip/Uerpmann, Robert: Der Fall des Postschiffes Lotus, in: Jura 1994, S. 186-194
Lackner, Karl/Kühl, Kristian: Strafgesetzbuch mit Erläuterung, 24. Aufl., München 2001
Lagodny, Otto: Grundkonstellationen des internationalen Strafrechts. Zugleich ein Rückblick auf das internationale Kolloquium über „international Cooperation in Criminal Matters" an der Harvard Law School, in: ZStW 101 (1989), S. 987-1011
-: Viele Strafgewalten und nur ein transnationales ne-bis-in-idem?, in: Donatsch, Andreas/Forster, Marc/Schwarzenegger, Christian (Hg.): Strafrecht, Strafprozessrecht und Menschenrechte. Festschrift für Stefan Trechsel zum 65. Geburtstag, Zürich 2002, S. 253-267
Lagodny, Otto/Nill-Theobald, Christiane: Anmerkung zum Urteil des BGH v. 30. 4. 1999 - 3 StR 215/98 = BGHSt 45, 64, in: JR 2000, S. 205-207
Laubenthal, Klaus/Baier, Helmut: Durch die Ausländereigenschaft bedingte Verbotsirrtümer und die Perspektiven europäischer Rechtsvereinheitlichung, in: GA 2000, S. 205-223
Leibholz, Gerhard: Das Verbot der Willkür und des Ermessensmissbrauches im völkerrechtlichen Verkehr der Staaten, in: ZaöRV 1, I. Teil, 1929, S. 77-125
-: Strukturprobleme der modernen Demokratie, Neuausgabe der 3. Aufl., Frankfurt a. M. 1974
Li, Haidong: Die Prinzipien des internationalen Strafrechts. Eine vergleichende Untersuchung zwischen dem internationalen Strafrecht der Volksrepublik China und dem der Bundesrepublik Deutschland, Pfaffenweiler 1991
Liebelt, Klaus Günter: Zum deutschen Internationalen Strafrecht und seiner Bedeutung für den Einfluss ausserstrafrechtlicher Rechtssätze des Auslands auf die Anwendung inländischen Strafrechts, Diss. Münster 1978
Linke, Robert: Zwischenstaatliche Kompetenzkonflikte auf dem Gebiet des Strafrechts, in: Oehler, Dietrich/Pötz, Paul-Günter (Hg.): Aktuelle Probleme des Internationalen Strafrechts. Geburtstagsgabe für Heinrich Grützner, Hamburg 1970, S. 85-91

Liszt, Franz v.: Der Zweckgedanke im Strafrecht, in: ZStW 3 (1883), S. 1-47
Löwe/Rosenberg: Die Strafprozessordnung und das Gerichtsverfassungsgesetz. Großkommentar, Bd. 2, 23. Aufl., Berlin/New York 1976/77
-: Die Strafprozessordnung und das Gerichtsverfassungsgesetz. Großkommentar, hg. von Peter Rieß, 25. Aufl., Berlin/New York 1997ff.
Lüder, Sascha Rolf: Eröffnung der deutschen Gerichtsbarkeit für den Völkermord im Kosovo?, in: NJW 2000, S. 269-270
Lütterfelds, Wilhelm: Sind Universalität und Kontingenz der Moral miteinander verträglich? Ein begriffliches Modell, in: Lütterfelds, Wilhelm/Mohrs, Thomas (Hg.): Eine Welt - Eine Moral? Eine kontroverse Debatte, Darmstadt 1997, S. 177-202
MacIntyre, Alasdair: Der Verlust der Tugend. Zur moralischen Krise der Gegenwart, Frankfurt a. M. 1995 (Orig.: After Virtue. A Study in Moral Theory, 2. Auf., Notre Dame [Indiana] 1984)
-: Whose Justice? Whose Rationality, Notre Dame (Indiana) 1988
Maier, Hans/Denzer, Horst (Hg.): Klassiker des politischen Denkens, Bd. 1, München 2001
Makarov, Alexander N.: Betrachtungen zum Internationalen Strafrecht, in: Tübinger Festschrift für Eduard Kern, hg. von der Rechtswissenschaftlichen Abteilung der Rechts- und Wirtschaftlichen Fakultät der Universität Tübingen, Tübingen 1968, S. 253-273
Martitz, F. v.: Internationale Rechtshilfe in Strafsachen. Beiträge zur Theorie des positiven Völkerrechts der Gegenwart, Erste Abteilung, Leipzig 1888
Maunz, Theodor/Zippelius, Reinhold: Deutsches Staatsrecht, 30. Aufl., München 1998
Maurach, Reinhart/Schroeder, Friedrich-Christian/Maiwald, Manfred: Strafrecht. Besonderer Teil, Teilband 2, 8. Aufl., Heidelberg 1999
Maurach, Reinhart/Zipf, Heinz: Strafrecht. Allgemeiner Teil, Teilband 1, 8. Aufl., Heidelberg 1992
Mayer, Hellmuth: Völkerrecht und internationales Strafrecht, in: JZ 7 (1952), S. 609-611
-: Strafrecht. Allgemeiner Teil, Stuttgart/Köln 1953
Meili, Friedrich: Lehrbuch des Internationalen Strafrechts und Strafprozessrechts, Zürich 1910
Mendelssohn Bartholdy: Das räumliche Herrschaftsgebiet des Strafgesetzes, in: Birkmeyer, Karl v./Calker, Fritz van/Frank, Reinhard/Hippel, Robert v./ Kahl, Wilhelm/Lilienthal, Karl v./Liszt, Franz v./Wach, Adolf (Hg.): Vergleichende Darstellung des deutschen und ausländischen Strafrechts. Allgemeiner Teil, Bd. VI, Berlin 1908, S. 85-316
Merkel, Reinhard: Nürnberg 1945, Militärtribunal. Grundlagen, Probleme, Folgen, in: Rechtshistorisches Journal 14 (1995), S. 491-525
-: „*Lauter leidige Tröster*“? - Kants Entwurf „Zum ewigen Frieden“ und die Idee eines Völkerstrafgerichtshofs, in: ARSP 82 (1996), S. 161-186

-: Universale Jurisdiktion bei völkerrechtlichen Verbrechen. Zugleich ein Beitrag zur Kritik des § 6 StGB, in: Lüderssen, Klaus (Hg.): Aufgeklärte Kriminalpolitik oder Kampf gegen das Böse?, Bd. III: Makrodelinquenz, Baden-Baden 1998, S. 237-270

Meyer, Lutz: John Rawls und die Kommunitaristen. Eine Einführung in Rawls' Theorie der Gerechtigkeit und die kommunitaristische Kritik am Liberalismus, Würzburg 1996

Meyer-Goßner, Lutz: Strafprozessordnung. Gerichtsverfassungsgesetz, Nebengesetze und ergänzende Bestimmungen, 46. Aufl., München 2003

Mill, John Stuart: Über die Freiheit, Stuttgart 1988 (Orig.: On Liberty)

Möller, Christina: Völkerstrafrecht und Internationaler Strafgerichtshof - kriminologische, straftheoretische und rechtspolitische Aspekte, Münster/Hamburg/London 2003

Moock, Merle v.: Auslieferungsrechtliche Probleme an der Wende vom 19. zum 20. Jahrhundert. Ausgehend von der Person des F. von Martitz und dessen Hauptwerk über internationale Rechtshilfe in Strafsachen, Baden-Baden 2001

Mosler, Hermann: Völkerrecht als Rechtsordnung, in: ZaöRV 36 (1976), S. 6-49

Müller-Tuckfeld, Jens Christian: Integrationsprävention. Studien zu einer Theorie der gesellschaftlichen Funktion des Strafrechts, Frankfurt a. M. 1998

Nagel, Thomas: Moralischer Konflikt und politische Legitimität, in: Brink, Bert van den/Reijen, Willem van (Hg.): Bürgergesellschaft, Recht und Demokratie, Frankfurt a. M. 1995, S. 325-359 (Orig. Moral Conflict and Political Legitimacy, in: Philosophy and Public Affairs 16 [1987], S. 215-240)

Naucke, Wolfgang: Die strafjuristische Privilegierung staatsverstärkter Kriminalität, Frankfurt a. M. 1996

Nelson, Mark T.: „Moral Scepticism", in: Craig, Edward (Hg.): Routledge Encyclopedia of Philosophy, Bd. 6, London/New York 1998, S. 542-545

Nemitz, Jan Christoph: Strafzumessung im Völkerstrafrecht. Ein Beitrag zur Strafzwecklehre und zur Strafzumessungsmethode unter besonderer Berücksichtigung des Römischen Statuts, Freiburg i. Br. 2002

Neumann, Ulfrid: Anmerkung zum Urteil des BGH v. 19. 5. 1999 - 2 StR 86/99, in: StV 2000, S. 425-427

-: Die Schuldlehre des Bundesgerichtshofs - Grundlagen, Schuldfähigkeit, Verbotsirrtum, in: Roxin, Claus/Widmaier, Gunter (Hg.): 50 Jahre Bundesgerichtshof. Festgabe aus der Wissenschaft, Bd. IV. Strafrecht, Strafprozeßrecht, München 2000, S. 83-109

-: Normtheoretische Aspekte der Irrtumsproblematik im Bereich des „Internationalen Strafrechts", in: Britz, Guido/Jung, Heike/Koriath, Heinz/Müller, Egon (Hg.): Grundlagen staatlichen Strafens. Festschrift für Heinz Müller-Dietz zum 70. Geburtstag, München 2001, S. 589-607

Neumann, Ulfrid/Puppe, Ingeborg/Schild, Wolfgang (Hg.): Nomos Kommentar zum Strafgesetzbuch, Baden-Baden 1995ff., Stand: 14. Lieferung (Dezember 2003)

Neumann, Ulfrid/Schroth, Ulrich: Neuere Theorien von Kriminalität und Strafe, Darmstadt 1980

Nickel, Rainer: Gleichheit in der Differenz? Kommunitarismus und die Legitimität des Grundgesetzes, in: Brugger, Winfried (Hg.): Legitimation des Grundgesetzes aus Sicht von Rechtsphilosophie und Gesellschaftstheorie, Baden-Baden 1996, S. 395-418

Nida-Rümelin, Julian: Über die Vereinbarkeit von Universalismus und Pluralismus in der Ethik, in: ders.: Ethische Essays, Frankfurt a. M. 2002, S. 63-78

Nowakowski, Friedrich: Zum Problemkreis der Geltungsbereiche, in: Österreichische Zeitschrift für öffentliches Recht VI (1954), S. 10-20

-: Das österreichische Strafrecht in seinen Grundzügen, Wien/Graz/Köln 1955

-: Anwendung des inländischen Strafrechts und außerstrafrechtliche Rechtssätze, in: JZ 1971, S. 633-638

Nuvolone, Pietro: Die Kollisionsnormen auf dem Gebiete des Strafrechts in Europa, in: ZStW 66 (1954), S. 545-567

Obermüller, Jens: Der Schutz ausländischer Rechtsgüter im deutschen Strafrecht im Rahmen des Territorialitätsprinzips, Diss. Tübingen 1999

Oehler, Dietrich: Die Grenzen des aktiven Personalitätsprinzips im internationalen Strafrecht, in: Engisch, Karl/Maurach, Reinhart (Hg.): Festschrift für Edmund Mezger zum 70. Geburtstag 15. 10. 1953, München/Berlin 1954, S. 83-103

-: Theorie des Strafanwendungsrechts, in: Oehler, Dietrich/Pötz, Paul-Günter (Hg.): Aktuelle Probleme des Internationalen Strafrechts. Geburtstagsgabe für Heinrich Grützner, Hamburg 1970, S. 110-126

-: Das Territorialitätsprinzip, in: Jescheck, Hans-Heinrich (Hg.): Deutsche strafrechtliche Landesreferate zum VIII. Internationalen Kongreß für Rechtsvergleichung Pescara 1970. Beiheft zur Zeitschrift für die gesamte Strafrechtswissenschaft, Berlin/New York 1971, S. 48-76

-: Anmerkung zu BGHSt 27, 30, in: JR 1977, S. 424

-: Internationales Strafrecht: Geltungsbereich des Strafrechts. Internationales Rechtshilferecht. Recht der Gemeinschaften. Völkerstrafrecht, 2. Aufl., Köln/Berlin/Bonn/München 1983

-: Neuerer Wandel in den Bestimmungen über den strafrechtlichen Geltungsbereich in den völkerrechtlichen Verträgen, in: Börner, Bodo/Jahrreiß, Hermann/Stern, Klaus (Hg.): Einigkeit und Recht und Freiheit. Festschrift für Karl Carstens zum 70. Geburtstag am 14. Dezember 1984, Bd. 1: Europarecht. Völkerrecht, Köln/Berlin/Bonn/München 1984, S. 435-448

-: „Criminal Law, International“, in: Bernhardt, Rudolf (Hg.): Encyclopedia of Public International Law, Bd. 1, Amsterdam u. a. 1992, S. 877-882

-: Anmerkung zu BGH-Ermittlungsrichter, Beschl. v. 13. 2. 1994 - 1 BGs 100/94, in: NStZ 1994, S. 485
O'Neill, Onora: „Universalism in Ethics", in: Craig, Edward (Hg.): Routledge Encyclopedia of Philosophy, Bd. 9, London/New York 1998, S. 535-539
Oppermann, Thomas: „Intervention", in: Bernhardt, Rudolf (Hg.): Encyclopedia of Public International Law, Bd. 2, Amsterdam u. a. 1995, S. 877-882
Oxman, Bernard: „Jurisdiction of States", in: Bernhardt, Rudolf (Hg.): Encyclopedia of Public International Law, Bd. 3, Amsterdam u. a. 1997, S. 1436-1439
Pappas, Claudia: Stellvertretende Strafrechtspflege. Zugleich ein Beitrag zur Ausdehnung deutscher Strafgewalt nach § 7 Abs. 2 Nr. 2 StGB, Freiburg i. Br. 1996
Perelman, Chaim/Olbrechts-Tyteca, Lucie: The New Rhetoric. A Treatise on Argumentation, Notre Dame/London 1971 (Orig. : La Nouvelle Rhétorique. Traité de l'Argumentation, 1958)
Pfeiffer, Gerd (Hg.): Karlsruher Kommentar zur Strafprozessordnung und zum Gerichtsverfassungsgesetz mit Einführungsgesetz, 5. Aufl., München 2003
Platon: Theätet, in: Sämtliche Dialoge, übers. v. Otto Apelt, Bd. IV, Hamburg 1998
Pojman, Louis P.: „Relativism", in: Audi, Robert (Hg.): The Cambridge Dictionary of Philosophy, 2. Aufl., Cambridge 1999, S. 790
Pottmeyer, Klaus: Die Strafbarkeit von Auslandstaten nach dem Kriegswaffenkontroll- und dem Außenwirtschaftsrecht, in: NStZ 1992, S. 57-62
Putnam, Hilary: Vernunft, Wahrheit und Geschichte, Frankfurt a. M. 1982 (Orig.: Reason, Truth and History, Cambridge 1981)
Radbruch, Gustav: Rechtsphilosophie (Studienausgabe), hg. v. Ralf Dreier u. Stanley L. Paulson, Heidelberg 1999
-: Fünf Minuten Rechtsphilosophie, in: Rhein-Neckar-Zeitung (Heidelberg) v. 12. 9. 1945, S. 3, abgedruckt in: Rechtsphilosophie (Studienausgabe), hg. v. Ralf Dreier u. Stanley L. Paulson, Heidelberg 1999, S. 209-210
Rawls: Eine Theorie der Gerechtigkeit, Frankfurt a. M. 1975 (Orig.: A Theory of Justice, Cambridge [Mass.] 1971)
-: Der Vorrang des Rechten und die Ideen des Guten, in: ders.: Die Idee des politischen Liberalismus. Aufsätze 1978-1989, Frankfurt a. M. 1992, S. 364-397
-: Politischer Liberalismus, Frankfurt a. M. 1998 (Orig.: Political Liberalism, New York 1993)
-: Das Recht der Völker. Enthält: „Nochmals: Die Idee der öffentlichen Vernunft", Berlin/New York 2002 (Orig.: The Law of Peoples, Cambridge, MA 1999)
-: Gerechtigkeit als Fairneß. Ein Neuentwurf, Frankfurt a. M. 2003 (Orig.: Justice as Fairness. A Restatement, Cambridge [Mass.]/London 2001)
Rebbe, Walter: Der Lotusfall vor dem Weltgerichtshof, Leipzig 1932

Reese-Schäfer, Walter: Kommunitarismus, 3. Aufl., Frankfurt a. M./New York 2001.
Reschke, Eike: Der Schutz ausländischer Rechtsgüter durch das deutsche Strafrecht, Diss. Freiburg i. Br. 1962
Rippe, Klaus Peter: Ethischer Relativismus. Seine Grenzen - Seine Geltung, Paderborn 1993
Roggemann, Herwig: Strafverfolgung von Balkankriegsverbrechen aufgrund des Weltrechtsprinzips - ein Ausweg?, in: NJW 1994, S. 1436-1439
-: Die Internationalen Strafgerichtshöfe. Einführung, Rechtsgrundlagen, Dokumente, 2. Aufl., Ergänzungsband: Das Statut von Rom für den Ständigen Internationalen Strafgerichtshof (ICC): mit einer Einführung, Berlin 1998
Rohland, Woldemar v.: Das internationale Strafrecht. Erste Abteilung: Kritik der internationalen Strafrechtstheorien, Leipzig 1877
Rössner, Dieter: Kriminalrecht als unverzichtbare Kontrollinstitution. Zu einer interkulturellen Theorie des Strafrechts, in: Höffe, Otfried: Gibt es ein interkulturelles Strafrecht. Ein philosophischer Versuch, Frankfurt a. M. 1999, S. 121-139
Rosswog, Eberhard: Das Problem der Vereinbarkeit des aktiven und passiven Personalgrundsatzes mit dem Völkerrecht, Bonn 1965
Roxin, Claus: Strafzweck und Strafrechtsreform, in: Baumann, Jürgen (Hg.): Programm für ein neues Strafgesetzbuch. Der Alternativ-Entwurf der Strafrechtslehrer, Frankfurt a. M. 1968, S. 75-92
-: Strafrecht. Allgemeiner Teil, Bd. I, 3. Aufl., München 1997
Rudolf, Walter: Territoriale Grenzen der staatlichen Rechtsetzung, in: Berichte der Deutschen Gesellschaft für Völkerrecht, Heft 11, Heidelberg 1973, S. 7-45
Rudolphi, Hans-Joachim (Hg.): Systematischer Kommentar zum Strafgesetzbuch, 7., teilweise 8. Aufl., München/Unterschleißheim, Stand: 38. Lieferung (April 2003)
Rüter, C. F.: Ein Grenzfall. Die Bekämpfung der internationalen Drogenkriminalität im Spannungsfeld zwischen den Niederlanden und der Bundesrepublik Deutschland. Zugleich eine Besprechung des Urteils des Bundesgerichtshofs v. 8. 4. 1987 - 3 StR 11/87, in: JR 1988, S. 136-139
Salehi, Djavid: Ethischer Relativismus, Frankfurt a. M. 2002
Sandel, Michael J.: Liberalism and the Limits of Justice, Cambridge 1982
-: Die verfahrensrechtliche Republik und das ungebundene Selbst, in: Honneth, Axel (Hg.): Kommunitarismus. Eine Debatte über die moralischen Grundlagen moderner Gesellschaften, Frankfurt a. M./New York 1993, S. 18-35 (Orig.: The Procedural Republic and the Unencumbered Self, in: Political Theory 1 [1984], S. 81-96)
Satzger, Helmut: Das neue Völkerstrafgesetzbuch. Eine kritische Würdigung, in: NStZ 2002, S. 125-132

Sawicki, Jerzy: Die Verbrechen gegen die Menschlichkeit. Versuch einer Analyse, in: ZStW 80 (1968), S. 229-236
Schaber, Thomas: Globale Gerechtigkeit. Die Anwendung von Rawls' Theorie der Gerechtigkeit in den internationalen Beziehungen, Frankfurt a. M. 1991
Schlüchter, Ellen: Zur teleologischen Reduktion im Rahmen des Territorialitätsprinzips, in: Herzberg, Rolf Dietrich (Hg.): Festschrift für Dietrich Oehler: zum 70. Geburtstag, Köln/Berlin/Bonn/München1985, S. 307-321
Schmidhäuser, Eberhard: Strafrecht. Besonderer Teil, 2. Aufl., Tübingen 1983
Schmidt, Martin: Externe Strafpflichten. Völkerstrafrecht und seine Wirkungen im deutschen Strafrecht, Frankfurt a. M. 2002
Schmitz, Alexandra: Das aktive Personalitätsprinzip im Internationalen Strafrecht. Zugleich ein kritischer Beitrag zur Legitimation der Ausdehnung der Strafgewalt auf Auslandstaten Deutscher, Frankfurt a. M. 2002
Schnädelbach, Herbert: „Relativismus", in: Speck, Josef (Hg.): Handbuch wissenschaftlicher Begriffe, Bd. 3, Göttingen 1980, S. 556-560
Scholten, Hans-Joseph: Das Erfordernis der Tatortstrafbarkeit in § 7 StGB. Ein Beitrag zur identischen Norm im transnationalen Strafrecht, Freiburg i. Br. 1995
Schönke, Adolf/Schröder, Horst (Hg.): Strafgesetzbuch. Kommentar, 25. Aufl., München 1997
- (Hg.): Strafgesetzbuch. Kommentar, 26. Aufl., München 2001
Schorn, Hubert: Zweifelsfragen zum räumlichen Geltungsbereich des Strafrechts (§§ 3-7 StGB), in: JR 1964, S. 205-207
Schrader, Henning: Der Begriff „Vertrieb von Betäubungsmitteln" und das Bestimmtheitsgebot, in: NJW 1986, S. 2874-2876
Schreiber, Hans-Ludwig: Gesetz und Richter. Zur geschichtlichen Entwicklung des Satzes nullum crimen, nulla poena sine lege, Frankfurt a. M. 1976.
Schröder, Horst: Die Teilnahme im internationalen Strafrecht. Zugleich ein Beitrag zur Lehre vom Geltungsbereich des deutschen Strafrechts, in: ZStW 61 (1942), S. 57-130
-: Grundlagen und Grenzen des Personalitätsprinzips im internationalen Strafrecht, in: JZ 1968, S. 241
Schroeder, Friedrich-Christian: Der »räumliche Geltungsbereich« der Strafgesetze, in: GA 1968, S. 353-356
Schultz, Hans: Bemerkungen zum Verhältnis von Völkerrecht und Landesrecht im Strafrecht, in: Schweizerisches Jahrbuch für internationales Recht 19 (1962), S. 9-30
-: Neue Entwicklungen im sogenannten internationalen Strafrecht, in: Welzel, Hans/Conrad, Hermann/Kaufmann, Armin/Kaufmann, Hilde (Hg.): Festschrift für Hellmuth von Weber zum 70. Geburtstag, Bonn 1963, S. 305-324
-: Neue Probleme des internationalen Strafrechts und des Auslieferungsrechtes, in: Schweizerische Juristen-Zeitung 60 (1964), S. 81-88

-: Zur Regelung des räumlichen Geltungsbereiches durch den E 1962, in: GA 1966, S. 193-202
-: Internationalstrafrechtliche Spiele, in: Jescheck, Hans-Heinrich/Vogler, Theo (Hg.): Festschrift für Herbert Tröndle zum 70. Geburtstag am 24. August 1989, Berlin/New York 1989, S. 895-906
Schwaighofer, Klaus: Auslieferung und Internationales Strafrecht. Eine systematische Darstellung des ARHG, Wien 1988
Seelmann, Kurt (Hg.): Kommunitarismus versus Liberalismus, ARSP Beiheft 76, Stuttgart 2000
Seidl-Hohenveldern, Ignaz/Stein, Torsten: Völkerrecht, 10. Aufl., Köln/Berlin/Bonn/München 2000
Sinnott-Armstrong, Walter: „Moral Scepticism", in: Audi, Robert (Hg.): The Cambridge Dictionary of Philosophy, 2. Aufl., Cambridge 1999, S. 589-590
Stace, Walter T.: Eine Kritik am normativ-ethischen Relativismus vom Standpunkt des logischen Positivismus aus, in: Ginters, Rudolf: Relativismus in der Ethik, Düsseldorf 1978, S. 96-116 (Orig.: The Concepts of Morals, New York 1937, Kap. 1 und 2, S. 1-68)
Staudinger, Ilka: Eröffnung der deutschen Gerichtsbarkeit für den Völkermord im Kosovo?, in: NJW 1999, S. 3099-3100
Stratenwerth, Günter: Strafrecht. Allgemeiner Teil I, 4. Aufl., Köln/Berlin/Bonn/München 2000
Szabó, András: Gibt es ein interkulturelles Strafrecht? Bemerkungen unter der Perspektive des Verhältnisses von Recht und Moral, in: Höffe, Otfried: Gibt es ein interkulturelles Strafrecht. Ein philosophischer Versuch, Frankfurt a. M. 1999, S. 149-155
Taylor, Charles: Multikulturalismus und die Politik der Anerkennung, Frankfurt a. M. 1993 (Orig.: Multiculturalism and ›The Politics of Recognition‹, Princeton 1992)
-: Atomismus, in: Brink, Bert van den/Reijen, Willem van (Hg.): Bürgergesellschaft, Recht und Demokratie, Frankfurt a. M. 1995, S. 73-106 (Orig.: Atomism, in: Kontis, Alkis [Hg.]: Powers, Possessions, and Freedom, Toronto 1979, S. 39-61)
Taylor, Paul W.: Der Relativismus in der Ethik, in: Ginters, Rudolf: Relativismus in der Ethik, Düsseldorf 1978, S. 30-47 (Orig.: aus „Principles of Ethics", Encino und Belmont [California] 1975, S. 13-30)
Tönnies, Ferdinand: Gemeinschaft und Gesellschaft. Grundbegriffe der reinen Soziologie, 8. Aufl., Leipzig 1935, ND: Darmstadt 1963.
Triffterer, Otto: Dogmatische Untersuchungen zur Entwicklung des materiellen Völkerstrafrechts seit Nürnberg, Freiburg i. Br. 1966
-: Völkerstrafrecht im Wandel?, in: Vogler, Theo (Hg.): Festschrift für Hans-Heinrich Jescheck zum 70. Geburtstag, Berlin 1985, S. 1477-1503
-: Die völkerrechtlichen Verbrechen und das staatliche Strafrecht. XIV. Internationaler Strafrechtskongreß. Generalbericht Thema IV. Teil I: Bemühungen

um Anerkennung und Kodifikation völkerrechtlicher Verbrechen, in: Zeitschrift für Rechtsvergleichung 30 (1989), S. 83-128
-: Der ständige Internationale Strafgerichtshof - Anspruch und Wirklichkeit. Anmerkung zum „Rome Statute of the International Criminal Court" vom 17. Juli 1998, in: Gössel, Karl Heinz/Triffterer, Otto (Hg,): Gedächtnisschrift für Heinz Zipf, Heidelberg 1999, S. 493-558
Triffterer, Otto (Hg.): Commentary on the Rome Statute of the International Criminal Court. Observers' Notes, Article by Article, Baden-Baden 1999
Tröndle, Herbert/Fischer, Thomas: Strafgesetzbuch und Nebengesetze, 51. Aufl., München 2003
„Universalismus", in: Ritter, Joachim/Gründer, Karlfried/Gabriel, Gottfried (Hg.): Historisches Wörterbuch der Philosophie, Bd. 11, Sp. 204-207
Vitzthum, Wolfgang Graf (Hg.): Völkerrecht, 2. Aufl., Berlin/New York 2001
Vogel, Klaus: Der räumliche Anwendungsbereich der Verwaltungsrechtsnorm. Eine Untersuchung über die Grundfragen des sog. Internationalen Verwaltungs- und Steuerrechts, Frankfurt a. M./Berlin 1965
Vogler, Theo: Geltungsanspruch und Geltungsbereich der Strafgesetze, in: Oehler, Dietrich/Pötz, Paul-Günter (Hg.): Aktuelle Probleme des Internationalen Strafrechts. Geburtstagsgabe für Heinrich Grützner, Hamburg 1970, S. 149-159
-: Entwicklungstendenzen im Internationalen Strafrecht unter Berücksichtigung der Konvention des Europarats, in: Schroeder, Friedrich-Christian/Zipf, Heinz (Hg.): Festschrift für Reinhart Maurach zum 70. Geburtstag, Karlsruhe 1972, S. 595-613
-: Nachwort zu Rüter. Ein Grenzfall, in: JR 1988, S. 139-141
Walzer, Michael: Sphären der Gerechtigkeit. Ein Plädoyer für Pluralität und Gleichheit, Frankfurt a. M. 1992 (Orig.: Spheres of Justice. A Defense of Pluralism and Equality, New York 1983)
-: Die kommunitaristische Kritik am Liberalismus, in: Honneth, Axel (Hg.): Kommunitarismus. Eine Debatte über die moralischen Grundlagen moderner Gesellschaften, Frankfurt a. M./New York 1993, S. 157-180 (Orig.: The Communitarian Critique of Liberalism, in: Political Theory 1 [1990], S. 6-23)
Weber, Klaus: Betäubungsmittelgesetz, Verordnung zum BtMG, 2. Aufl., München 2003
Wegner, Arthur: Über den Geltungsbereich des staatlichen Strafrechts, in: Hegler, August (Hg.): Festgabe für Reinhard von Frank zum 70. Geburtstag 16. August 1930, Bd. I, Tübingen 1930, S. 98-157
Weinberger, Ota: Alternative Handlungstheorie. Gleichzeitig eine Auseinandersetzung mit Georg Henrik von Wrights praktischer Philosophie, Wien/Köln/Weimar 1996
Wengler, Wilhelm: Völkerrecht, Bd. II, Berlin/Göttingen/Heidelberg 1964

-: Völkerrechtliche Schranken des Anwendungsbereichs von Strafgesetzen (Bemerkungen zu BGH 20. 10. 1976, JZ 1977, 67), in: JZ 1977, S. 257-259
Werle, Gerhard: Menschenrechtsschutz durch Völkerstrafrecht, in: ZStW 109 (1997), S. 808-829
-: Anmerkung zum Urteil des BGH v. 30. 4. 1999 - 3 StR 215/98, in: JZ 1999, S. 1181-1184
-: Völkerstrafrecht und geltendes deutsches Strafrecht, in: JZ 2000, S. 755-760
-: Völkerstrafrecht, Tübingen 2003
Werle, Gerhard/Jeßberger, Florian: Grundfälle zum Strafanwendungsrecht, in: JuS 2001, S. 35-39, 141-144
Wille, Jörn: Die Verfolgung strafbarer Handlungen an Bord von Schiffen und Luftfahrzeugen, Berlin/New York 1974
Wirth, Steffen/Harder, Jan C.: Die Anpassung des deutschen Rechts an das Römische Statut des Internationalen Strafgerichtshofs aus Sicht deutscher Nichtregierungsorganisationen, in: ZRP 2000, S. 144-147
Wong, David B.: „Moral Relativism", in: Craig, Edward (Hg.): Routledge Encyclopedia of Philosophy, Bd. 6, London/New York 1998, S. 539-542
Zahlmann, Christel (Hg.): Kommunitarismus in der Diskussion. Eine streitbare Einführung, Hamburg 1994
Ziegenhain, Hans-Jörg: Extraterritoriale Rechtsanwendung und die Bedeutung des Genuine-Link-Erfordernisses. Eine Darstellung der deutschen und amerikanischen Staatenpraxis, München 1992
Zieher, Wolfgang: Das sog. Internationale Strafrecht nach der Reform. Der Rechtsgrund bei Straftaten im Ausland nach den §§ 5 und 6 StGB, Berlin 1977
Zimmermann, Andreas: Auf dem Weg zu einem deutschen Völkerstrafgesetzbuch. Entstehung, völkerrechtlicher Rahmen und wesentliche Inhalte, in: Zeitschrift für Rechtspolitik 2002, S. 97-102
-: Bestrafung völkerrechtlicher Verbrechen durch deutsche Gerichte nach In-Kraft-Treten des Völkerstrafgesetzbuchs, in: NJW 2002, S. 3068-3070
Zlatarič, Bogdan: Erwägungen zum Abkommen über strafbare und bestimmte andere Handlungen an Bord von Luftfahrzeugen vom 14. September 1963, in: Oehler, Dietrich/Pötz, Paul-Günter (Hg.): Aktuelle Probleme des Internationalen Strafrechts. Geburtstagsgabe für Heinrich Grützner, Hamburg 1970, S. 160-173

FRANKFURTER KRIMINALWISSENSCHAFTLICHE STUDIEN

Band 1 Peter Böning: Die Lehre vom Unrechtsbewußtsein in der Rechtsphilosophie Hegels 100 S., 1978.

Band 2 Wolfgang Schneider: Kriminelle Straßenverkehrsgefährdung (§ 315c Abs. 1 Ziff. 2, Abs. 3 StGB). Eine kriminologische und strafrechtliche Untersuchung zur Problematik dieser Verkehrsstraftaten unter Berücksichtigung ausländischer Rechte. 342 S., 1978.

Band 3 Lothar Kuhlen: Die Objektivität von Rechtsnormen. Zur Kritik des radikalen labeling approach in der Kriminalsoziologie. 178 S., 1978.

Band 4 Günther Grewe: Straßenverkehrsdelinquenz und Marginalität. Untersuchungen zur institutionellen Regelung von Verhalten. 148 S., 1978.

Band 5 Dieter Haberstroh: Strafverfahren und Resozialisierung. Eine Studie über Verstehen und Nicht-Verstehen, über Verstanden-Werden und Nicht-Verstanden-Werden und deren Bedingungen in der Hauptverhandlung. 202 S., 1979.

Band 6 Thomas Vogt: Die Forderungen der psychoanalytischen Schulrichtungen für die Interpretation der Merkmale der Schuldunfähigkeit und der verminderten Schuldfähigkeit (§§ 51 a.F., 20, 21 StGB). 182 S., 1979.

Band 7 Andreas Michael: Der Grundsatz in dubio pro reo im Strafverfahrensrecht. Zugleich ein Beitrag über das Verhältnis von materiellem Recht und Prozeßrecht. 214 S., 1981.

Band 8 Ilias G. Anagnostopoulos: Haftgründe der Tatschwere und der Wiederholungsgefahr (§§ 112 Abs. 3, 112 a StPO). Kriminalpolitische und rechtssystematische Aspekte der Ausweitung des Haftrechts. 1984.

Band 9 Helga Müller: Der Begriff der Generalprävention im 19. Jahrhundert. Von P.J.A. Feuerbach bis Franz v. Liszt. 1984.

Band 10 Frowin Jörg Kurth: Das Mitverschulden des Opfers beim Betrug. 1984.

Band 11 Martin J. Worms: Die Bekenntnisbeschimpfung im Sinne des § 166 Abs. 1 StGB und die Lehre vom Rechtsgut. 1984.

Band 12 Jong-Dae Bae: Der Grundsatz der Verhältnismäßigkeit im Maßregelrecht des StGB. 1985.

Band 13 Helmut Fünfsinn: Der Aufbau des fahrlässigen Verletzungsdelikts durch Unterlassen im Strafrecht. 1985.

Band 14 Christoph Krehl: Die Ermittlung der Tatsachengrundlage zur Bemessung der Tagessatzhöhe bei der Geldstrafe. 1985.

Band 15 Walter-Hermann Kiehl: Strafrechtliche Toleranz wechselseitiger Ehrverletzungen - Zur ratio legis der §§ 199, 233 Strafgesetzbuch -. 1986.

Band 16 Matthias Krahl: Die Rechtsprechung des Bundesverfassungsgerichts und des Bundesgerichtshof zum Bestimmtheitsgrundsatz im Strafrecht (Art. 103 Abs. 2 GG). 1986.

Band 17 Patrick Carroll Campbell: § 220a StGB. Der richtige Weg zur Verhütung und Bestrafung von Genozid? 1986.

Band 18 Winfried Hassemer (Hrsg.): Strafrechtspolitik. Bedingungen der Strafrechtsreform. 1987.

Band 19 Felix Herzog: Prävention des Unrechts oder Manifestation des Rechts. Bausteine zur Überwindung des heteronom-präventiven Denkens in der Strafrechtstheorie der Moderne. 1987.

Band 20 Astrid Michalke-Detmering: Die Mindestanforderungen an die rechtliche Begründung des erstinstanzlichen Strafurteils. Zur Auslegung des § 267 StPO. 1987.

Band 21 Lothar Kuhlen: Die Unterscheidung von vorsatzausschließendem und nichtvorsatzausschließendem Irrtum. 1987.

Band 22 Michael Buttel: Kritik der Figur des Aufklärungsgehilfen im Betäubungsmittelstrafrecht (§ 31 BtMG). 1988.

Band 23 Matthias Kögler: Die zeitliche Unbestimmtheit freiheitsentziehender Sanktionen des Strafrechts. Eine vergleichende Untersuchung zur Rechtslage und Strafvollstreckungspraxis in der Bundesrepublik Deutschland und den USA. 1988.

Band 24 Klaus Lüderssen/Cornelius Nestler-Tremel/Ewa Weigend(Hrsg.): Modernes Strafrecht und ultima-ratio-Prinzip. 1990.

Band 25 Jürgen Taschke: Die behördliche Zurückhaltung von Beweismitteln im Strafprozeß. 1989.

Band 26 Daniela Westphalen: Karl Binding (1841-1920). Materialien zur Biographie eines Strafrechtsgelehrten. 1989.

Band 27 Sigrid Jans: Die Aushöhlung des Klageerzwingungsverfahrens. 1990.

Band 28 Dimitris Spirakos: Folter als Problem des Strafrechts. Kriminologische, kriminalsoziologische und (straf-)rechtsdogmatische Aspekte unter besonderer Berücksichtigung der Folterschutzkonvention und der Pönalisierung der Folter in Griechenland. 1990.

Band 29 Stephan Moll: Strafrechtliche Aspekte der Behandlung Opiatabhängiger mit Methadon und Codein. 1990.

Band 30 Stefan Werner: Wirtschaftsordnung und Wirtschaftsstrafrecht im Nationalsozialismus. 1991.

Band 31 Xanthi Bassakou: Beiträge zur Analyse und Reform des Absehens von Strafe nach § 60 StGB. 1991.

Band 32 Rainer Runte: Die Veränderung von Rechtfertigungsgründen durch Rechtsprechung und Lehre. Moderne Strafrechtsdogmatik zwischen Rechtsstaatsprinzip und Kriminalpolitik. 1991.

Band 33 Olaf Hohmann: Das Rechtsgut der Umweltdelikte. Grenzen des strafrechtlichen Umweltschutzes. 1991.

Band 34 Klaus Jochen Müller: Das Strafbefehlsverfahren (§§ 407 ff. StPO). Eine dogmatisch-kriminalpolitische Studie zu dieser Form des schriftlichen Verfahrens unter besonderer Berücksichtigung der geschichtlichen Entwicklung – zugleich ein Beitrag zum StVÄG 1987. 1993

Band 35 Sang-Don Yi: Wortlautgrenze, Intersubjektivität und Kontexteinbettung. Das strafrechtliche Analogieverbot. 1991.

Band 36 Birgit Malsack: Die Stellung der Verteidigung im reformierten Strafprozeß. Eine rechtshistorische Studie anhand der Schriften von C. J. A. Mittermaier. 1992.

Band 37 Rüdiger Schäfer: Die Privilegierung des "freiwillig-positiven" Verhaltens des Delinquenten nach formell vollendeter Straftat. Zugleich ein Beitrag zum Grundgedanken des Rücktritts vom Versuch und zu den Straftheorien. 1992.

Band 38 Cornelius Nestler-Tremel: AIDS und Strafzumessung. 1992.

Band 39 Christine Gutmann: Freiwilligkeit und (Sozio-)Therapie – notwendige Verknüpfung oder Widerspruch? 1993.

Band 40 Walter Kargl: Der strafrechtliche Vorsatz auf der Basis der kognitiven Handlungstheorie. 1993.

Band 41 Jürgen Rath: Zur strafrechtlichen Behandlung der aberratio ictus und des error in objecto des Täters. 1993.

Band 42 Martin Fischer: Wille und Wirksamkeit. Eine Untersuchung zum Problem des *dolus alternativus*. 1993.

Band 43 Regina Harzer: Der Naturzustand als Denkfigur moderner praktischer Vernunft. Zugleich ein Beitrag zur Staats- und Rechtsphilosophie von Hobbes und Kant. 1994.

Band 44 Helmut Pollähne: Lockerungen im Maßregelvollzug. Eine Untersuchung am Beispiel der Anwendung des nordrhein-westfälischen Maßregelvollzugsgesetzes im Westfälischen Zentrum für Forensische Psychiatrie (Lippstadt). 1994.

Band 45 Hans-Joachim Leonhardt: Rechtsmittelermessen der Staatsanwaltschaft. Eine Gegenüberstellung von § 296 StPO mit Nummern 147 und 148 Richtlinien für das Strafverfahren und das Bußgeldverfahren (RiStBV). 1994.

Band 46 Rolf Grünebaum: Zur Strafbarkeit des Therapeuten im Maßregelvollzug bei fehlgeschlagenen Lockerungen. 1996.

Band 47 Barbara Bialas: Promille-Grenzen, Vorsatz und Fahrlässigkeit. 1996.

Band 48 Christine Pott: Die Außerkraftsetzung der Legalität durch das Opportunitätsdenken in den Vorschriften der §§ 154, 154a StPO. Zugleich ein Beitrag zu einer kritischen Strafverfahrensrechtstheorie. 1996.

Band 49 Wolfgang Köberer: *Iudex non calculat.* Über die Unmöglichkeit, Strafzumessung sozialwissenschaftlich-mathematisch zu rationalisieren. 1996.

Band 50 Institut für Kriminalwissenschaften Frankfurt a.M. (Hrsg.): Vom unmöglichen Zustand des Strafrechts. 1995.

Band 51 Petra Kamberger: Treu und Glauben (§ 242 BGB) als Garantenstellung im Strafrecht? 1996.

Band 52 Anastassios Triantafyllou: Das Delikt der gefährlichen Körperverletzung (§ 223a StGB) als Gefährdungsdelikt. (Zugleich ein Beitrag zur Dogmatik der Gefährdungsdelikte). 1996.

Band 53 Norbert Kissel: Aufrufe zum Ungehorsam und § 111 StGB. Grundrechtlicher Einfluß bei der Feststellung strafbaren Unrechts. 1996.

Band 54 Susanne Ehret: Franz von Liszt und das Gesetzlichkeitsprinzip. Zugleich ein Beitrag wider die Gleichsetzung von Magna-charta-Formel und Nullum-crimen-Grundsatz. 1996.

Band 55 Stefan Braum: Geschichte der Revision im Strafverfahren von 1877 bis zur Gegenwart. Zugleich eine Kritik der Kontinuität politischer Macht im Recht. 1996.

Band 56 Katja Diel: Das Regreßverbot als allgemeine Tatbestandsgrenze im Strafrecht. 1997.

Band 57 Christoph Koller: Die Staatsanwaltschaft – Organ der Judikative oder Exekutivbehörde? Die Stellung der Anklagebehörde und die Gewaltenteilung des Grundgesetzes. 1997.

Band 58 Frank Schößler: Anerkennung und Beleidigung. Rechtsgut und Strafzweck des § 185 StGB. 1997.

Band 59 Regina Engelstädter: Der Begriff des Unfallbeteiligten in § 142 Abs. 4 StGB. Zugleich eine Kritik an aktuellen Zurechnungslehren. 1997.

Band 60 Jörg Reinhardt: Der Ausschluß und die Ablehnung des befangen erscheinenden Staatsanwaltes. 1997.

Band 61 Jens Christian Müller-Tuckfeld: Integrationsprävention. Studien zu einer Theorie der gesellschaftlichen Funktion des Strafrechts. 1998.

Band 62 Peter Maria Rohe: Verdeckte Informationsgewinnung mit technischen Hilfsmitteln zur Bekämpfung der Organisierten Kriminalität. Zugleich eine rechtsvergleichende Analyse der polizeilichen Abhörbefugnisse in den U.S.A. 1998.

Band 63 Dirk Fabricius: Was ein Lehrbuch lehrt ... Eine exemplarische Untersuchung von Jakobs *Strafrecht – Allgemeiner Teil*. 1998.

Band 64 Stefan Sinner: Der Vertragsgedanke im Strafprozeßrecht. 1999.

Band 65 Sebastian Schattenfroh: Die Staatsphilosophie Giovanni Gentiles und die Versuche ihrer Verwirklichung im faschistischen Italien. 1999.

Band 66 Athanassia Dionyssopoulou: Der Tatbestand der Geldwäsche. Eine Analyse der dogmatischen Grundlagen des § 261 StGB. 1999.

Band 67 Klaus von Lampe: *Organized Crime*. Begriff und Theorie organisierter Kriminalität in den USA. 1999.

Band 68 Christian Hanssen: "Trennung der Märkte". Rechtsdogmatische und rechtspolitische Probleme einer Liberalisierung des Drogenstrafrechts. 1999.

Band 69 Institut für Kriminalwissenschaften und Rechtsphilosophie Frankfurt a.M. (Hrsg.): Irrwege der Strafgesetzgebung. 1999.

Band 70 Konstantinos Chatzikostas: Die Disponibilität des Rechtsgutes Leben in ihrer Bedeutung für die Probleme von Suizid und Euthanasie. 2000.

Band 71 Bettina Wirmer-Donos: Die Strafrechtstheorie Karl Christian Friedrich Krauses als theoretische Grundlage des spanischen Korrektionalismus. 2001.

Band 72 Christine Löw: Die Erkundigungspflicht beim Verbotsirrtum nach § 17 StGB. 2001.

Band 73 Florian Ufer: Der Verwertungswiderspruch in Theorie und Praxis. Prozessuale Obliegenheiten des Verteidigers und ihre Bedeutung für die Rechtsposition des Beschuldigten. 2002.

Band 74 Katja Melzer: Psychisch kranke Straftäterinnen. Frauen im Maßregelvollzug. 2001.

Band 75 Gregor Kuntze-Kaufhold: Lebenswelt und Unparteilichkeit. Kriterien für eine Rechtsanwendungslehre am Beispiel der Analyse von fünf Hauptverhandlungen in Strafverfahren. 2002.

Band 76 Iris Kristina Passek: Die erstinstanzliche Zuständigkeit der Oberlandesgerichte in Staatsschutzstrafsachen. Historische Entwicklung und aktuelle Probleme. 2002.

Band 77 Michael Krebs: Die Weisungsgebundenheit des Staatsanwalts unter besonderer Berücksichtigung des rechtstatsächlichen Aspekts. 2002.

Band 78 Kerstin Degenhardt: Europol und Strafprozeß. Die Europäisierung des Ermittlungsverfahrens. 2003.

Band 79 Domenico Siciliano: Das Leben des fliehenden Diebes: Ein strafrechtliches Politikum. 2003.

Band 80 Marc Colussi: Produzentenkriminalität und strafrechtliche Verantwortung. 2003.

Band 81 Thilo Lars Hild: Grenzen einer strafrechtlichen Regulierung des Kapitalmarktes. Eine kriminalrechtliche Untersuchung von Börsengängen und Aktienhandel in Deutschland und den USA. 2004.

Band 82 Philipp Rau: Schweigen als Indiz der Schuld. Ein Vergleich des deutschen und englischen Rechts zur Würdigung des Schweigens des Beschuldigten. 2004.

Band 83 Alexandra Pfeiffer: Die Regelung der Lebendorganspende im Transplantationsgesetz. 2004.

Band 84 Elena Fischer: Recht auf Sterben?! Ein Beitrag zur Reformdiskussion der Sterbehilfe in Deutschland unter besonderer Berücksichtigung der Frage nach der Übertragbarkeit des Holländischen Modells der Sterbehilfe in das deutsche Recht. 2004.

Band 85 Jörg Ziethen: Grundlagen probabilistischer Zurechnung im Strafrecht. 2004.

Band 86 Stefanie Schork: Ausgesprochen schuldig. Dogmatische und metadogmatische Untersuchungen zum Schuldspruch. 2005.

Band 87 Claudia Schubert: Verbotene Worte? Versuch einer Neubestimmung im Umgang mit rassistischen Äußerungen jenseits des Strafrechts. 2005.

Band 88 Ulfrid Neumann / Cornelius Prittwitz (Hrsg.): Kritik und Rechtfertigung des Strafrechts. 2005.

Band 89 Denis Basak: Die Zuständigkeitsregeln internationaler Strafgerichte und Art. 101 GG. Zum Verhältnis der deutschen Strafgerichtsbarkeit zu den Internationalen Tribunalen für Jugoslawien und Ruanda sowie zum Ständigen Internationalen Strafgerichtshof. 2005.

Band 90 Hsiao-Wen Wang: Der universale Strafanspruch des nationalen Staates. Eine Untersuchung über das Weltrechtsprinzip im Internationalen Strafrecht. 2005.

www.peterlang.de

www.ingramcontent.com/pod-product-compliance
Ingram Content Group UK Ltd.
Pitfield, Milton Keynes, MK11 3LW, UK
UKHW021234031026
15588UKWH00001B/74

9 783631 532164